本书为西南科技大学科研基金资助成果。感谢教育部国别与区域研究培育基地西南科技大学拉美研究中心和西南科技大学博士研究基金"墨西哥能源战略与政策研究"（项目编号：19sx7103）对成果的大力支持。

拉丁美洲和加勒比研究智库丛书

陈才◎主编

墨西哥能源战略与政策研究

邹占◎著

中国社会科学出版社

图书在版编目（CIP）数据

墨西哥能源战略与政策研究/邹占著 . —北京：中国社会科学出版社，
2020. 7

ISBN 978 - 7 - 5203 - 6684 - 7

Ⅰ.①墨… Ⅱ.①邹… Ⅲ.①能源战略—研究—墨西哥
②能源政策—研究—墨西哥 Ⅳ.①F473. 162

中国版本图书馆 CIP 数据核字（2020）第 103403 号

出 版 人	赵剑英
责任编辑	张 林
特约编辑	宗彦辉
责任校对	王 龙
责任印制	戴 宽

出 版	中国社会科学出版社
社 址	北京鼓楼西大街甲 158 号
邮 编	100720
网 址	http://www. csspw. cn
发 行 部	010 - 84083685
门 市 部	010 - 84029450
经 销	新华书店及其他书店

印 刷	北京明恒达印务有限公司
装 订	廊坊市广阳区广增装订厂
版 次	2020 年 7 月第 1 版
印 次	2020 年 7 月第 1 次印刷

开 本	710 × 1000 1/16
印 张	15.75
插 页	2
字 数	225 千字
定 价	88.00 元

目　　录

第1章 绪论

1.1 研究背景与意义

1.1.1 研究背景

能源在人类进化过程中发挥了重要作用，它决定着经济过程中人类活动的速度和复杂社会功能的表达。能源是经济和社会发展的强大引擎，能源的供给与需求不论是总量还是结构性的，都会直接显著地影响国家经济与社会发展。

近年来，国际能源格局发生了大变化。首先，中国已成为世界最大的能源消费国和温室气体排放国，新兴经济体能源需求快速增长，促使全球能源格局向多中心发展，全球能源治理体系正悄悄发生变化。其次，为应对全球气候变化，低碳与绿色发展成为发展共识，而特朗普政府摒弃奥巴马的"气候行动计划"政策，宣布退出《巴黎气候协定》，大力扶持美国传统能源行业，忽略清洁能源，给全球能源治理带来了不确定因素。国际能源格局的变化也影响了世界各国的能源政策。世界能源越来越受地缘政治因素的影响，能源供给的再平衡改变了国际权力结构，催生了全新的国际能源安全秩序。2014年下半年开始的全球油价下跌导致大量财富从石油净出口国向进口国转移，与此同时，美国和加拿大等国家非常规油气的开发，以及中国和印度等新兴市场经济增长趋缓，使得能源供给结构在发生变化的同时，对价格进行了进一步调整。在新的能源架构中，地缘政治的变化、权力的重新分配以及能源贸易流动，不仅给能源安全带来了挑战，也创造了机遇。

墨西哥是世界十大石油生产国之一。2015 年，墨西哥的石油和天然气部门产生了近 5% 的 GDP 和 33% 的公共财政收入。石油行业在国民经济中具有举足轻重的地位。然而，自 2004 年以来，由于生产力下降和投资不足，墨西哥的石油和天然气产量一直在下降，而国内能源消耗却在不断增加，对进口天然气和成品油的依赖越来越大。墨西哥能源行业迫切需要大量投资和勘探技术来开发新油田扭转这一趋势。墨西哥政府自 2013 年开始实施全面的能源改革，其能源改革法案及其 21 个二级法律和相关规则将能源部门推向市场驱动的激励机制。此次能源改革是墨西哥自 1938 年拉萨罗·卡德纳斯（Lázaro Cárdenas）总统将石油国有化以来最重要的国家治理结构变化，重塑了近 80 年来能源部门治理结构，寻求引进外部投资和技术，结束墨西哥国家石油公司（PEMEX）的垄断，并吸引新的参与者加入电力行业，以确保对传统电力和可再生能源发电的成本效益投资。由于这项改革改变了既复杂又重要的部门结构，这些变化反映了墨西哥政府对经济现代化的更广阔视野，也反映了它在环境问题上表现出全球领导地位的意图。墨西哥能源改革还具有重大的地缘政治意义，墨西哥是仅次于美国、加拿大和巴西的美洲第四大石油生产国，也是美国能源贸易的重要合作伙伴。考虑到巴西和委内瑞拉的能源大国地位，墨西哥将是影响西半球能源秩序变化的关键一环，成为南北美洲能源格局的分界点。2018 年 9 月，美国、墨西哥和加拿大三国达成新的贸易协定（USMCA），三国在经济上的持续合作、互联和整合是北美持续繁荣的基础。伴随着墨西哥结构性改革的持续推进，一个经济更加繁荣的邻国对美国自身的安全更为有利，美国正在获得一个新的、安全稳定的石油和天然气来源，这将实现美国构建地缘政治意义上的北美共同能源市场，减少对中东和南美石油的依赖，保证其自身的能源安全的目标。

2014 年，中国政府启动能源革命序幕，加快能源改革步伐。2017 年 5 月 14 日，习近平在"一带一路"国际合作高峰论坛上向世界全面阐述了中国政府"一带一路"倡议与世界前途的关系及蕴含其中的当代世界治理的中国方案。墨西哥是"一带一路"向拉美自然延伸的重要支点。国际能源合作是"一带一路"建设的重要内容和先行产业，既是中墨全面战略伙伴关系的重要组成部分，也是中国能源战略的重要组成部分。中国作为世界最大的能源消费国，需要来自墨西哥的石油和天然气资源，实施"走出去"国家战略，中拉共建"一带一路"。墨西哥也需要推进能源改革，继续开辟美国以外的能源市场，发挥能源地缘政治价值，使其政治关系和对外经济关系多样化。在能源生产与消费革命的新时代，大气污染治理、国际能源合作已然成为全球治理的关键词。目前，中国是增长最快的能源消费市场，外争资源、内守市场的态势，让中国能源企业内外受压，暂且看不到有效的减压战略和改革行动。随着中国对能源需求的不断增加和对外投资实力的不断增强，加强与资源国在资源和市场两个层面的协同合作，已然成为新的发展方向。

1.1.2 研究意义

能源作为国家经济与社会发展的基础性资源投入要素，关系着整个国家经济发展和人民生活的稳定。解决好能源问题既是实施可持续发展战略的一项重要保障，又是国家经济建设的核心问题之一。能源短缺，供求关系失调将直接影响经济发展和人民生活水平的提高。因此，研究能源问题的意义不仅体现在理论层面上，更体现在实现经济增长和社会发展的迫切需要上。当今各国都把能源政策作为经济发展战略的重要组成部分，能源政策制定的好坏会对一国经济发展产生重大影响。墨西哥从 2013 年开始进行能源改革，预计将扭转该国石油产量下降，提高可再生能源份额，减缓碳排放增长，为经济增长提供坚实基础。墨西哥能源部门改革结束了国家石油公司（PEMEX）在石油和天然气领域以及联邦电力委员会（CFE）在电力行业的长期垄断地位，为新的参与者投资开放了能源行业的关键部分。

墨西哥历史上最宏大的能源改革正在积极推进中，研究墨西哥能源战略与能源政策具有理论和现实意义：它是破解经济、社会和环境可持续发展困局的需要，是中国能源革命借鉴墨西哥能源改革和政策的需要，也是中墨能源合作的需要。研究结果将帮助政策制定者和利益攸关者重新思考我们的能源战略和政策，以便做出更好的决策，以促进环境改善和社会低碳发展。分析研究墨西哥能源战略与政策，对中国能源革命的启示与推进、对中国实施"走出去"战略和中拉共建"一带一路"具有理论和现实意义。

1.2 国内外研究现状

1.2.1 墨西哥能源战略与政策相关研究

能源战略和能源政策是一个国家能源管理的核心，能源战略的设计和政策的制定涉及内外部环境各个方面，且是一个不断变化调整的动态过程。Miguel S. Wionczek（1987）阐述墨西哥石油发展的历史及其 20 世纪初以来在墨西哥经济发展中的作用，以便于理解 20 世纪 70 年代墨西哥石油政策，并对 20 世纪 80 年代国际和国内环境的变化提出可能调整的可行性。Sergio D. Bazán – Perkins 等（2008）在评估墨西哥 1975—2000 年能源计划时指出：在 20 世纪 70 年代中期开始的现行能源政策源于一种错觉，即有大量的原油和天然气储备可供使用。这一论点被用作政治的工具，以阻止电力部门发展核能和可再生能源。21 世纪初，这项政策导致墨西哥超过三分之二的电力来自燃烧天然气或石油衍生物的热电厂，墨西哥电力生产的机会成本持续大幅上升。如果墨西哥能源部门采用基于能源资源的最佳组合的增长路径（包括非化石能源），利用核能和可再生能源，通过降低总体燃烧排放可以获得最大的经济和环境效益。经济学家 Moroney J. R. 和 Dieck – Assad F（2005）在参考拉丁美洲和加勒比海委员会提出的可持续能源发展的方法框架的基础上，对 1979—2000 年墨西哥石油和天然气生产与消费数据进行计量分析，评价了墨西哥的可持续发展的目标和主要政策的变化，认为石油和天然气是墨西哥经济发展的基石。可持续发展的目标主要是社会目标和政治目标，主要的社会目标包括提高公共卫生标准、改善公立教育和更广泛的电力供应，政治目标是改善环境。Claudia Sheinbaum – Pardo 等（2012）学者参考联合国拉丁美洲和加勒比经济委员会提出的可持续能源发展的方法框架。该方法针对社会、环境和经济方面采用了八个相关指标，以计算能源部门的一般可持续性指标。目标是将 1990—2008 年能源部门的可持续性等级与墨西哥政府在 20 世纪 90 年代开始改革的情况进行对比。结论是，这些改革并没有为能源部门带来更高的可持续性水平。Rafael González – López（2018）介绍了一种新的方法来分析社会经济和环境性能的生物能源系统关系。该方法使用来自墨西哥的石油和天然气部门的数据，结合关联分析（理论生物学的发展）和社会生态系统代谢多尺度综合评估模型（MuSIASEM）。它从两个非等价的角度对油气系统的功能元素与结构元素之间的关系进行了描述与识别。能源系统的代谢模型被描述为一个连续的通过不同途径的功能元素（如开采、运输、精炼）产生，由每个不同的结构元素（例如，精炼厂采取不同的提取工艺、各种不同的运输方式），并且在给定的开放性环境中运行（进口和出口），来研究能量系统的元素之间的关系。分析结果表明，墨西哥能源改革的方向是与石油和天然气行业紧密联系在一起的。墨西哥应该重新谋划其能源战略，充分利用其有限的化石能源资源，加大投入，开采更多的石油和天然气。同时，墨西哥应该重新考虑更多附加值化石能源产品的出口，减轻对石油市场的依赖和石油天然气价格波动带来的困扰。Flavio Pérez Gasga（1984）指出，墨西哥能源供应的决策受到国际、国内不同的政治因素的制约。Barry Barton 等（2004）探讨了墨西哥对所有能源的需求增长，指出墨西哥日益融入全球经济需要能源部门私有化，墨西哥需要财政资源来支持满足需求的投资。21 世纪的墨西哥面临的挑战是设计一种新的法律制度，允许私人投资的参与，同时保证国家对资源的主权和能源行业的可持续发展。邹占（2014）、曹廷（2017）等对墨西哥能源改革的内容、动因等进行了分析。

关于墨西哥能源安全研究的文献资料较少。Rosío Vargas（2007）指出《圣彼得堡宣言》中的能源政策准则是墨西哥能源政策目标和战略的重要组成部分，虽然墨西哥能源政策的目标之一是参加国际合作，在全球能源市场中发挥积极作用，但有两个因素限制，一是墨西哥与北美能源深度融合，二是其油田产量在下降。这两点是墨西哥能源安全和评估能源政策的重要因素。Tony Payan（2016）探讨了墨西哥弱势群体的三大问题：第一是暴力和有组织犯罪的影响；第二是该国普遍存在的日益严重的腐败问题；第三是在自然资源分配问题上，社会冲突的可能性。作者认为墨西哥必须解决这三个问题，才能使能源改革获得成功。

另外，关于能源政策国际比较分析，Jose Maria Valenzuela 和 YeQi（2012）两位学者以墨西哥和中国的可再生能源政策作为研究对象进行过比较分析，研究认为墨西哥和中国都明确强调提高能源效率的必要性，并将经济有效的解决方案作为一般政策制定的原则：墨西哥倾向于影响消费，而中国则倾向于供给侧。墨西哥中央政府强调金融机制，减少与利益相关者（生产者或消费者）的接触，而中国中央政府和地方政府定期与各种规模、水平和所有制类型的生产者接触。墨西哥中央政府已经建立了有效的机制来规范生产，以财政杠杆来激励生产转型，因此，对于清洁能源发电而言，补贴被认为是不必要的。而中国中央政府利用其在生产管理方面的丰富经验，通过与公司（其中许多公司由国家和地方政府所有）的密切合作，辅以补贴和转移支付，来提高经济效益。王朗（2010）探讨了墨西哥与中国在墨西哥湾合作开采石油天然气的商业的美好前景。Julia Mundo - Hernández（2014）概述了墨西哥、德国两个国家的能源政策和太阳能光伏能源的潜力，认为德国光伏发电技术世界领先，墨西哥是一个具有巨大太阳能光伏发电潜力的国家，必须实施能源来源多元化战略以满足不断增长的能源需求和环境保护的需要。Britta Rennkamp 等（2017）以三个中等收入国家墨西哥、南非和泰国支持和反对可再生能源政策的政治联盟为研究对象，分析了关于可再生能源政策的国家辩论中的政治话语。研究发现，政府、企业、民间和国际组织的重要政治支持联盟使可再生能源政策得以实施。这三个国家的环境发展话语在支持可再生能源的整体联盟中占主导地位，这使可再生能源政策首先得以实施。邹占和史玉民（2017）从社会经济状况、政治体系和公共政策三个方面比较分析中墨两国能源政策，指出中国能源管理体制主要基于政府与市场的协同关系，而墨西哥则致力于市场的自由调节，因为墨西哥的能源市场较中国更为开放。能源市场化改革是中墨两国面临的共同课题，中国应成立能源监管委员会，统一监管电力和油气等能源行业，同时实施能源供给侧和需求侧结构性改革，加快推动能源立法进程和国际合作。中墨两国可在能源、环境与气候等领域开展对话与技术合作，共同推进全球治理进程。

目前，关于墨西哥核能的研究并不多见。Michael Redclift（1989）从社会和环境角度以及经济角度分析，认为墨西哥的核计划是昂贵且无关紧要的。

1.2.2　墨西哥气候与环境政策相关研究

随着全球经济的发展和技术的进步，各国对能源的需求也在不断增加。虽然能源消耗可以带来经济增长，但同时也导致了气候与环境恶化。近年来，发达国家和发展中国家都实施了减缓气候变化的政策，并开展了一系列国家机构和基于政策的比较研究，以减缓气候变化。Darcy Tetreault 等（2018）学者依据社会环境冲突理论，解释新自由主义时代社会环境冲突倍增的原因，并以马克思的"原始积累"模型为基础，指出促进墨西哥自然资源商品化和私有化项目的政策，分析了 2013 年国家能源部门向私人和外国投资开放的改革。Mariano Bauer 等（2000）介绍了墨西哥放松管制和环境政策对电力部门的影响，提出了中期能源需求预测，并与公共部门计划的发展进行比较。电力部门和天然气工业的放松管制以及环境政策和法规正在促进增加使用天然气替代燃料油发电，有利于减少温室气体排放。Domingo González 等（2012）学者分析了从 1965 年到 2010 年墨西哥 CO_2 排放强度，研究表明，能源强度效应是 CO$_2$ 排放强度降低背后的主要驱动因素。CO$_2$ 强度从 1965 年到 2003 年下降了 26.2%，但从 2004 年到 2010 年增加了 10.1%。墨西哥从基于进口替代的经济模式转向出口导向型经济，从而保持水泥、钢铁、化工和石化等行业能源消耗方面显著增长。Araceli Ortega Díaz 等（2018）学者分析了气候变化领域的参与者及其在指导墨西哥采取减少温室气体排放政策方面的影响，如碳税和《气候变化法》。对墨西哥的这些法律和公共政策的协议进行网络分析，结果表明，相关政策的执行者在不同的部际委员会中执行着不同的政策。该行业的参与者已形成强有力的反对碳税和《气候变化法》的联盟，而国际机构已形成支持这些政策和法律的联盟。Juan Antonio Le Clercq（2016）将墨西哥在 2005—2012 年制定《气候变化法》的立法审议理解为实现可持续过渡的初步阶段和起飞阶段。通过分析墨西哥气候政策的主要内容，作者认为，尽管墨西哥气候制度在其设计中代表了一个非常雄心勃勃的模式，但与其他政策目标，尤其是能源部门的目标有偏差，限制了墨西哥可持续转型的可能性。Claudia Octaviano 等（2015）专家对巴西和墨西哥气候政策模型结果的深入分析（EPPA），证明了墨西哥和巴西在哥本哈根和坎昆举行的联合国气候会议期间对 2020 年的承诺可以实现，但每个国家的支出费用不同。研究结果还表明，巴西和墨西哥都可能面临严格的全球气候政策带来的其他环境和经济影响，影响国际贸易中能源价值等变量。Jason Veysey（2015）等从 CLIMACAP - LAMP 六种跨模型比较分析墨西哥的减排目标，结果表明，电力系统应脱碳，并提高交通运输部门能效。墨西哥在设计深度减缓气候变化战略方面具有一定的灵活性，选择方案可以让墨西哥实现其减排目标。Gissela Landa Rivera 等（2016）学者采用多部门宏观经济模型（Three - ME）评估墨西哥环境和能源政策。该模型估算了墨西哥《气候变化法》中实现减排目标所需的碳税，并评估了替代政策方案，每种方案都反映了税收的不同策略。碳税将为墨西哥经济的低排放发展提供动力，同时通过适当的碳税收入分配政策实现更高水平的社会福利。Marco A. Jano - Ito 等学者（2015）依据多层次视角方法（multi - level perspective）研究回顾了墨西哥电力部门发展的历史社会技术转型路径，并探讨了低碳转型路径。

　　此外，也有众多学者对墨西哥可再生能源，尤其是可再生能源对社会和环境的影响进行了较为充分的研究。Gibrán S. Alemán – Nava 等（2014）回顾了墨西哥可再生能源的研究、使用和潜力，特别是与水电、风能、太阳能、地热能和生物能源有关的可再生能源现状、迄今为止的主要积极成果和未来的潜力。他们还分析了阻碍改进的障碍，并提出了相关的解决方案。Pável Reyes – Mercado 和 Raja Gopal（2015）利用 PESTL 技术分析了墨西哥可再生能源市场的发展阶段及影响因素，提出了在墨西哥推广可再生能源的研究框架。他们的结论是墨西哥只有使用可再生能源的战略才能使该国实现经济、社会和环境效益可持续发展。Eduardo Pérez – Denicia（2017）等首次全面回顾了墨西哥可再生能源发电项目的现状以及这些技术在社会和环境领域的潜在影响。他们认为在墨西哥，用于发电的主要可再生能源技术是水力发电、陆上风电场和地热，因此，墨西哥具有可再生能源发电的巨大潜力，政府必须通过适当的机制鼓励其使用，以实现其目标。M. E. Huesca – Pérez 等（2016）从四个角度回顾了风能的社会影响：社会环境、社会经济、社会文化和利益相关者的参与，并分析了墨西哥特万特佩克地峡的风电项目以及背景。在规划风能项目时，当地经济、地理条件、文化和利益相关者是最基本的。可持续发展的技术实施必须认识到减少排放和其他环境影响以及最大限度地提高社会经济效益的重要性。文章旨在回顾风能的社会影响，特别强调墨西哥的一个贫困地区，特万特佩特地峡具有世界上最大的风能潜力，但是墨西哥最贫穷的地区之一，土著人口众多。墨西哥的风能开发一直充满争议，瓦哈卡风能的大量增加在瓦哈卡地区造成了社会冲突，甚至可能阻止该地区的风电项目进一步发展。最终，需要在全球风力发电的规划和发展过程中考虑当地社区，墨西哥案例表明需要因地制宜地制定政策。Agüero – Rodríguez 等（2015）分析了国家政策转变对生物燃料（来自甘蔗）的影响，以及它对墨西哥韦拉克鲁斯州社会环境方面的影响。作者发现，如果没有适当的法规，该地区生物燃料的大规模生产可能会加剧社会冲突，如控制自然资源、土地剥夺和水污染、粮食价格上涨和迁移增加等。Juárez – Hernández 等（2014）分析了墨西哥瓦哈卡特旺特佩克地峡风能项目实施的各个方面。发展风能技术带来的社会影响，如租赁土地过程中的违规行为，与其他国家相比土地租赁费用低以及社区内的经济不平等情况。M. J. Pasqualetti（2011）讨论了苏格兰、墨西哥和美国可再生能源项目（太阳能、风能、地热能）发展面临的挑战和障碍。关于风能的社会影响，特别是在墨西哥的瓦哈卡州，作者提到风电项目改变了永久性的景观，除此之外，当地居民获得的土地租赁补偿非常低。综上，在墨西哥，专注于解决可再生能源对社会和环境领域影响的研究不多，在大多数情况下，假设可再生能源可以解决有关社会和环境相关的部分问题，但也必须考虑这些能源的负面影响。

国内学者邹占和史玉民（2016）通过分析指出，墨西哥拥有丰富的可再生能源，其发电潜力巨大。新《电力产业法》结构性地改变了墨西哥全国电力行业格局，改革开放电力市场，优先考虑可再生能源发电的政策对墨西哥可再生能源发展具有里程碑意义。虽然墨西哥可再生能源投资前景可观，但仍然面临着经济、技术、制度和社会等方面的障碍与挑战。

1.2.3 墨西哥能源改革相关研究

墨西哥能源改革近年来成为国内外专家学者研究的热点问题。Victor Rodríguez – Padilla 等（1996）分析了 1988—1994 年墨西哥能源部门改革，认为北美自由贸易协定（NAFTA）加速了墨西哥能源开放进程，而政治和经济因素阻碍了能源部门实现更积极的自由化。Norma Martınez Laguna（2004）通过对墨西哥石油发展史的回顾，分析了石化行业的私有化进程，认为墨西哥国家石油公司（PEMEX）的重组过程以及自 1986 年以来发生的基础石化产品的贸易自由化，未能就吸引该行业现代化所需的资本和技术创造条件。Adrian Lajios（2014）论述了墨西哥能源改革的目标、范围、能源上中下游部门改革的具体内容，分析了石油和天然气行业变化带来的挑战，进一步阐明了电力部门的改革对制造业和更广泛领域的重要性。徐世澄（2014）分析了墨西哥能源改革的背景、原因，能源改革法案的主要内容，并指出能源改革存在阻力和挑战。孙洪波（2014）指出，能源改革将会加强美墨之间的能源贸易和投资关系。墨方视中国为重要的多元化能源合作伙伴，中墨油气合作前景广阔，但由于墨能源改革程度的不确定性、复杂的投资环境以及在一定程度上存在的保护主义，风险因素不容忽视。邹占和史玉民（2014）通过分析指出，墨西哥国家石油公司存在受政治干预过多，缺少发展资金、技术，机构臃肿、腐败且缺乏问责制度等一系列问题。墨西哥能源改革将确保国家能源安全，提高其原油储量和石油产量，增加就业，政府财政收支结构也将更加合理。中国应加快开放油气资源行业，还原能源商品属性，抓住机遇，积极开展对墨西哥的能源投资。另外，冯宝华和张志超（2016）、蔡丹琳等（2016）、赵瞳等（2014）、雷闪和殷进垠（2014）、陈涛涛等（2014）、陈峰（2014）等均从墨西哥能源改革给中国企业带来的投资与合作机会等角度进行了研究。

一些学者从制度角度研究墨西哥能源改革。Alejandro Ibarra - Yunez（2014）通过政府干预与安全治理框架，从经济效益目标、国际竞争力、安全性等 13 个维度，分析墨西哥能源改革并比较墨西哥石油公司与巴西、哥伦比亚和挪威国家石油公司改革的异同点。Clare Ribando Seelke（2015）等概述了墨西哥能源改革的内容和前景，通过贸易和能源合作的角度审视美墨关系，提出对美墨双边或北美能源合作的启示。Israel Alpizar - Castro（2015）等在对墨西哥 2013 年能源改革综述分析中指出，墨西哥正在对其能源部门进行彻底改造，能源改革可能对墨西哥石油、天然气生产和整个能源行业产生深远影响。自获得批准以来，墨西哥能源改革在碳氢化合物和电力部门所带来的变化已经出现了赞成和反对的声音。Adriana María Ramírez - Camperos（2013）等学者分析了 1992—2009 年墨西哥电力部门结构改革的因果关系、新的体制框架和模式的演变、发电技术和税收。他们的主要结论是，独立电力生产模式显示出更大的参与度，而电力自供应和热电联产则较低，电力补贴政策应该维持。

一些学者就能源改革对能源价格产生影响进行研究。Saeed Moshiri（2017）等分析了墨西哥能源市场化改革导致的能源价格变化对不同收入群体的家庭消费和福利的影响。学者们使用非线性 SURE 方法和 2002—2012 年墨西哥家庭预算调查估算 QUAIDS 模型获得弹性。结果表明，能源类型和收入群体的价格和收入弹性存在很大的异质性。能源需求相对于收入具有弹性，但价格变化对能源类型产生了混合效应。价格变化将对低收入家庭产生更强的福利效应，但对中高收入家庭几乎没有影响。

1.2.4　墨西哥能源与经济增长关系研究

　　能源生产消费与经济增长之间的关系，一直以来都是能源经济学研究的热点领域。该问题与经济发展和能源政策也高度相关。如果能够预测能源生产消费与经济增长并评价二者的关系，则制定的政策会对经济的发展更为有效。Charles R. Blitzer 和 Richard S. Eckaus（1986）构建了一个多部门、多期线性规划模型来分析墨西哥能源和经济政策问题的相互作用。该模型体现了部门内替代技术之间的非线性替代的可能性；连续时期的外国借款、石油开采和储备枯竭率以及消费和贸易模式之间的非线性替代可能性。与常规一般均衡模型相比较，实现了完整的跨期效率。Timothy J. Kehoe 等（1991）运用新古典一般均衡理论静态模型，分析墨西哥能源产品的生产、消费和出口。研究认为能源出口水平是影响政府贸易逆差的主要因素。Luis Miguel Galindo（2003）运用 Johansen 统计检验方法，对 1965—2001 年墨西哥经济对不同类型能源消费的需求进行计量分析，结果表明，在墨西哥，能源需求从根本上受收入驱动影响，能源价格的影响基本集中在短期，而工业部门显示出长期的价格影响。Gómez，M. 等（2018）学者分析了 1965—2014 年墨西哥能源消费与经济增长的总体和各因素之间的因果关系，采用协整以及线性和非线性因果关系的单位根检验。结果表明，生产、资本、劳动力和能源之间存在长期关系，以及从总体和各因素之间能源消费到经济增长的线性因果关系。从能源消耗、运输部门、资本和劳动力到产出，也存在非线性因果关系。这些结果支持增长假说，该假说认为能源是经济活动的重要输入因素，节能政策影响墨西哥的经济增长。墨西哥使用不同类型能源的需求价格和收入弹性的研究为政策制定者提供更多依据。Jorge Alvarez 等（2015）分析了墨西哥因能源改革，以及其电力治理结构发生变化引起的电价变化对制造业产出的潜在影响。研究发现电价对制造业产出的影响相对于其他能源价格影响最大。由于在发电中用天然气代替燃料油，电价下降约 13%，意味着制造业产出增长 1.4%—3.6%，实际 GDP 增长 0.2%—0.6%。其结论也具有重要的政策含义。2013 年能源改革和 2015 年发布能源转型法，墨西哥已进入能源领域结构变化的重要时期。作者认为新成立的监管机构必须足够有效和透明，以确保运输和发电部门有效地向私人投资开放。为了获得改革的预期收益，扩大管道容量以允许从美国进口更多天然气必须是短期优先事项。Jorge Alberto Rosas - Flores（2017）利用从全国家庭收入和支出调查中的 97817 户家庭收集的数据（1994—2014）来估算能源需求系统。研究结果表明液化石油气是最无弹性的能源；墨西哥北部的家庭往往消耗更多的汽油，而在该国南部，液化石油气支出份额最低。作者认为对家庭所需能源的严格评估将有助于政策制定者提出更有效的改革措施。Noel D. Uri（1996）分析考察了汽油和电力价格上涨对墨西哥经济的影响。使用一般均衡模型分析由 13 个生产部门和 14 个消费部门产生的数据，结果显示汽油和电力价格上涨的后果是所有生产部门的产出减少约 0.31%，商品和服务消费减少约 0.56%，其结果是平稳的。

　　一些学者探讨能源消费对经济增长的影响关系。1978 年，Kraft J. 和 Kraft A. 最早运用 Granger 因果检验（Granger，1969）研究能源消费和经济增长的关系，他们对美国 1947—1974 年的 GNP 和能源消费数据进行了 Granger 因果分析，发现存在从 GNP 到能源消费的单向因果关系。Payne（2010）对文献进行了调查并得出结论，22.95% 的研究支持电力消费导致增长的概念，而其他研究结论相反或根本没有找到因果关系。在类似的调查中，Ozturk（2010）认为文献中缺乏共识是由于使用了不同的数据替代计量经济学技术和国家异质性。Apergis 和 Payne（2010）发现拉丁美洲的能源消费与经济增长之间的格兰杰因果关系。关于经济增长，能源消耗和二氧化碳（CO_2）排放之间因果关系的大量研究表明政策建议存在分歧，这主要是由于方法和研究周期的选择。能源消费与经济增长的关系较为复杂，不同的研究结论之间差异较大。

1.2.5 国内外研究述评

通过对国内外研究墨西哥能源战略与政策相关文献的分析与梳理，从研究视角的不同可分为以下九大类。

表 1.1　　　　　　　　墨西哥能源战略与政策研究文献分类

研究视角	主要特点	主要代表人物
从理论角度研究	从理论角度解释墨西哥能源改革的动因；论证改革的理论基础	Tetreault, Darcy, Cindy McCullligh, and Carlos Lucio(2018)
对能源政策的研究	以联合国拉丁美洲和加勒比经济委员会提出的可持续能源发展的方法框架，分析墨西哥能源政策	Claudia Sheinbaum – Pardo (2012)
对能源改革具体内容研究	就墨西哥能源改革的具体内容进行梳理分析	Adrian Lajous （2014） Vietor R H K, Sheldahl – Thomason H （2017） 孙洪波 （2014）
从经济角度研究	主要分析能源改革对墨西哥经济增长、通货膨胀、国际收支、就业等宏观经济指标的影响及其发生的变化	Timothy J. Kehoe （1991） Jorge Alvarez （2015） Duncan Wood （2016）刘学东 （2014）
从政治角度研究	分析墨西哥能源改革的政治因素和政治后果	Victor Rodríguez – Padilla （1991）
从社会角度研究	分析墨西哥能源改革对国家贫富差距、对环境的影响等社会问题，进行墨西哥能源开发与农村和土著土地冲突等问题的研究	Araceli Ortega Díaz （2018）Saeed Moshiri （2017） Tony Payan （2016）
从环境角度研究	墨西哥能源政策与环境之间的关系	Mariano Bauer (2000)

续 表

研究视角	主要特点	主要代表人物
从制度角度研究	从法律和公共治理等制度角度分析墨西哥能源战略与政策改革	Alejandro Ibarra – Yunez（2014）
多角度研究	从政治、经济、社会、生态等多个角度出发，全面综合分析墨西哥能源战略与政策改革	Rafael González – López（2018）邹占、史玉民（2017）

以上列举的主要研究成果，不管是对墨西哥能源战略和政策的综合研究，还是侧重某一角度的分析，都有较高的学术价值，给本书很多启发。从国内外学者对墨西哥能源战略与政策、能源改革的研究可以看出，虽然现在研究较多，涉及面很广，但总体而言，对墨西哥能源战略与政策的总体论述较少，且以定性分析为主。国内外的研究都没有将墨西哥的能源战略与政策作为专门的研究对象进行全面系统研究。因此，本书拟在现有研究的基础上，突出在国际能源合作、可持续发展以应对气候变化和"一带一路"的背景下，对墨西哥能源战略与政策进行全面梳理和归纳分析，探讨其对中国能源战略与政策的制定和完善、对中拉共建"一带一路"的启示。

1.3　研究对象和相关概念界定

本书的研究对象是墨西哥能源战略与能源政策，要全面理解这一概念，我们还需要理解以下问题。

1.3.1　能源相关概念和分类

能产生能量的物质，统称为能源。在物理学方面，能源是指提供某种形式能量的自然资源及其转化物，可以界定为能够完成某项工作的物质。能源可以被转移到其他对象或转化成不同的形式，能源本身不能创立和损毁。能源主要包括动能、势能、太阳能、核能、机械能、热能、电磁能（光）、化学能、电能和声能。国际上衡量能量主要使用英热单位 Btu（British thermal u-nit，Btu），1Btu 约等于 1055 焦耳，是将一磅的水由 39 华氏度加热至 40 华氏度所需的热能。

按照是否可再生分类，能源可分为可再生能源（renewable energy）与不可再生能源（non‐renewable energy）。在短周期时间范围内能够得到补充或陆续获得的能源称为可再生能源，如风能、水能、海洋热能、潮汐能、太阳能、地热能和生物质能等；如果不符合上述条件，称为不可再生能源，常见的有核能（nuclear energy）和化石能源（fossil energy），生活中常用的煤、石油和天然气等是不可再生能源。

按照利用方式分类，可以分为一次能源（primary energy）与二次能源（secondary energy）。一次能源是从自然资源中直接利用的能源产品。其中最重要的是煤炭、石油、凝析油、天然气、核能、水电、地热能、风能、太阳能、甘蔗渣、木柴。二次能源是指需要利用一次能源进行加工转换而出现的能源，如电力、煤气、焦炭、沼气、热蒸汽及各种石油制品等。

按照开发利用时期分类，可以分为常规能源（conventional energy）和非常规能源（unconventional energy）。早期被人类大规模生产、使用技术成熟、广泛利用的能源一般称为常规能源，也叫传统能源，如煤炭、石油、天然气和水能等。被人类利用时间晚，或者技术上不够成熟等造成的使用范围有限的能源可以称为非常规能源，如太阳能、地热能、风能、海洋能、生物质能、氢能、核能等能源，现在被逐步开发的非常规化石能源，如非常规石油、天然气等能源也涵盖在非常规能源范围内。

按照能源存在形式分类，可分为固态燃料、液态燃料、气态燃料、电磁能、太阳能等。

此外，能源的使用会对环境产生影响。能源的使用会增加温室气体的排放，而温室气体浓度增加往往会使地球变暖。温室气体浓度的增加会使地球的平均表面温度随时间增加而上升。温度上升可能会影响降水模式、风暴严重程度和海平面的变化。总的来说，这通常被称为气候变化。温室气体是指对气候变化有直接影响的八种气体的总和：二氧化碳（CO_2）、甲烷（CH_4）、氧化亚氮（N_2O）、氯氟烃（CFCs）、氢氟碳化合物（HFCs）、全氟化碳（PFCs）、六氟化硫（SF_6）和三氟化氮（NF_3）。数据以二氧化碳当量表示，指人类活动的直接排放总量。二氧化碳是指仅来自燃料燃烧的总直接排放。其他空气排放包括硫氧化物（SO_x）和氮氧化物（NO_x）的排放，其中 SO_2 和 NO_2 的数量，一氧化碳（CO）的排放以及不包括甲烷的挥发性有机化合物（VOC）的排放。空气和温室气体排放量以千吨计。自 19 世纪中期，大规模工业化以来，人类活动产生的几种重要温室气体的排放量大幅增加。这些人为造成的温室气体排放大部分来自燃烧化石燃料的二氧化碳（CO_2）。

1.3.2　能源形式和特点

以下是常见的主要能源形式及其特点。

化石能源。化石能源主要包括煤炭、石油和天然气，从形成来源来看是太阳能经植物的光合作用在地球上形成的生物质，再经过漫长的地质作用形成的化石能源。短时间看化石能源都是不可再生的一次性能源，也是当前人类能源利用的主要能源形式。煤炭是早期大规模使用的能源形式，地球储量较为丰富，但当前受技术利用条件影响，使用环境成本高于石油与天然气。

太阳能。太阳能是指将太阳光转换成人类可以用来满足其需求的其他形式的能量。太阳光可以通过三种技术来利用：光伏（PV）、聚光太阳能热（CST）和太阳能加热和冷却（SHC）。光伏技术通过使用由半导体制成的光伏电池直接利用太阳光发电，通过光电效应将太阳能转换成直流电。聚光太阳能热技术通过收集器捕获阳光产生的热量来间接发电，将流体加热至沸腾，产生的蒸汽用于驱动发电的涡轮机。太阳能加热和冷却技术利用来自太阳的热能提供热水。此外，这些技术还可以使用两种被称为热驱动冷却器和干燥剂冷却系统的技术来满足空调需求。太阳能的成本、效率、储存和不可靠性（并非每天都有蓝天）比使用煤或核能发电成本高。

水能。水能是指水从较高水平移动并且下降到较低水位的能量，因此它可以驱动连接到水轮机的发电机。产生的电量取决于水流——量或跌落高度。一些水力发电厂通过河流直接发电，在大多数情况下，水坝建造用于捕获水以增加和控制其流量，提高其下降的高度并将其存储在将来使用，另外一些还有一个用于补水的泵系统。水能可以使用三种不同的技术来利用发电：一是河流，二是水库，三是抽水蓄能电站。河流水电站的运行利用河流的流动，包括短期储存，以提高灵活性和适应需求，这项技术主要基于河流的自然流动条件。水库水电站以蓄水池为基础，蓄水池主要通过筑坝建造，可以储存大量的水。当发电量超过需求时，抽水蓄能电站将低蓄水池中的水泵送到较高蓄水池，以便在需要时保证供水。当前由于化石能源的不可再生和环境污染等原因，水能被广泛使用和重视，特别是水能发电替代化石能源发电成为重要的替代能源。水坝的建设对从河流流域到农田的环境具有显著的破坏性影响，包括洪水、栖息地破坏和涉及的社区重新安置等。水坝一般需要公共投资才能建造，所产生的能源传输也需要在电网扩建方面进行大量的公共投资。为此，水坝需要政府的投资与管理，通常在国家层面，通过（或推动）政治提案，由政府担保建设大坝的贷款。一旦建成大坝，其主要优点是它可以产生比化石燃料更便宜且巨大的电力，与核能相当，并且能创造大量工作岗位。尽管如此，除缅甸或中国等国家外，因发展水电破坏环境的反对意见都在增长，对于这个问题，水坝在许多国家不是一个好的政治选择。

风能。风是太阳对大气不均匀加热，空气受到高压和低压区域的影响，以及地球表面不规则和地球自转的结果。风能是指用于通过风力涡轮机发电的动能。风力涡轮机通过连接到发电机的空气动力转子产生电力。目前的标准涡轮机有三个叶片在水平轴上旋转，但也有两个叶片的。风能可以通过陆基风（陆上）或海上风产生。陆上能源是指安装在大陆的涡轮机产生的电力，而海上能源是指安装在海洋中的风力涡轮机产生的电力。风力涡轮机的问题较多，它们非常昂贵，涡轮机运行还会导致环境恶化，在开放的景观上造成视觉污染，并且发出低频噪声和电磁干扰，即使在很远的地方也会扰民。此外，由于电网和可靠性问题，与化石能源不同，风不是恒定的。风电往往不是最佳选项。

核能。核能是核结构发生变化时放出的能量，主要包括核聚变、核裂变和核衰败三种主要形式，物质所具有的原子能比化学能大几百万倍乃至一千万倍以上。核能在当前能源领域主要用于发电，与火电相比，核电不排放二氧化硫、氮氧化物、二氧化碳和烟尘颗粒物等污染物。

生物质能。生物质是指有机物质，非化石和生物可降解源自生物体或有机物质，如植物、动物和其他物质。生物质可以以三种不同的方式使用：热能、生物燃料和沼气。热能是指将生物质用于生物能源的传统方式，例如燃烧木材或牧场以获取热量。生物燃料是指由来自植物、动物和其他生物的材料的热化学和生物化学过程产生的液体燃料。全球主要生物燃料是生物柴油和生物乙醇。沼气是某些化合物和碳氢化合物的混合物，包括甲烷、二氧化碳、少量的硫化氢和氨，通过生物材料的厌氧消化产生。沼气主要用于发电和供热。

1.3.3 能源战略和政策的内涵

（1）能源战略。能源战略（energy strategy）是指国家依据能源外部环境和自身资源，在国家整体战略范围内确定的未来长期的全局性、基本性的能源目标策略，是对未来能源发展方向做出的中长期的规划。能源战略为实现一国或地区经济、社会发展所需的原动力的开发、需求和供应进行的长远性的、总体的谋划和决策。其内容有能源开发战略、能源安全战略、能源结构调整、能源节约和合理利用战略等。

（2）能源政策。能源政策（energy policy）是指某个国家或者相关组织机构，针对能源的供应、市场、贸易、价格和消费乃至技术等环节所制定的一系列策略和政策，包括生产政策、消费政策、贸易政策、价格政策、技术政策等。能源政策主要倾向于对能源的某一个方面或者对象做出的具体性法律、规章和规则，国家根据整体能源战略导向，对某一阶段解决具体能源相关问题采取的具体措施和办法，它既是国家整体发展政策的关键组成部分，又会对国家经济和社会发展产生影响。

能源政策制定的初衷源于能源发展的外部性。伴随着经济快速发展，世界各国能源消耗量都大幅度提高。能源消耗使社会获得了福利满足，但是其外部性问题也逐渐影响经济个体和社会经济的良好发展。所谓能源外部性，主要是由能源开发利用活动所产生但没有相应能源生产者和消费者承担的损害或获得的收益。其正外部性主要表现在能源消费极大地促进了工业化进程，大大提高了生产力，使经济得以迅速发展。负外部性主要有工业化进程加快所产生的资源消耗问题，过量能源消耗所产生的生态环境破坏问题，能源价格波动、能源供应中断等所引起的能源安全问题。

能源生产和消费产生的负的外部效应，仅依靠市场机制是无法纠正和补偿的，需要政府干预，由政府承担起保护环境、市场监管的职责。政府可以制定和采取一系列能源政策，以征税或补贴等形式，使产生外部不经济性的经济主体足额付费，使能源外部不经济性成本内部化。

（3）能源战略与能源政策的区别与联系。能源战略与能源政策是整个国家能源管理的核心部分，能源战略引导能源政策的制定执行，能源政策服务、服从于能源战略，两者相辅相成，但又各有侧重。能源政策侧重微观性，而能源战略侧重宏观性，能源政策的有效执行可以保证能源战略目标的实现。不明确可行的能源战略目标，或者国家能源战略的朝令夕改，国家能源产品结构、能源行业投资和能源行业污染控制等问题都会影响到能源政策的有效实施。能源战略制定完成后，要求国家能源主管部门根据国家能源市场环境制定可行的能源政策，包括环保、投资、贸易、价格、技术、金融、外交等政策实施策略与规则，协调相关部门之间的职责，从而形成能源政策评估、反馈、调整等一系列机制。

无论是发达国家还是发展中国家，无论是采取何种国家政治体制模式，无论采取的是哪种经济发展模式，能源战略和能源政策的制定实施都是国家政府的核心职能。能源产品的供应与消费、能源市场的组织运行、能源价格的制定监管、能源消费的引导控制和能源利用的环境保护等所有相关问题构成相对复杂的系统过程，对战略政策的制定者提出了较高的能力要求，对整个社会相关行业部门的发展协调和生产消费者的根本利益至关重要。任何能源政策的制定归根结底都受现实能源约束及社会能源观念的影响。

1.4 研究思路、方法和结构安排

1.4.1 研究思路

从国内外对墨西哥能源战略与政策、能源改革的研究可以看出，虽然现在研究较多，涉及面很广，但总体而言，对墨西哥能源战略与政策的总体论述较少，且以定性分析为主。因此，本研究在借鉴国内外现有研究成果的基础上，通过历史分析法、定性和定量结合等方法，对墨西哥能源战略与政策进行较为全面的论述。首先介绍墨西哥能源战略与政策的历史演进过程，分析其战略与政策的相关内容；其次对墨西哥能源政策改革的动因、内容、成果与不足等进行分析，并在此基础上对墨西哥能源政策走势进行预判；再次，通过比较分析中墨两国能源政策异同，对中国能源政策的启示提供参考；最后，以中墨能源合作为落脚点，借鉴墨西哥能源政策对中国能源改革提出相关对策建议。

1.4.2 研究方法

能源问题研究跨经济、政治、地理、商业、金融、社会、文化、外交等多学科研究，本研究属于战略与政策研究，是一种综合研究，涉及多学科领域的知识和研究方法；既有宏观的能源战略与政策分析，又有微观的定量分析研究。本书运用跨学科分析等多种研究方法，对墨西哥能源政策的演变、制定与决策过程、政策改革的目标与内容、政策发展趋势等进行了较为全面的分析，对墨西哥能源战略与政策进行了分类探讨。政策研究的最终目的是改善社会和治理社会，本书最后依据系统理论模型，对墨西哥和中国的能源政策进行比较分析，在此基础上，提出加强中墨两国能源合作和墨西哥能源战略与政策对中国的启示。

在研究过程中，主要采用了文献资料法、历史分析法、实证分析法、比较分析法等研究方法。同时，在分析过程中引用了其他学者相关的计量模型结果和笔者之前的一些成果。

（1）文献资料法。

主要通过 Google Scholar、中国知网、Web of Science、Springer、Scopus 等数据库和墨西哥能源部（SENER）、OECD、英国石油公司（BP）、国际能源署（IEA）、美国能源信息署（EIA）、经济学人、联合国拉美经委会（CEPAL）官网数据库等收集、鉴别、整理和归纳与墨西哥能源战略与政策、能源改革相关的国内外文献资料。通过对文献的阅读和分析，探明研究对象的状况，为形成研究的观点打下坚实基础。

（2）历史分析法。

制度与政策变迁是一个历史过程，本书必不可少的研究方法是历史分析法。研究分析墨西哥能源政策，必须置于当时的经济、社会和能源形势的大背景来考量。墨西哥能源政策的变革，是适应当时环境和国际国内形势的需要而变化和产生的。在学习研究墨西哥能源战略与政策时，需要运用历史和发展的眼光，从历史动态的角度分析。

（3）实证分析方法。

本书采用定性和定量相结合的分析方法。在定性分析方法上，利用了能源安全、地缘政治学和治理模式等相关理论；在定量分析方法上，既采用了数据和图表分析的传统方法，也使用了 Stata12.0 统计软件做时间序列分析，采用协整分析和格兰杰因果关系检验。

（4）比较分析法。

运用能源政策国际比较分析框架，采用系统理论模型中的社会经济状况、政治体系和公共政策三个方面，对墨西哥和中国能源政策进行比较分析。

1.4.3 结构安排

本书共分为八章。

第1章"绪论"。本章主要包括本书的研究背景与意义、国内外研究现状、本书相关的能源概念界定，包括能源的分类、能源战略与政策的概念与区别、研究方法、思路与结构安排，论文的创新点和不足。

第2章"能源战略和政策相关理论"。本章主要包括能源安全理论、环境政策理论和治理理论。为后面章节分析墨西哥能源改革措施、比较中墨两国能源政策异同和探讨对中国能源改革的启示等内容提供理论指导。

第3章"墨西哥地理、经济和能源行业概述"。本章对墨西哥的地理、经济和墨西哥能源行业状况进行梳理。其中，主要从石油、天然气、煤炭、可再生能源、电力和核电六个方面介绍墨西哥能源行业生产与消费概况。

第4章"墨西哥能源战略和能源政策演变"。本章从墨西哥能源战略和墨西哥能源政策两个方面进行阐述。首先，从安全战略和能源地缘政治战略、气候变化与环境保护战略和能源效率战略三个方面分析墨西哥能源战略；其次，回顾了墨西哥石油、电力行业和政策的演变历程；最后，探析墨西哥能源政策制定与执行过程。

第5章"墨西哥2013—2014年能源改革分析"。本章首先从经济、制度和社会因素三个方面分析2013年墨西哥能源改革的原因；其次，从石油天然气行业和电力行业两个方面分析改革的内容和相关政策变化；再次，分析墨西哥能源改革取得的成果和不足；最后，从新政府给能源改革带来的不确定性、能源改革带来的社会效益、美国—墨西哥—加拿大协定（USMCA）给墨西哥能源行业带来的影响和墨西哥能源投资面临全球激烈竞争四个方面分析改革的发展趋势。

第6章"墨西哥能源消费、碳排放与经济增长关系的实证分析"。本章分析墨西哥能源消费、碳排放与经济增长之间的因果关系对于其转变经济增长方式和推动低碳发展具有重要意义，此问题与第五章墨西哥新的能源政策高度相关。通过采集英国石油公司1965—2017年共52年的墨西哥能源消费、CO_2排放数据和世界银行墨西哥GDP数据，使用时间序列分析，采用协整分析和Granger因果关系检验，分析墨西哥能源消费总量、CO_2排放与经济增长之间的相互关系。分析结果表明，墨西哥能源消费和碳排放与经济增长之前都存在双向因果关系。如果2013年墨西哥能源改革措施得到充分实施，促进石油、天然气等能源要素产量提升，将促进墨西哥经济持续增长，此项改革也是必要和及时的。为实现低碳经济发展，墨西哥应注重提高能源效率和实施节能政策。

第7章"中墨能源政策比较研究"。本章依据系统理论模型，从社会经济状况、政治体系和公共政策三个方面比较分析中墨两国能源政策。中国能源治理体制主要基于政府与市场的协同关系，而墨西哥则致力于市场的自由调节，墨西哥的能源市场较中国更为开放。中墨两国可在能源、环境与气候等领域开展对话与技术合作，共同推进全球治理进程。

第8章"中墨能源合作展望与对中国的启示"。本章从中墨能源合作的进展、优势、能源合作的机遇和挑战方面对中墨能源合作进行展望。在第七章中墨两国能源政策对比分析的基础上，阐述墨西哥能源战略与政策改革对中国能源改革的启示。

本书的结构安排，如图1.1所示。

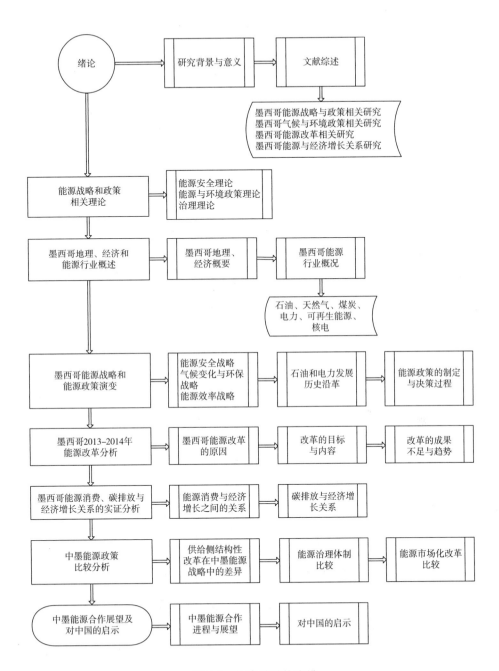

图1.1 本书的结构安排

1.5 创新与不足

1.5.1 创新之处

（1）国内外系统研究墨西哥能源战略和政策的相关学术研究成果尚不多见。本书从墨西哥能源政策的历史演变以及时代背景、治理措施和发展趋势等方面进行了详细、全面的梳理与分析。与国内外研究相比，不仅仅限于介绍墨西哥能源政策的目标、内容、能源改革的原因和现状，还对能源改革目前取得的成果和发展趋势进行了分析，探究了墨西哥能源政策的制定与决策过程，对墨西哥能源政策进行了较为全面的研究。

（2）充分运用公共管理学、公共政策、能源经济学、能源安全战略等多学科理论与研究视角，就墨西哥能源战略与政策对墨西哥国内经济与能源体系、国际能源格局进行了实证分析与研究。采用定量和定性分析相结合的方法，使用Stata12.0计量分析软件，利用大量数据做时间序列分析，运用协整分析和格兰杰因果关系检验的方法，分析墨西哥能源消费、碳排放与经济增长之间的关系，其结果为证明墨西哥能源改革的及时与必要性提供了有力支撑。

（3）依据系统理论模型，从社会经济状况、政治体系和公共政策三个方面对墨西哥和中国这两个发展中国家的能源政策进行系统的比较分析，并在对比分析的基础上提出了中国应加快立法进程、尽快出台《能源法》、建立单一能源监管机构；中国应以电力革命作为突破口，推进能源体制革命等对策措施，对中国能源改革提出了针对性建议。

1.5.2 不足之处

（1）鉴于墨西哥能源改革程序性工作已经基本结束，但有关当前墨西哥能源改革的影响还难以确定，评估政策的实施效果是能源政策研究的重点和难点，对此方面的研究还有待进一步跟踪、推进。

（2）本书未能充分讨论墨西哥能源改革所涉及的所有部门，改革涉及的法律问题、环境问题等还需要深入研究。目前，作者尚未掌握西班牙语，对西班牙语文献资料，尤其是西班牙文的墨西哥政府官方文件的翻译和理解把握能力还有待加强。

第 2 章　能源战略和政策相关理论

能源战略的科学制定和能源政策的合理实施，已经成为国家整体发展规划和国家治理的重要组成部分。能源战略和政策涉及的内容较广，本章主要从能源安全理论、能源与环境政策理论和治理理论三个方面探讨能源战略与政策相关理论，为后面章节分析墨西哥能源战略、能源改革措施、比较中墨两国能源政策异同和探讨对中国能源改革的启示等内容提供理论指导。

2.1　能源安全理论

能源是经济发展的核心，也是我们生活中不可或缺的一部分。我们需要能源是安全的，但我们也需要能够负担得起。能源安全是确保国家和地区稳定发展的关键参数，与经济效率和环境保障同时被视为实现能源政策的主要目标之一。

2.1.1　能源安全

（1）能源安全概述。什么是"能源安全"？研究人员、管理人员和政策制定者可能会给出完全不同的回答。近年来，能源安全一直是一个研究较多的领域，文献涵盖了不同的方面。在世界范围内，能源安全一词尚未有精确定义，这使得能源安全难以与其他政策目标保持平衡。能源安全是一个多维的概念，包括安全、经济、技术、社会、政治和环境风险因素等问题。能源安全问题出现在 20 世纪初的国际政治会议上，能源安全概念在 20 世纪 50 年代以前并未出现过。一方面是因为煤炭主导了此前工业化进程的能源供应，煤炭不仅数量大，且分布广泛；另一方面，欧美等工业化国家当时尚处于资本原始积累阶段，能源总体消费需求不高，因此，其有限的消费需求容易得到保障。20 世纪 50 年代以后，随着工业化和城市化进程加快，世界能源消费总体水平快速增长，逐渐引发了各国关于国家能源安全重要性的思考。能源安全的概念真正被国际社会普遍认可是在 20 世纪的两次石油危机之后。20 世纪 70 年代爆发的石油危机导致全球能源市场空前动荡，给西方国家带来了非常沉重的打击，威胁到了自身国家的经济发展与政治稳定，促使发达国家更加认识到能源安全的极端重要性，能源安全作为全球性安全问题首次引起世界的广泛关注，研究人员优先考虑稳定供应的廉价石油，这一时期，主要从能源供应安全的角度来界定能源安全的概念。丹尼尔·耶金（Daniel Yergin）指出："能源安全的目标是以合理的价格确保充足可靠的能源供应，并且不会危及主要的国家价值观和目标。"国际能源署将能源安全定义为"以合理的价格不间断地提供能源"。国际能源署的定义和耶金的经典表述都有一个共同的根源，因为受到 1973 年石油危机的影响，他们都以全球石油供应为研究着眼点。此定义是从政策制定者和负责管理国家的决策者角度构建的，实际上，耶金明确地将能源安全称为"目标"，因此，能源安全是政策目标而不是能源系统的状态或特征，将能源安全作为一项特定政策目标基于能源安全"四个"关键参数：可使用的（availability）、买得起的（affordability）、可获得的（accessibility）和可接受的（acceptability）。在其日常使用中，"能源安全"表示能量关系的某种平衡状态。事实上，在大多数情况下，"能源平衡"甚至可能被用作能源安全的同义词。

随着社会的发展和环境问题越来越突出，在能源安全讨论中，人们越来越认识到能源安全的理念需要更新并重新界定概念，以适应不同的能源、系统、技术和环境。能源安全理论经历从传统能源安全到非传统能源安全，再到低碳和可持续发展经济条件下的能源安全的演化过程。其中环境问题引起了对可持续发展形式和能源生产与消费的关注。因此，能源安全已经扩展到包括环境可持续性和能源效率等方面。耶金着重提议将能源安全讨论的范围扩大到所有能源部门，包括保护整个能源供应链和基础设施。"能源安全"实际上作为一个政策目标也存在明显差异，当然，能源安全感可能因客观因素而有所不同，如资源禀赋、地理位置、基础设施等。能源安全的概念与地缘政治事件和武装冲突密切相关。因此，它不仅具有军事起源，而且还在政治、经济、社会和环境安全的框架内进行分析。从学界的研究看，对于能源安全的理解有广义和狭义之分。在狭义上，能源安全是指可以获得充足、可靠和可承受的能源用来满足需求并维持经济增长；在广义上，还包含了地缘政治、可持续发展以及社会接受程度等观念。例如，能源技术的发展，气候变化和可持续发展意识的增强，能源安全相关方面的塑造。B. W. Ang, W. L. Choong, T. S. 在《能源安全：定义、维度和指标》（*Energy security*: *Definitions, dimensions and indexes*）一文中指出，随着人们越来越注重环境的可持续性和能源效率，能源安全的范围不断扩大，包括能源供应、基础设施、能源价格、社会影响、环境、社会治理和能源效率七个方面。上述因素都会对能源安全产生直接和间接的影响。在全球经济危机爆发之前，油价飙升不仅对进口国的能源安全产生负面影响，而且通过对外贸易逆差增长对宏观经济稳定造成影响。另外，油价大幅下跌带来能源市场的扭曲影响各国的宏观经济稳定，也会造成地缘政治后果。能源安全的许多重要因素在数量上无法衡量，如地缘政治状况、政治不稳定和武装冲突都会影响能源价格，从而影响能源安全。但很难定量衡量各国的政治不稳定性。还应考虑到能源安全是一个遵循全球变化的动态类别，因此，有必要监测全球变化以及确定的能源安全指标值的变化。只有在较长时间内监测能源安全，才能确定某些变化并得出相应的结论。

综上，能源安全是一个多维度和复杂的概念，包括安全、经济、社会和政治风险因素等问题。基于学界对能源安全问题的研究，在厘清能源安全概念之时，需要明确安全供应、需求、运输、来源多样化、价格和能源可用性。能源安全方面的定义是动态的，它们的相关性因国家和时间变化而演变。因此，本书认为，能源安全的定义与一个国家自身的特殊情况以及它主观地认识到其脆弱性的方式有很大关系。能源安全的概念在能源生产国、消费国和过境国家之间变化，"国家能源安全"的最终概念取决于各个国家的地理位置、国内政策和政治经济因素，以及它与合作伙伴共享的传统国家经济和商业关系。

（2）影响能源安全的主要因素。面对复杂多变的世界经济与政治环境，一国能源安全受到多种因素的影响。一是资源禀赋因素。资源禀赋是影响能源安全最重要的因素之一。一般来说，一个国家拥有的能源资源储量越丰富，其经济发展越有保障，其能源供应的安全系数就越高，受外部不安全因素的影响也就越小，自身就越安全。二是政治因素。近几十年的石油危机、石油供应中断、石油价格的大幅度波动都与国际政治因素有关。政治因素对能源安全的影响主要表现在两个方面：一是国家间的政治关系恶化影响能源进出口国的能源安全，如当前美国退出伊核协议后，引发了美国与伊朗的紧张关系，并影响了依赖从伊朗进口石油的国家的能源供给安全；二是由于能源生产国国内自身的政治因素影响其能源生产供给能力，从而影响能源进出口国的安全，如利比亚危机和叙利亚危机等。三是经济因素。经济因素是一种间接因素，会对国家能源安全产生重大影响，特别是对能源进口国，其国民经济能否支撑能源进口所需要的外汇资金，直接影响着本国能源的供应安全。能源价格变动也属于经济因素范畴，国际能源价格的剧烈波动会对进口国的进口能力和全球能源进出口平衡产生影响。四是运输因素。运输安全是能源安全的前提和保障。能源安全与运输距离、方式以及对运输通道的保障能力密切相关。大国历来对国际重要运输通道，特别是对"咽喉"地带高度重视，通常借助强大的军事武装力量加以控制。五是军事因素。现如今，对石油和天然气储量的控制是国家力量的重要组成部分。正如世界上的主要军事冲突和其他类似的冲突所表明的那样，争夺对关键能源资产的控制权或石油收入的分配是大多数当代战争的关键因素。虽然种族和宗教分裂可能为这些战争提供政治和意识形态的理由，但是巨大的石油利润可能使这些斗争保持活力。如果没有这些资源的承诺，许多冲突最终会因缺乏购买武器和支付部队的运行资金而消亡。只要石油不断流动，交战方就拥有继续战斗的手段和动力。六是能源效率因素。能源效率和节能的改进可以限制能源需求的增长并有助于能源安全。能源效率是建设经济的一种具有成本效益的战略，而不必增加能源消耗。能源效率是减少提供产品和服务所需能源的目标。如果能源节省抵销了实施节能技术的任何额外成本，则减少能源使用可降低能源成本并可能为消费者节省财务成本。减少能源使用也被视为减少温室气体排放问题的解决方案。七是环境和可持续因素。由于碳和其他排放导致全球变暖和空气污染，可持续性和环境问题与能源密切相关。与能源相关的其他环境风险还包括核电项目、原油勘探或运输过程中的漏油问题，不仅影响到能源系统的安全，还给国民经济与生态环境的可持续发展及民众的身心健康带来不利影响。环境和可持续性因素为可靠的、负担得起的、高效的和环境友好的能源安全提出了更高要求。

2.1.2 能源地缘政治

能源安全与国家地缘政治有高度的互动性和相关性。所谓地缘政治，不仅包括传统意义上的国际关系、某一地区的力量对抗或影响力的角逐，也包括国家地盘争夺，还包括各种力量为争夺对某个国家或地区的直接或间接控制权而展开的较量。众多的地缘政治问题和近现代史告诉我们，石油是一种政治武器。"地缘政治"是一个复杂的概念，人们对它的定义五花八门。地缘政治学研究政治或意识形态可以通过地理变量来解释，例如位置、规模、人口、资源或技术发展。通过分析政治决策与国家地理的相互作用，它旨在回答这样一个同题：政治决策是如何由地理因素决定的，指的是政治利益、权力、战略思维、决策和地理空间之间的联系。"地缘政治"一词由瑞典人鲁道夫·契伦（Rudolph Kjellen，1864—1922）于 1899 年创造①，意为"国家科学"，契伦感兴趣的是国家的地理属性，以及与它的空间位置有关的特征对政治权力的影响。本书认为，地缘政治定义的关键要素是权力和空间。因此，主要分析地缘政治挑战是如何利用权力和空间来增加实力。

　　能源和地缘政治一直紧密相连。能源渗透到经济的各个方面，不同能源的获取和能源价格是构成社会和经济生活方式的主要因素。因此，能源是地缘政治的一个重要问题，它造成了国家间的依赖和冲突，并日益成为国际政治舞台上的一个主要话题。纵观历史，地缘政治在国家战略中一直扮演着重要的角色。地缘政治学根据分析的因素和作者的不同视角，有多种定义。然而，地缘政治分析通常侧重于自然资源的利用以及地理特征对国家和外交政策的影响，地理条件的重要性不容忽视。能源资源是国家地理的一个关键因素，因此，能源地缘政治分析除此之外，还要分析诸如能源供应和需求位置、运输路线和能源价格等因素。能源地缘政治对国家战略的有效性和经济增长产生巨大影响。

　　当 20 世纪 70 年代两次世界石油危机揭示了西方发达国家对化石燃料的脆弱性和依赖性时，能源地缘政治的经典研究就开始了，这一学派的代表之一是美国学者梅尔文·柯能特（Melvin Conant），他在早期阶段从地缘政治的角度对能源问题进行了最早的系统研究。1978 年，柯能特和 Fern Gold 发表了《能源地缘政治学》，被认为是能源地缘政治研究的核心研究内容，他们认为"获得原料，特别是获得能源是国际政治关系的最优先事项，获得这些基本品的能力不再受传统的殖民关系或军事保护的限制，而是取决于地理因素和各国政府根据不同的政治条件所作的政治决策。控制资源的国家将限制、影响那些依赖资源的国家，这将导致国际关系的深刻转变"。能源地缘政治在 20 世纪 90 年代之后获得了动力，当时全球能源主要是化石燃料，面对全球能源

----

　　① 鲁道夫·契伦（Rudolph Kjellen）在其出版于 1899 年的《国家作为一种生活方式》（*The State as a way of Life*）一书中，受到政治地理学家弗里德里希·拉策尔（Friedrich Ratzel Geographie）的作品（《政治地理学》，1897 年）启发，创造了地缘政治学这个词语。

需求的不断增长，能源资源变得稀缺，与此同时，随着冷战的结束，出现了新的概念，对"能源安全"的关注开始在世界范围内兴起。自 2000 年以来，有关全球能源的研究分析越来越多，凸显了能源地缘政治的重要性。许多研究者在能源分析中注重地缘政治视角，以地缘政治理论为工具，考察能源政治与能源安全，以地缘政治为基础构建能源地缘政治。然而，只有少数作者试图阐明能源地缘政治的概念。其中之一 Philip Andrews – Speed（2016）指出"能源地缘政治学指的是在全球能源场景背景下对国家安全和国际政治的研究"。作者认为影响国际能源市场的主要因素包括由于国内、区域和国际因素造成的石油生产地区的不稳定、国家石油公司的崛起、资源民族主义、传统供应商的储备枯竭以及新的海上航线的开通等。本书认同此观点，并以此定义为依据，分析墨西哥能源地缘政治。

能源资源是世界经济的推进器，是国家和世界稳定与安全的重要保障。面对过去几十年全球能源需求日益增长带来的负面影响，世界各国开始加强能源治理，以平衡消费与生产之间的关系。能源需求的上升，以及随之而来的能源市场压力已然成为世界主要大国之间地缘政治紧张局势和国际竞争加剧的因素之一。

2.2　能源与环境政策理论

2.2.1　能源与环境的关系

能源和环境一直紧密相连，越来越多的研究表明，气候变化与能源生产、消费产生的温室气体（主要是 CO_2）排放之间有着紧密的关系。所有能源都是从我们周围的环境中开采或获取的，在使用能源的过程中，它最终作为无害的副产品返回环境，或者通常作为有害的排放物或废物返回环境。随着全球能源消费量的不断增长，气候与生态环境面临的压力也越来越大。

能源消耗是任何一个国家经济增长的最重要驱动因素之一，这种能源主要以化石燃料消耗的形式消耗。然而，不可忽视的是，多年来持续消耗化石燃料能源导致了若干生态问题，主要表现为自然资源快速耗尽和大气中碳排放增加。由于我们严重依赖化石燃料，大气中的二氧化碳浓度急剧上升。这种行为带来的全球变暖严重威胁着我们的生态系统，全球化加速了这种变化的步伐。各国正在逐步认识到这一日益严重的环境问题，因此，已开始开发清洁技术解决方案，以实现从不可再生能源向可再生能源的逐步转变。

　　能源与环境之间的关系在很大程度上取决于经济学中的外部性概念。外部性是与商品或服务的活动或交易相关的隐性或间接成本。由于此成本的负担通常落在不参与活动或交易的外部旁观者身上，因此不会反映在买方或卖方遇到的市场价格中。个人为一升汽油支付的价格并不能反映燃烧该汽油所产生的碳排放对更广泛的社区造成的全部成本（全球变暖、不利的健康影响等）。除了供需设定的市场价格之外，还有一个更广泛的成本概念，当涉及清洁空气和水源等公共产品时，这种全部社会成本尤为重要。传统的推理认为，虽然公共资源在理论上属于每个人，但是在实践中它不属于任何个人。利用环境的行为（例如燃煤或驾驶汽车）的好处高度集中在直接参与的行动中，例如能源公司或司机。但是，这些行动的实际成本在广大民众中广泛分布，例如影响邻国的人们，他们必须处理酸雨或行人被迫呼吸汽车的废气。这种分配意味着任何个人都不应对其活动的全部社会成本负责。政府可以介入以帮助将活动的市场成本与全部社会成本相结合，政府通常通过评估两者之间的差异并征收人为提高市场成本的税收来做到这一点。在经济学方面，这被称为"内化外部性"。外部性和政府处理它们的方式在很多方面是连接能源和环境问题的核心。如果要实现经济稳健和可持续发展，必须平衡能源生产消费与环境保护的竞争需求。

　　现代社会中的人类活动和行为都融入了市场经济体系。当我们从自然界收集资源，用人工和技术处理材料以生产具有附加价值的商品，为生产的其他商品交换商品并消费它们时，经济活动就会产生财富。通过价格调整供需，这种经济活动得到有效控制。然而，市场并非全部强大，可以说世界各种环境问题都是市场失灵的结果。一个典型的问题是资源的过度消耗或环境的恶化，这可以追溯到空气、水等环境资源这一事实。任何人都可以轻易地将空气和土壤用作免费商品或几乎免费使用，空气和水的污染是这些动态的典型例子。环境管理的一个主要作用是通过各种措施控制以前被视为免费物品的环境资源的使用。环境问题与经济密不可分，现在重要的是为经济和环境选择理想的道路。为此，我们需要将需求转向对环境有益的产品和服务。

2.2.2　环境经济理论

将环境问题描述为一个经济问题，其解决方案需要经济、政治和法律机构的重大变革。作为一个经济问题，环境退化是市场体系未能在其替代用途中有效分配环境资源的结果，政府的主要关注点是保持竞争并确保收入分配符合社会的道德标准，但市场体系不适用于共同的财产资源。从经济学的视角分析能源环境问题产生的制度性原因，需要将环境资源纳入经济体系，以环境经济学的基本理论为指导。

新古典经济学的核心问题是研究稀缺资源的有效配置，相对于人类需求的无限性，资源永远是相对稀缺的，要用有限的资源满足人类无限增长的多样化需求，就必须使有限的资源尽可能地有效配置和充分利用。新古典经济学是20世纪初形成的经济理论体系。它在很大程度上忽视了环境因素。在市场上交易的商品和服务被赋予或附加价值。而空气、水和生态系统几乎是免费的，所以没有市场，它们被过度消费，因为它们没有附加任何费用，可以任意使用，结果造成污染和环境恶化。阿瑟·庇古（Arthur Pigou）和其他经济学家从较早的阶段开始讨论经济活动的外部影响，但工业污染和其他类型的污染并没有立即成为经济学研究对象。20世纪60年代，战后经济强劲增长和工业污染所带来的环境问题开始显现，经济学家开始意识到主流经济理论的缺陷。诸如全球变暖和热带森林丧失等全球性问题引发了一场觉醒，最后全球环境与经济之间的联系成为人们关注的焦点。许多经济学家和生态学者开始考虑传统经济学内容的局限性，从而把环境科学和生态科学的内容引入经济学研究中，一个新的经济学在全球生态系统和经济系统之间相互联系，20 世纪 80 年代，"生态经济学"应运而生。在这一新领域，学者们开始评估自然生态系统和未被污染的海洋、河流和大气等自然资源的经济价值。"资源经济学"也成为经济学的另一个子领域，该子领域将经济统计数据纳入国家和地区的水和森林等自然资源清单，力求掌握与经济活动相关的物质流动，并试图分析经济与资源和环境影响之间的关系。

20 世纪 60 年代到 70 年代，世界各地爆发的工业污染和其他形式的污染问题，对现代经济学来说是一个巨大的冲击。在那之前，经济学家几乎完全忽视了工业污染对人类健康和生态系统的破坏。新古典主义学派的学说是，市场对于通过价格机制实现资源的最佳配置都是有力的，资源的有效分配是通过市场交易的货物供需平衡来实现的。然而，问题是污染造成的损害是在没有通过市场的情况下产生的，这被称为外部不经济。没有污染者和受害者进行交易的市场，即使认为市场是强大的，留给市场的调节功能可以解决每一个问题都是不切实际的，市场经济体系中出现污染问题的事实引起了严重的关注，这是市场失灵。经济学家认为，外部不经济可以纳入经济体系，但需要纳入环境税和其他工具。支持环境税的最重要的论点是他们内化了外部性。此外，还使用了以下参数：效率、动态性质、收入和创造就业机会。环境税是一种市场监管机制，它需要监管框架和行政控制。环境税在一定程度上可以纠正市场失灵，在市场经济框架内解决问题。

2.2.3　环境政策及其工具

政府或公司或其他公共或私人组织关于人类活动对环境影响的任何措施，特别是那些旨在预防或减少人类活动对生态系统有害影响的措施，都需要制定环境政策。自 20 世纪 70 年代初以来，环境政策已从管道末端解决方案转变为预防和控制。传统上，公共政策理论关注的是法律监管，财政补贴作为政府的工具。目前，已经使用了诸如环境影响评估和可交易许可等新的政策工具。

（1）法律监管。法律监管用于规定环境质量的最低要求。此类干预旨在鼓励或阻止特定活动及其影响，包括特定的排放、对环境的特定投入（如特定危险物质）、环境中化学品浓度、风险以及暴露出的损害等。通常，这些活动必须获得许可证，并且必须定期更新许可证。在许多情况下，地方和地区政府是许可证的发行和控制当局。然而，更专业或潜在的危险活动，如处理危险化学物质的工业工厂或使用放射性燃料棒的核电站，更有可能受到联邦或国家行政当局的控制。法律监管是规范和控制行为的有效手段。自 20 世纪70 年代初以来，环境法规大大改善了空气、水和土地的质量。法律监管的优势在于，它通常具有约束力，法律监管很严格且很难改变。这可以被视为一把双刃剑，僵化的法律监管确保了规章制度不会突然改变，但是，僵化会减缓创新，因为行动者寻求遵守法律，而不是创造新的技术消除比法律监管所规定的更多的污染。

（2）财政补贴。政府可以决定通过给予积极或消极的财政手段来刺激行为变化，例如通过补贴、税收折扣或罚款和征税。这种激励措施在促进创新、传播和鼓励创新方面发挥着重要作用。如在德国，对私人房屋使用太阳能系统的广泛补贴致使大规模采用光伏（PV）板。经济激励或经济抑制也能刺激专业行动者做出改变。金融激励的一个潜在缺点是它们扭曲了市场。在有限的时间内不使用时，可以使接收者依赖于补贴。最后一个缺点是补贴是昂贵的工具，尤其是在不限成员名额的情况下。

（3）环境影响评估。环境影响评估是一种帮助公众决策者决定具有特定环境影响举措的工具，例如道路和工业工厂的建设。环境影响评估已经成为许多国家的一项法律要求，它要求研究一个项目的环境影响，例如水坝或购物中心的建设，并要求参与者了解如何减轻环境损害，以及他们可以为此获得什么样的补偿。环境影响评估允许决策者将环境信息纳入成本效益分析。尽管所有环境影响评估都不能阻止行动的发生，但它们可以减少对环境的负面影响。

（4）全球性政策协议。从 20 世纪 70 年代初开始，联合国就环境政策和目标提供了国际谈判和协定的主要论坛。1972 年斯德哥尔摩会议是第一次国际环境问题会议，随后是联合国环境与发展会议（UNCED）1992 年在里约热内卢召开和 2002 年约翰内斯堡举行的首脑会议。联合国还主办了气候变化特别会议，如 1996 年京都会议、2009 年哥本哈根会议和 2015 年的巴黎会议。这些会议回应了一些最具挑战性的全球性环境问题，这些问题都需要国际合作来解决。这些会议有效地制定了区域和国家环境政策制定的国际议程，从而产生了条约和议定书，也称"硬法律"，以及非约束性决议或声明，称为"软法律"。而 1992 年里约会议协议是一项软性法律，《京都议定书》是一项严格的法律，对地区和国家的温室气体排放量有明确的减排目标。各国在努力实现这些目标时，可以利用三种所谓的灵活性机制，以降低成本。第一种机制是联合实施，即允许各国在批准《巴黎协议》的其他国家投资以减少排放，从而实现减排目标。投资国可以通过帮助一个经济转型期的国家降低排放而获得信贷。第二种机制是清洁发展机制（CMD），是指《京都议定书》，该机制促进可持续发展和减少排放，同时为发达国家提供履约的灵活性，使其能够实现减排或限制目标。该机制核心内容是缔约方（即发达国家）协助发展中国家实施减排项目，减排项目可以获得可销售的认证减排量（CER）信用额度并纳入议定书目标。第三种机制是碳排放交易，是一种以市场为基础的工具，可以采用自愿市场的形式或强制性框架。

大多数交易方案基于限额交易模型。中央政府对一个国家或地区允许的碳排放总量设定上限。在这一上限内，排放权被分配给污染者，超出这些权利产生的排放将受到处罚。其理念是，污染者在投资减排或排放许可之间做出选择。随着时间的推移降低排放上限，可以实现总排放量的减少，许可证交易将确保以最低成本实现减排。

2.3 治理理论

2.3.1 治理概念概述

"治理"这一概念风行于学术界，在过去的二十多年中，这一概念的模糊性一直在不断增长，因为治理已成为一系列学术领域的"流行语"，包括政治学、经济学、管理学、法学以及国际关系（IR）。世界银行和联合国等国际组织采用全球治理主题，后者于1995年在"联合国全球治理委员会"中将这一概念制度化，进一步促进了治理概念的迅速普及。然而，在这些丰富的不同治理意义中，存在某些共性。这一概念的核心始终是治理关注"领导、指导和管理"的过程。这种看法可以从古希腊动词"kybernan"中的治理一词的字面含义中衍生出来，该术语用于描述"掌舵一艘船"。在这种普遍的同义中，可以在文献中确定两个主要的治理含义：广义的和狭义的。这些含义已经随着时间的推移而发展并相互融合。广义和狭义治理之间的区别与其对政府的作用有关：广义的概念将政府视为治理的一种表达，因而服从于政府，而狭义的概念则认为两者是对立的。为了理解治理理论，必须更详细地梳理这两个概念。

（1）广义的治理概念。广义的治理概念使用治理作为分析框架，寻求理解政治相互依存的管理。就此而言，治理包括所有类型的政治转向机制，无论是网络、市场工具、合作自律还是传统的等级政府结构。Michael Zürn 将治理定义为：问题领域或某个社会问题，并通过相关群体的集体利益来证明其合理性。同样，大卫·理查兹和马丁·史密斯（Richards；Smith）也同意这一观点，他们认为："治理是一个描述性标签，用于强调近几十年来政策过程的变化性质。特别是，它使我们对参与制定公共政策的越来越多的地点和行动者更加敏感。因此，它要求我们考虑政策制定过程中涉及的'核心执行者'

之外的所有行动者和地点。"这一广义概念也被联合国接受和使用，1995 年，联合国全球治理委员会声明："治理是个人和机构、公共机构和私人机构以多种方式管理其共同事务的总和。"这一定义强调了广义治理概念的另一个方面，即在某些情况下，治理和全球治理可以互换使用，并与全球化密切相关。这种紧密联系可以用治理理论的起源来解释，以应对世界地缘政治秩序的变化，特别是应对日益强大的全球化力量。在这方面，治理理论的概念根源可以追溯到 20 世纪 60 年代和 70 年代，当时全球石油危机以及通信和运输手段的迅速发展，凸显了世界的互联程度。对这一现象的首次理论尝试是由恩斯特·哈斯（Ernst Haas）、罗伯特·基奥汉（Robert Keohane）和约瑟夫·奈（Josef Nye）提出的。哈斯对国际机构解决问题的能力进行了专题研究，而罗伯特·基奥汉和约瑟夫·奈则关注于跨国关系和相互依存关系。这些理论的新颖之处在于认识到，权力不再是描述国家间关系的唯一最重要的解释因素。因此，这些学者指出，核弹既不会减轻温室效应，也不会控制跨境金融活动或国际移民潮。这种认识是开创性的，因为它破坏了整个在第二次世界大战后时期都占据主导地位的现实主义国际关系学派。起初，这些"全球化先驱者"主要关注的问题是主权国家在何种情况下会做出多少让步的问题，这个问题在后来的政权理论中被概念化。随着 20 世纪 80 年代中期现代环境保护主义思潮的诞生和快速发展，这些政权理论家的一个派别分裂出来，专注于国际机构的产出而不是投入。现在的核心问题是不同政治机构和管理机制产生的结果，正是这种观点的转变，导致了我们今天所理解的广泛治理概念或全球治理。此外，德国的政治指导范式（Steuerungstheorie，即调控理论）为从制度体制理论向基于结果的治理方法的转变提供了分析工具。该理论起源于 20 世纪最后 25 年的国家政治和经济规划过程。调控理论的核心问题是政治制度从一种状态转向另一种状态的手段。因此，调控理论主要关注行动的因果关系及其影响。它假定存在不同的指导机制，决定了这种因果关系。除了国家的分层执法结构外，这些机制还包括市场和网络。然而，调控理论仍将国家定位为无争议的指导主体，它对不同的社会群体（指导对象）采取某些行动。只有当政权论的影响宣称国家只是转向过程中的一个参与者时，调控理论才会演变为治理理论。在建立了治理理论的理论基础之后，它再次通过现实世界的政治变革来提升这一概念的普及性。冷战的结束与全球化的持续推进加速了两极世界的崩溃，这使得治理理论成为描述当今世界最突出的范式之一。

如今，学者们用治理来描述三种不同的现象，这三种现象在过去的二十多年里变得非常突出。第一，一系列文献将治理理论应用于政治多层次系统（Mehrebenen - system）。这里的重点是在不同的宪法层面的政策制定，包括地方、区域、国家、超国家和全球的政策制定。这一派系的目标是分析多层次决策结构在实现合理的政策结果方面的有效性。虽然一些作者提出某些宪法体系作为回应，但其他人否认多层次网络逻辑的任何效率，并发出了警告，而不是"政治相互依存鸿沟"。第二，一些社会科学家专注于政策制定过程中新角色的出现。这些包括私人机构、非政府组织（NGO）、跨国宣传网络和与问题相关的公共机构。这些学者主要关心的是不同利益集团如何扭曲政府的目标。第三，一些学者开始考虑不同职能领域与各自的利益相关者和治理机制的演变。这些包括例如二氧化碳排放辩论、核不扩散运动或艾滋病（HIV）防治运动。这些学者既研究了此类主题政策群体的机制，又研究了与传统政府结构相比的利弊。

（2）狭义的治理概念。狭义的治理概念不同于广义的治理概念，因为它定义的不是一般意义上的政治相互依存的管理，而是与国家的关系。狭义的治理旨在考虑到国家角色的变化，在这种背景下，"治理"通常被用作"政府"的反义词。治理理论主要创始人之一的詹姆斯·N. 罗西瑙（James N. Rosenau）（1924—2011）指出，治理与政府统治不是同义词，它们之间有重大区别。这两种现象都包括规则系统和运行机制，通过它们行使权力并实现期望的目标。虽然政府的规则体系可以被视为结构，但治理的规则体系则是社会功能或过程体现，可以通过各种方式在不同的时间和地点（甚至同时）以各种方式执行或实施组织。换句话说，与政府统治相比，治理的内涵更加丰富。它既包括政府机制，也包括非正式的、非政府的机制。因此，治理将传统政府分层的自上而下管理与分散的和横向的管理并列在一起。威格里·斯托克（Greey Stoker）认为：①治理是指一系列占据政府机构和"超越"的机构和行动者，也就是说，它们也来自私营部门和第三部门；②治理确定了解决社会和经济问题的边界和责任的模糊；③治理确定了参与集体行动的机构之间关系所涉及的权力依赖性；④治理是关于行动者的自治网络；⑤治理认识到完成任务的能力不受政府权力控制或使用其权威的影响。这些主张为不断变化的政府治理提供了更广阔的视野，并强调权力下放，以及地方自治和所有部门参与治理过程。同样罗德里克·罗兹（Rhoderick Rhodes）认为，中央政府的权威、自治和权力被分散到了超国家级别，比如欧洲、国际货币基金组织和 G7（包括 G20）。因此，给定的治理结构总是根据其与政府的关系来定义。

鉴于此，狭义治理概念区分了三种不同的治理模式：第一，"政府治理"（governance by government），它简单地表示传统形式的政府；第二，"公共治理"（governance with government），意味着所有相关国家和非国家行为者的共同治理；第三，"无政府治理"（governance without government），这表示非国家行为者的自治。由于这种类型涵盖了治理概念的主要方面，并允许区分治理的不同"程度"，因此非常适合作为论文的分析框架。基于这种类型，可以确定私人行为者是否以及如何影响三个维度中的每个维度的治理方式，将这种方式从政府转变为共同治理甚至是自治方式。在解读和重新诠释当代公共管理和公共政策研究文献时，以上三个维度构成对本研究的核心要素，因此需要对三个维度进行更详细的分析。本书试图通过狭义的治理定义对墨西哥的能源治理展开研究。

2.3.2　治理模式

治理理论分为不同的合作模式。合作模式旨在分析不同参与者的合作机制。传统上，治理是由国家以垂直层级的方式组织和执行政策。"层级"正如马克斯·韦伯（Max Weber）所定义的那样指的是职能和组织的下级或上级。它体现在一个官僚机构中，从上到下运作。因此，等级制度的区别在于它的有序性、责任性、可预测性和法律可执行性，这些都是国家对暴力的垄断。另外，等级制度也有显著的缺点：例如，人们指责等级制度抑制人们的积极性，在不同等级之间产生信息不对称，并且太死板而不能对新的挑战做出反应。这些观念导致了其他合作模式的出现与普及，这些合作模式如今补充了政治治理体系内的等级关系。如市场、网络和公私伙伴关系（PPP）是最突出的其他合作模式。

市场常常被视为对等级制度的有效解药。其理想形式是不受政府干预，因此可以称为自治机制。与只关心本国公民的政府相反，市场为每个人提供了自由进入和平等的机会，这是市场的独特之处。在一个正常运转的市场中，供求机制决定商品或服务的价格和数量。因此，市场交易是以完全匿名为基础的，不受其他社会关系的影响，无论是等级关系还是情感关系。个人利益作为市场的驱动力，是国家的另一个不同之处。国家利益的驱动是为了保障其国民的福祉。市场的理论基础可以追溯到经济自由主义，这是由亚当·斯密（Adam Smith），大卫·李嘉图（David Ricardo）和约翰·斯图亚特·密尔（John Stuart Mill）传播的。经济自由主义认为，市场如果听任其自己的需求和供给手段，不仅将使每个人的利益最大化，而且实际上将使整个社会的利益最大化。这个论证的中心主题是亚当·斯密的看不见的手的概念。在现实中，纯粹的自由主义最终导致了社会困境和不平等，引发了社会动荡和变革的要求，这一理论在18世纪和19世纪传遍了西方世界。结果，自由主义被国家政治和经济国家干涉主义所取代，这种干涉主义偶尔会在社会主义或共产主义制度中表现出来。然而，20世纪70年代和80年代，经济自由主义经历了一场大规模的复兴，其形式是以社会为导向的新自由主义。相比之下，凯恩斯主义的政策工具，如税收、补贴和关税，造成了巨大的社会损失和效率低下。作为对这些弊端的回应，芝加哥学派构想并推广了新自由主义。他们的理论基础也为撒切尔夫人（Margaret Thatcher）、里根（Ronald Reagan）

和其他人所做的私有化努力提供了理由。与国家干预主义相反，新自由主义对经济和社会政策的做法力求尽量减少国家的作用，并尽量扩大私营企业部门的作用，将国家降低到保护市场运转的职责范围。因此，国家只是期望提供一个合法的市场保证，通过其合法的垄断力量来执行这一框架，并保证社会中的每一个人都足够适合参与其中。这个市场方法的一个很好的例子是引入二氧化碳排放交易计划。在这里，企业相互交易排放二氧化碳的权利，而国家只确保所有市场参与者遵守规则。至少在欧洲，这种自治机制被认为比在二氧化碳排放税方面的等级制国家干预更为有效。

除了等级政府结构和市场诱导的自治之外，治理理论还考虑了共同治理模式。因此，网络已成为继国家和市场之后的第三种理想的合作模式。网络可以定义为政府和其他行动者之间围绕公共政策制定和实施的共同利益构建的正式和非正式机构联系的集合。在这方面，网络以其关系为特征，这些关系来源于共同的兴趣和对某些政策主题的共同承诺。网络通常由系列的私人和公共行动者组成，例如私营企业、行业协会、非政府利益集团、各政党、智库等。由于这些多重角色模糊了社会和国家之间的界限，政策决定是通过谈判达成的，而不是等级强制。此外，网络建立在这样一种信念上，即最大的公共利益既不能通过干预国家来实现，也不能通过利己的市场参与者来实现。相反，信息的自由交换将实现这一目标。围绕逐步淘汰核电的辩论，就是这样一个政策网络的例子。在这个网络中，政治活动家、非政府组织、政客、政党、智库、媒体以及最重要的行业一直在努力达成一项协议，最好能满足各方利益。

公私合营（PPP）是另一种形式的共同治理。这种合作是指由政府和一个或多个私营部门公司共同经营和资助的伙伴关系。私营部门承诺提供公共服务或项目，并因此承担重大的财务、技术和业务风险，这些风险可能因个案而异。这些公私合营背后的基本原理是指合作优势，它们是公共和私人资源结合的结果（Huxham，1993）。因此，公共和私人部门之间的相互依赖和互补产生协同效应和双赢的局面。20 世纪 90 年代初起，发达国家学者开始探讨公私合营模式，如今公私合营已经获得了巨大的欢迎。如今，它在基础设施、交通运输等项目方面表现得淋漓尽致。其他形式的公私合作也同样在增加。不同的模式从由私营部门负责运营公共机构的运营模式，到由私营部门提供公共项目资本投资的私人融资模式或产品联合开发协议。

综上所述，理论界对于政府治理模式的描述可谓见仁见智，众说纷纭。这种种描述都不同程度地揭示出传统行政体制在实践中所存在的缺陷，并试图构建一种更为合理的治理体系。各种模式都有其自身局限，各种模式之间也存在一定的冲突，但都反映出公共治理的价值追求即为了适应复杂、多变和不确定性的社会环境，治理模式总的宗旨是突破传统政府管理模式和市场模式的局限，让多元主体共同参与公共事务治理过程，重新构建政府系统内部各层级、各部门之间的关系，重新构建公共部门、私人部门和第三部门的关系，努力实现纵向管理与横向治理之间的协调与均衡，通过多元主体之间的互动合作来处理复杂性的社会问题，满足社会公众的需要。但必须看到治理模式并不是要完全替代传统的官僚模式，而要与之相配合，实现"纵向官僚体制与横向合作体制的完美结合"。

中国共产党第十八届三中全会通过的《中共中央关于全面深化改革若干重大问题的决定》提出"推进国家治理体系和治理能力现代化"，"治理"一词被写入了党的纲领性文件。这不仅是对西方治理理论的反思和借鉴，同时也是对中国治理现实的理性思考。与西方国家面临市场失灵和政府调控失效从而寻求第三条道路（即治理）的现实不同，中国是在市场体系尚不健全和政府监管不完善的背景下提出治理现代化思想的。因此，许多学者认为，中国需要探讨中国特色的治理之路，而不是盲目吸收"去政府化""去国家化"的治理理念。在中国公民社会发育不全、市场体系仍需完善、政府改革任重道远的现实背景下，"政府主导型治理"的现代化治理体系的构建可能是当下中国的正确选择。然而，在西方治理理论尚未达成共识、理论观点层出不穷的背景下，中国对于治理现代化的探索能否快速达成共识，从而推动中国治理现代化的发展，是值得我们思考的问题。自 2013 年 11 月"国家治理体系和治理能力现代化"提出以来，中国学界对治理现代化的研究呈现井喷之势。尽管治理与现代化两者的结合更多属于中国的发明，旨在突出政府主导的中国特色治理之路，但是治理概念的统一、治理理论统一框架的形成依然是中国和西方国家共同面临的问题。

第3章 墨西哥地理、经济和
能源行业概述

墨西哥是拉美政治经济大国,是世界最开放的经济体之一,其拥有优越的地理条件和丰富的能源资源,是南北美洲能源格局的分界点。本章主要分析墨西哥地理、经济和能源行业三个方面的基本情况。

3.1 墨西哥地理、经济概要

3.1.1 墨西哥地理简述

墨西哥合众国位于北美板块,东濒墨西哥湾和加勒比海,西临太平洋,它北部紧挨世界头号强国美国,南部与危地马拉以及伯利兹接壤,人口有 1.29 亿,是世界第 11 大人口国,国土近两百万平方公里,排世界第 14 位。墨西哥为联邦国家,包括 32 个州。墨西哥是西班牙语世界的重要纽带,在美国有约 3500 万墨西哥裔美国人生活在靠近墨西哥的边境州。墨西哥是西班牙语世界潜在的领导者,其人口数量超过哥伦比亚、阿根廷和委内瑞拉的总和,其经济也将超过西班牙,成为西班牙语世界最大的经济体。墨西哥有着系统的外交政策、较强的经济实力和广泛的贸易关系。作为世界上最强军事力量的邻国,墨西哥几乎没有与其他任何国家发生军事冲突或开展军备竞赛。与世界其他地区相比,北美洲不仅安全稳定,而且在经济上也表现良好,这在很大程度上也取决于美国固有的军事和经济能力。墨西哥是自由贸易协定数量最多的国家，参加了大量国际组织，包括联合国、世贸组织、亚太经合组织、北美自由贸易区、美洲国家组织和太平洋联盟等，也和大多数国家在这些组织中成为盟友。墨西哥有直接进入大西洋和太平洋的港口。历史上，通过大西洋进入欧洲市场是美洲国家从贸易中受益能力的关键保障。而近几十年来，新兴的亚洲和太平洋市场贸易增长迅速，拥有双重海洋通道的墨西哥已开始重视亚太和利用主要贸易路线和市场，这意味着其发展还有较大的增长空间。

墨西哥位于地球上最大的太阳能辐射带上。同时，在墨西哥湾和太平洋洋流的相互影响下，气流跨越海峡的特旺特佩克地峡（Isthmus of Tehuantepec），在这里形成了最重要的风能资源。墨西哥气候变化复杂，在索诺拉州荒漠（Sonora desert）气温达到45°，而在奇瓦瓦州（Chihuahua）的一些区域则低至 -20°。墨西哥的地形多种多样，包括高海拔的崎岖山脉、沙漠、火山区、高原、低海岸平原和雨林。墨西哥位于北美板块的西部前缘，与太平洋和加勒比板块的相互作用引发了大量严重的地震以及产生墨西哥南部崎岖地貌，是西半球地震活动最多的地区之一，巨大的地壳构造运动和火山活动为其提供了丰富的地热能资源。同样，全国众多快速流动的河流和湖泊则表明其蕴含巨大的水能资源。

图 3.1　墨西哥地理位置

资料来源：2019 年谷歌地图数据。

3.1.2 墨西哥经济发展述略

墨西哥是拉丁美洲第二大经济体，其名义国内生产总值（GDP）位列世界第 15 位，按购买力平价（PPP）计算位列世界第 11 位。被列为中高收入国家，墨西哥是拉丁美洲第一个经合组织（OECD）成员，也是 G20 成员。

第二次世界大战以后，墨西哥经济大部分时间内保持着较高的经济增长率。20 世纪 70 年代的十年被称为墨西哥进口替代工业化（20 世纪 40—70 年代）的结束，此前，墨西哥的国内生产总值保持平均每年近 7% 的年增长率，其特征是墨西哥采用凯恩斯结构主义指导经济的发展。然而，这个可观的增长速度并没有一直保持。国家财政肆意挥霍与 1973 年的世界石油危机相结合，加剧了通货膨胀，破坏了国际收支平衡。此外，埃切维利亚（Echeverría）总统（1970—1976）的左翼言论和行动，例如怂恿农民非法掠夺土地，打击了投资者的信心。随着资本外逃的加剧，国际收支失衡变得无法控制，迫使墨西哥政府在 1976 年将比索贬值 45%，墨西哥经济陷入了危机。但国内大型油田的发现和开发带来的财力推动 GDP 得到快速恢复，直到 1982 年债务危机开始，经济出现停滞和通货膨胀，"墨西哥奇迹"结束。1982 年至 1997 年，墨西哥经济平均增长率 1.8%。大批国民的生活水平一直停滞不前或不断恶化。在这种背景下，20 世纪 80 年代被称为"失去的十年"。

从 20 世纪 80 年代早期开始，新自由主义政策被用于减少国家对生产性活动私有化的经济干预。80 年代末期和 90 年代早期，在卡洛斯·萨利纳斯（Carlos Salinas）总统的领导下，政府制订 1989—1994 年国家发展计划，该计划通过提高国内生产总值的投资份额和经济宽松政策鼓励私人投资实现这种持续增长，经济开始复苏，1994 年增长率反弹至近 4%。直至 1994 年 12 月比索大幅贬值结束。1994 年金融危机以后，墨西哥投资和增长在缓慢恢复，2002 年和 2008—2009 年分别受全球经济危机的影响，经济增长减速。20 世纪 90 年代以来，墨西哥向私人投资开放经济，使其朝着与全球市场和自由贸易原则相结合的方向发展，改变了国家的经济发展模式，先后加入了关贸总协定（GATT）和北美自由贸易协定（2018 年 9 月 30 日升级为 USMCA），墨西哥融入了一种基于全球市场的新发展模式。墨西哥经济长期在很大程度上依赖于能源部门。多年来，墨西哥的经济增长较为缓慢，2017 年 GDP 增长率为 2.04%。由于墨西哥政府对石油收入的依赖程度很高，石油收入下降会直接影响政府财政和经济总量。

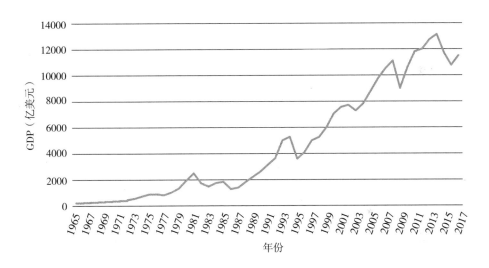

图 3.2　墨西哥 GDP 趋势（1965—2017）

资料来源：根据世界银行官方网站提供数据汇总整理，http：//databank. worldbank. org/ data//reports. aspx？source ＝2&country ＝ MEX&series ＝ &period ＝#。

在过去的 30 年里，该国经历了巨大的结构变化。从 20 世纪 90 年代初期依赖石油经济到 90 年代中期在北美自由贸易协定之后蓬勃发展的制造业中心，现在墨西哥已成为国际贸易中心。美国是墨西哥最大的贸易伙伴和商品出口国，靠近美国出口市场继续成为其竞争优势，2017 年，美国占墨西哥 81% 的出口。墨西哥在战略上促进了自由贸易，与 46 个国家签署了 12 项协议。少数人聚集社会大量财富导致社会两极分化严重，有组织犯罪活动猖獗、基础教育薄弱，腐败和犯罪率居高不下，使墨西哥的经济发展受到阻碍。为了解决这些问题，自 2012 年以来，总统恩里克·培尼亚·涅托（Enrique Peña Nieto）与两个反对党结成联盟（墨西哥公约），通过宪法改革，政府推出了旨在促进增长的重大结构改革，包括能源、金融和电信等部门，这引起了国际投资者的浓厚兴趣。改革也取得了一些成功，电信改革的结果使移动宽带服务价格下降了 75%，2012—2016 年用户数量增加到近 5000 万；能源改革使私人投资增加了近 800 亿美元；在迄今为止的总统任期内，劳动力改革已创造约 300 万个就业岗位；教育改革的优点和透明度是教育系统管理的标志。全面实施这些结构性改革可以使墨西哥经济继续增长。能源改革的实施在吸引私营部门参与能源行业方面取得了成功，预计随着石油部门的投资，石油生产下降趋势将得到扭转，从而推动潜在的产出增长。

近年来，培尼亚政府因其缺乏针对有组织犯罪和暴力升级的行动而受到批评，2016 年墨西哥的凶杀案数量创下了新高。受到正在实施的结构改革影响，金融市场波动也给经济政策和增长前景带来了挑战。2018 年 7 月 1 日，奥夫拉多尔（Andrés Manuel López Obrador，AMLO）当选墨西哥新任总统，任期六年。他承诺结束腐败，减少暴力，解决墨西哥的贫困问题。更让人关注的是，他还承诺要审查授予外国公司的石油勘探合同，继续提升原油产量，提高炼油厂的运营能力。

3.2　墨西哥能源行业概况

3.2.1　墨西哥能源生产与消费梗概

墨西哥是世界十大石油生产国之一，在美洲地区仅次于美国、加拿大和巴西。石油是墨西哥经济的重要组成部分，根据墨西哥国家石油公司

2013 年年度报告，在 2013 年，石油收入占政府财政总收入的33.2%，占国内生产总值的7.8%。从图3.3可以看出，自2004年起，墨西哥能源生产总量开始下降，而能源消费总量整体上在不断增长，2016年消费总量已经超过生产总量。

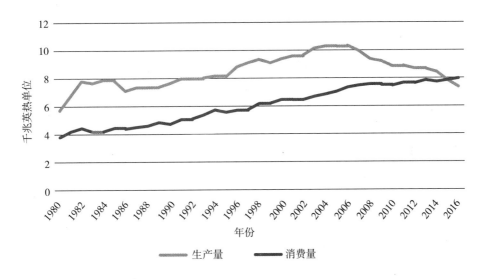

图3.3 墨西哥能源生产与消费量（1980—2016）

资料来源：根据美国能源信息署（U. S. Energy Information Administration）数据整理，https：//www. eia. gov/beta/international/data/browser/？iso = MEX#/？c = 2016。

根据 BP 石油公司数据显示（见图3.4），1965 年，墨西哥能源消费为24.5 百万吨油当量（Million tonnes oil equivalent），1989 年突破 100 百万吨油当量。2017 年达到185.2 百万吨油当量，其中石油82.7 百万吨油当量，天然气75.3 百万吨油当量，煤炭13.1 百万吨油当量，核能2.5 百万吨油当量，水能7.2 百万吨油当量，可再生能源4.4 百万吨油当量。

2017 年，墨西哥能源消费主要依靠石油（46%）、天然气（40%）、煤炭（7%）。近年来，天然气在逐渐替代石油成为该国发电的主要燃料。其他类型的能源在墨西哥整个能源结构中所占比重相对较小（见图3.5）。

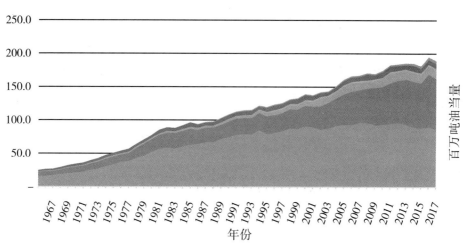

图 3.4　墨西哥能源消费总量趋势（1965—2017）

资料来源：笔者根据 BP 石油公司能源统计年鉴 2018 年数据汇总整理，https：//

www. bp. com/content/dam/bp/en/corporate/excel/energy – economics/statistical – review/bp –

stats – review – 2018 – all – data. xlsx。

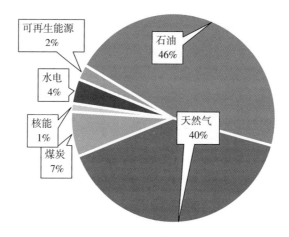

图 3.5　2017 年墨西哥一次能源消费结构

资料来源：笔者根据 BP 石油公司能源统计年鉴 2018 年数据汇总整理，https：//

www. bp. com/content/dam/bp/en/corporate/excel/energy – economics/statistical – review/bp –

stats – review – 2018 – all – data. xlsx。

3.2.2　墨西哥能源行业情况

墨西哥于 2013 年启动的能源改革（Reforma Energética）正在改变该国的石油、天然气和电力行业。新的监管和体制框架已经结束了长期垄断，在石油和天然气供应以及发电的各个领域展开竞争。私人投资者现在可以与墨西哥国家石油公司和联邦电力委员会（CFE）这两家大型国有企业一起参与能源产业价值链的各个领域，将资本和技术吸引到需要更新的领域。传统上，石油一直扮演着发电用燃料的主要角色，但其地位迅速被天然气所取代，天然气的成本优势已经被美国的页岩气开发热潮所强化。非化石燃料发电主要来自水电和核能，目前占发电总量的五分之一。风电已经站稳脚跟，2015 年产能约为 3 吉瓦，但这仍远低于其潜力。太阳能光伏市场刚刚起步，私营部门愿意投资新的太阳能和风能。

墨西哥长期以来作为世界主要石油生产国和出口国之一的地位近年来有所减弱，自 2004 年以来，由于 Cantarell 油田和其他大型海上油田自然产量下降，截至 2017 年，墨西哥石油产量下降超过 100 万桶/天。同时，产量下降与 PEMEX 可用资金短缺和开采技术有关。由于炼油能力有限和需求上升，墨西哥已成为石油产品的净进口国。天然气产量也在下降（大部分产量与石油有关），目前进口量几乎满足天然气需求的 50%。

（1）石油。石油在墨西哥历史上一直很重要。1917 年宪法宣布墨西哥土地及其地下矿藏资源属于国家。由于外国投资早期参与勘探和生产，墨西哥在 20 世纪 20 年代成为世界第二大石油生产国。1938 年，拉萨罗·卡德纳斯（Lázaro Cárdenas）总统宣布石油部门国有化并成立墨西哥国家石油公司（Petróleos Mexicanos），垄断国内石油业。随后，PEMEX 成为民族自豪感的象征，石油被视为国宝。从那时起，到 2013 年能源改革实施之前，PEMEX 一直是墨西哥石油行业的唯一运营商。能源改革将 PEMEX 的地位改变为"国有生产企业"，维持了墨西哥国家独有的碳氢化合物所有权，但现在允许石油行业由私人和外国公司参与投资开发。

墨西哥近一半的总一次能源供应（TPES）来自石油，这是迄今为止能源组合中最重要的燃料。近年来，由于税收改革、油价下跌以及墨西哥经济多样化发展，2015年，石油行业占墨西哥出口收入的6%，远远低于2009年占出口收入的30%的比例。在可预见的未来，这对于国家能源供应和政府收入仍然是重要的。在过去的十多年中，原油产量和总储量呈明显下降趋势，能源行业需要进行彻底的转型，以确保墨西哥石油资源的最佳和持续发展。墨西哥拥有丰富的常规石油资源，截至2016年，已证实，概算和可能（3p）储量总量为22223百万桶油当量（mboe）（见表3.1）。其中已证实储量为9632百万桶油当量。目前，墨西哥石油产量已从2004年383万桶/天的最高峰降至2017年222万桶/天，生产量已经开始接近2017年191万桶/天的消费量。美国是墨西哥大部分原油出口国，同时也是墨西哥成品油进口的来源国。

表3.1				2006—2017年墨西哥石油储量						单位：百万吨油当量		
年份	2006	2007	2008	2009	2010	2011	2012	2013	2014	2015	2016	2017
总储量	46418	45376	44483	43563	43075	43074	43837	44530	42158	37405	22223	22149
东北海洋地区	15194	14086	13358	12786	12097	12081	12526	12491	12211	11532	8143	9148
西北海洋地区	4044	4647	4760	5189	6011	6384	7054	7338	6692	6001	3965	3335
北部地区	20539	20397	20149	19725	19142	18884	18689	19014	17779	14911	7094	7534
南部地区	6641	6246	6216	5863	5824	5725	5568	5688	5476	4961	3022	2132
证实储量（1p）	16470	15514	14717	14308	13992	13796	13810	13868	13439	13017	9632	8562
东北海洋地区	8209	7652	7025	6712	6712	6283	6139	6164	6050	6012	4464	4515

续　表

年份	2006	2007	2008	2009	2010	2011	2012	2013	2014	2015	2016	2017
西北海洋地区	1513	1627	1630	1894	1892	2076	2116	2165	2169	2227	1847	1234
北部地区	1864	1846	1722	1652	1352	1436	1575	1689	1581	1520	1232	1300
南部地区	4883	4388	4341	4049	4036	4001	3980	3851	3639	3258	2090	1513
概算储量（2p）	15789	15257	15144	14517	14237	15013	12353	12306	11377	9966	6452	6567
东北海洋地区	4447	3690	3290	2977	2480	3085	3204	3189	2866	2362	2131	2753
西北海洋地区	998	1116	1405	1537	1530	1700	1976	2107	1865	1509	929	1002
北部地区	9325	9222	9234	8863	9150	9060	6169	6093	5793	5373	3036	2593
南部地区	1020	1230	1215	1140	1077	1168	1003	917	853	722	356	220
可能储量（3p）	14159	14605	14621	14738	14846	14265	17674	18356	17343	14421	6139	7020
东北海洋地区	2538	2744	3043	3097	2906	2713	3183	3137	3296	3158	1548	1880
西北海洋地区	1533	1904	1725	1759	2590	2607	2963	3065	2658	2265	1190	1099
北部地区	9350	9329	9193	9210	8640	8388	10945	11233	10405	8018	2826	3641
南部地区	739	628	660	673	711	556	584	921	984	981	576	400

资料来源：墨西哥国家石油公司（2017），《统计年鉴 2017》，http：//www. pemex. com/ri/Publicaciones/Anuario%20Estadistico%20Archivos/anuario – estadistico – 2016. pdf。

在石油行业管理方面，能源部（SENER）负责制定国家能源政策，包括下游、中下游和上游。在上游，SENER 的职责包括：确定公开招标的领域、安排他们的分配和进度、提出适用于各方面的合同范本、确定合同的非财政条款。关于中、下游，SENER 则负责签发炼油厂和天然气加工、进出口成品油和天然气的许可证。国家碳氢化合物委员会（CNH）负责建立上游法规，指挥和管理勘探和生产活动的合同，监督该行业，与墨西哥石油公司、国有石油公司和私人公司进行合作，并给予拨款和合同。CNH 负责收集、保护、使用、管理和升级有关勘探和生产活动的信息。能源监管委员会（CRE）则需管理所有关于管道运输和储存的活动，主要是制定它们的关税。CRE 还决定了碳氢化合物和石油的第一手销售价格。财政和公共信贷部（SHCP）负责制定适用于发展上游石油工业的每个合同的财政条款。联邦经济竞争委员会（COFECE）监测石油工业所有过程中竞争的有效发展，提出改进建议，其他机构有义务考虑并报告其执行情况。

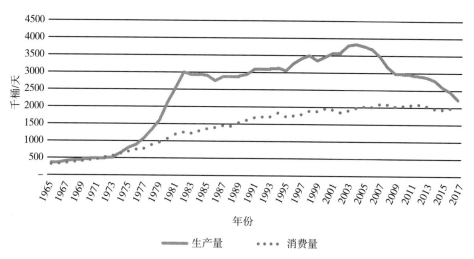

图 3.6　墨西哥石油生产与消费量（1965—2017）

资料来源：根据 BP 石油公司能源统计年鉴 2018 年数据汇总整理，https：// www. bp. com/content/dam/bp/en/corporate/excel/energy – economics/statistical – review/bp – stats – review – 2018 – all – data. xlsx。

自从能源改革实施以来，墨西哥国家石油公司已从一家国有石油公司转变为一家国有生产企业，在勘探和生产、提炼、分销、零售和石化方面的业务完全整合，但它仍然是墨西哥最大的石油公司。目前，PEMEX 通过以下子公司和公司开展业务（见图 3.7）。

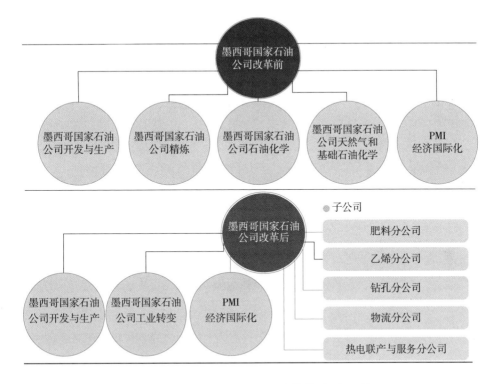

图 3.7 墨西哥国家石油公司改革前后组织系统

资料来源：墨西哥国家石油公司。

（2）天然气。过去 20 年里，墨西哥一直千方百计地推动其天然气产业的发展。早在 2013 年改革之前，墨西哥国家石油公司在天然气勘探方面保持垄断地位，墨西哥政府于 1995 年向私人经营者开放天然气下游产业，是该产业国有化以来，首次允许外资在输气和天然气分配方面进行投资。截至 2016 年，墨西哥天然气总储量为 2082.5 亿立方米（见表 3.2）。自 1987 年因墨西哥天然气生产量下滑，消费量上升，消费量首次超过生产量，使墨西哥成为天然气净进口国。直到 1991 年，生产量再次超过消费量，从 2010 年开始，墨西哥天然气消费量再次超过生产量（见图 3.8）。目前，大部分天然气通过管道从美国进口。近年来，由于美国天然气价格低廉，以及发电过程中从燃油到天然气的转变，天然气使用量快速增加。在大多数情况下，墨西哥的天然气管道系统已达到饱和，这突显出未来加大管道建设的必要性。随着天然气产业新计划的发布，墨西哥希望实现以下目标：通过推进覆盖范围和气体供应以增强能源安全、降低成本；通过在全国范围内发展新基础设施项目促进经济增长，满足对天然气日益增长的需求；克服瓶颈的日益增长的风险以避免有可能发生的能源供应危机。

表 3.2　　　　　　　　　2006—2016 年墨西哥天然气储量　　　　　单位：千万立方米

年份	2006	2007	2008	2009	2010	2011	2012	2013	2014	2015	2016
总储量	46716	47368	45859	44623	44712	44970	46309	48759	46601	43713	20825
东北海洋地区	3622	3068	2710	2620	2509	2731	2736	2843	2673	2448	2360
西北海洋地区	3770	6049	6566	7166	8920	9755	11227	11396	10670	10571	3987
北部地区	30951	30565	29193	28005	26800	26461	26091	27804	26620	24682	10750
南部地区	8373	7687	7390	6832	6483	6024	6253	6716	6638	6012	3729

注：百万桶油当量 = MMMpc。

资料来源：墨西哥国家石油公司：《统计年鉴 2016》，http：//www. pemex. com/ri/Publicaciones/Anuario% 20Estadistico% 20Archivos/anuario – estadistico – 2016. pdf。

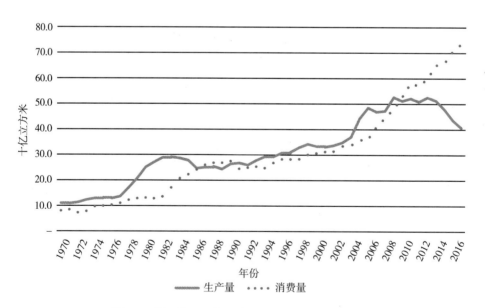

图 3.8　墨西哥天然气生产与消费量（1970—2017）

资料来源：根据 BP 石油公司能源统计年鉴 2018 年数据汇总整理，https：//www. bp. com/content/dam/bp/en/corporate/excel/energy – economics/statistical – review/bp – stats – review – 2018 – all – data. xlsx。

在对天然气管理方面，墨西哥能源部负责批准分配区域并建立勘探和开采的合同区域。墨西哥能源部在天然气领域的具体职责包括监管和监督，但同时也授予、修改和撤销天然气加工和出口许可证。在能源监管委员会的技术援助和国家天然气控制中心（CENAGAS）的建议下，墨西哥能源部还负责发布一项 5 年的天然气基础设施扩建计划。能源部还为国家天然气网格制定了应急预案。此外，墨西哥能源部将负责确定哪些公共政策适用于本国的存储水平，以保障国家安全的能源供应。能源监管委员会是负责签发运输、仓储、配送、压缩、减压、液化、再气化、综合系统管理、零售销售和市场销售许可证的机构。它有权制定第一手的销售价格，直到竞争条件允许价格自由化为止。国家碳氢化合物委员会对天然气勘探和开采进行监管、监督和评估，确保在油气产量最大化的条件下，项目在长时间内能够提高采收率。国家天然气控制中心是输电系统运营商（TSO），负责管理和协调统一的国家天然气管道系统的运营，综合天然气存储（SIS-TRANGAS）确保了传输和存储服务的连续性和安全性，以及对该国的大部分天然气的供应。

值得注意的是，为了对墨西哥国家石油公司的天然气管网进行控制，国家天然气控制中心作为运营商的建立，是一个渐进的过程，因为国家天然气控制中心于 2015 年 10 月签署了一项协议，该协议于 2016 年 1 月 1 日生效，墨西哥国家石油公司依然负责日常业务。2017 年国家天然气控制中心负责整个天然气运营系统。

（3）煤炭。墨西哥东北部（科阿韦拉）是煤炭生产中心，生产了墨西哥超过 90% 的煤炭，包括萨维纳斯盆地（焦煤主要用于轧钢厂）和丰特斯－埃斯孔迪多河盆地（主要用于发电的热能煤）的矿山。煤炭主要是地下开采，部分是露天开采。

墨西哥燃煤发电始于 1982 年，当时两个发电厂总装机产能 2600 兆瓦（MW），位于东北部煤矿附近。煤炭由传输带和卡车运输至发电厂。1993 年，第三个煤电厂（2800 兆瓦）在太平洋沿岸投产，只燃烧进口煤炭。在墨西哥

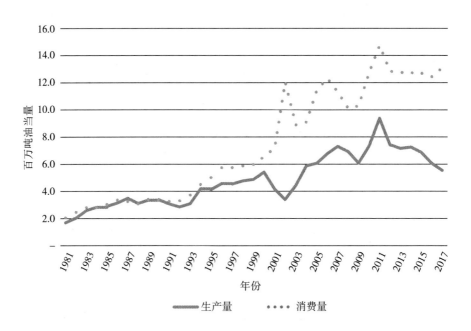

图 3.9　墨西哥煤炭生产与消费量（1981—2017）

资料来源：根据 BP 石油公司能源统计年鉴 2018 年数据汇总整理，https：//www. bp. com/content/dam/bp/en/corporate/excel/energy – economics/statistical – review/bp – stats – review – 2018 – all – data. xlsx。

的能源结构中，煤炭相对作用较小，2015 年占能源供给总量的 7.3%，占发电量的 11%。墨西哥煤炭来源于国内北部煤矿，并主要是从美国和澳大利亚这些出国稳定的国家进口。相比于电力供应，煤炭易于储存，在安全性上具有优势。同时，它可以在国内和世界上很多国家采购。如果使用时除去相关的外部因素，它也是一种相对廉价的能源。目前，在墨西哥用于发电的煤炭面临着来自清洁能源和天然气的压力，墨西哥约有三分之二的煤炭用于发电。而煤炭使用造成了当地的空气污染，煤炭发电比燃气发电多产生了两倍的二氧化碳。墨西哥的能源气候政策越来越多地纳入了这些外部因素。政府预计，这些发电厂产能将从目前的 5600 兆瓦在 2029 年下降至 4000 兆瓦。由于没有明确的淘汰燃煤发电的政府政策，这种产能的减少将由市场决定。因此，未来燃煤发电将取决于煤炭相对于其他能源（比如天然气）、产能以及进口电力的价格。

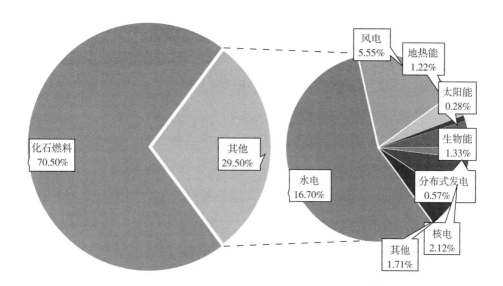

图 3.10 2017 年墨西哥发电装机容量类型

资料来源：根据国家电力系统发展计划 2018—2032 绘制，PRODESEN 2018—2032_ Imprenta – fichas – ajustadas，http：//base. energia. gob. mx/prodesen/PRODESEN2018/PRO-DESEN18. pdf p20。

（4）电力。作为现代能源载体，电力是任何国家能源供应的重要组成部分。墨西哥的电力行业发展迅速，自 2000 年以来，电力需求年均增长 2.8%，预计到 2029 年增长将超过 50%。2017 年，墨西哥发电装机容量到达 75685 兆瓦，较 2016 年的 73510 兆瓦增加 3%。得益于北美较低的天然气价格，天然气成为墨西哥电力的主要来源。因墨西哥政府出于对抑制气候变化计划的达标，鼓励清洁能源（如该国极为丰富的风能和太阳能资源发电）墨西哥可再生能源的发电量将大幅增加。

在电力管理方面，国家能源部是负责协调墨西哥电力行业的主要机构。该部负责电力市场改革，包括制定并实施法律和法令。在改革后，其责任将转交给监管机构和系统运营商。墨西哥能源部每年都会发布电力行业的规划文件：国家电力系统发展计划（PRODESEN）。国家电力系统发展计划包括一个关于发电厂建设或关闭的指示性计划，还包括国家电网和通用配电网的扩建和现代化项目。该计划以所有公共和私人项目为基础，增加发电能力，并在 15 年的时间内增加传输和分配项目。它不仅向所有市场参与者公开信息，而且为长期性电力拍卖奠定了基础。2018 年 5 月 31 日，SENER 发布了 2018—2032 年国家电力系统发展计划。文件包含国家电力系统（SEN）关于发电、输电和配电活动的规划。SENER 预计未来 15 年需要投资 20 亿墨西哥比索（约合 1.06 亿美元），其中 84% 用于发电项目，9% 用于输电项目，7% 用于配电项目。在 2013 年改革之前，供电是政府的责任，墨西哥联邦电力委员会是政府的一个组成部分，拥有墨西哥大部分发电容量并通过购电协议采购独立电力生产商提供的额外电力。作为改革的一部分，墨西哥联邦电力委员会已经转变为墨西哥联邦继续控制的国有生产型企业。能源监管委员会的主要任务是设计制定电网资费（输电和配电），负责其他受监管的活动。财政和公共信贷部有权否决能源监管委员会对基本服务提供者的零售关税。墨西哥联邦电力委员会的分拆和网络资费监管制度的引入预计会提高墨西哥联邦电力委员会成本的透明度。电力终端用户的补贴责任也将从墨西哥联邦电力委员会转移到财政和公共信贷部，并由政府预算支付。作为电力系统运营商的国家能源控制中心（CENACE）将成为墨西哥电力系统组织的基石。国家能源控制中心是一个自治机构，以前是墨西哥联邦电力委员会的一部分。国家能源控制中心创建于 2014 年，负责运营国家电力系统和批发电力市场。国家能源控制中心管理批发电力市场以确保所有电厂的最低成本符合经济考虑，如自由竞争、透明度和市场效率。

（5）可再生能源。墨西哥拥有庞大而丰富的可再生能源资源。鉴于政策的正确组合，墨西哥正在吸引可再生能源的大规模投资，从而有助于实现能源多元化供应。增加可再生能源的使用也将使墨西哥显著减少温室气体（GHG）排放。墨西哥可再生资源具有巨大潜力得益于能源部门实施的改革和已经取消阻碍新项目和技术发展的障碍。目前，大型水电是可再生能源产能的主要来源，风力发电排在第二位。其他可再生能源，如地热能、生物质能和太阳能只占电力矩阵的一小部分。2017 年，29.5% 的电力来自清洁能源。其中最大增长的项目是：风能、光伏和高效热电联产。

2017 年，非化石能源发电的装机容量增长了 5.4%，达到 22327 兆瓦，占全国装机总容量的 29.5%。2017 年，墨西哥能源消费主要依靠石油（46%）和天然气（40%），近年来，天然气在逐渐替代石油成为该国发电的主要燃料。可再生能源在墨西哥整个能源消费结构中所占比重相对较小（见图 3.11）。

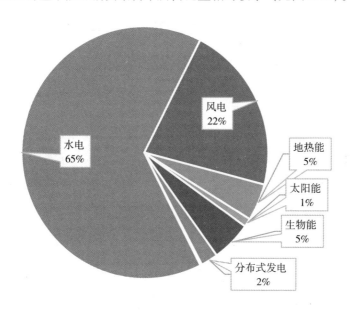

图 3.11　2017 年墨西哥可再生能源装机容量比例图
资料来源：根据国家电力发展计划 2018—2032 绘制，PRODESEN 2018—2032_ Imprenta - fichas - ajustadas，http：//base. energia. gob. mx/prodesen/PRODESEN2018/PRODESEN18. pdf p20。

墨西哥拥有丰富的可再生能源资源，其中水电是可再生能源发电的最大来源。2017 年，墨西哥水电装机容量为 12642 兆瓦，占全国装机总量的 16.7%。最大的水力发电厂是位于卡帕斯州（Kappas）奇科森大坝的曼纽尔·莫雷诺·托雷斯水电站。相比之下，对太阳能光伏（PV）、风能和地热能等资源的依赖迄今一直不大，但增长潜力巨大，政策也越来越支持。

墨西哥的总风能潜力约为 15000 兆瓦，主要分布在瓦哈卡州（Oaxaca）、下加利福尼亚州（Baja California）、西北的索诺拉州（Sonora）和东北的塔毛利帕斯州（Tamaulipas）。近年来，墨西哥风力发电发展迅速，目前，在墨西哥有 45 个风力发电站，装机容量达到 4199 兆瓦，占全国总装机容量的 6%。

该资源的质量意味着，风力发电的能力因素目前比全球平均水平高出20%，预计到2040年将增加五分之一。尽管风电取得了较大的进展，但由于缺乏输电能力，许多高质量的风电潜力仍未得到开发，此外，墨西哥国内风力发电供应链并不完整，因此风电行业产品依赖进口。

地热能在墨西哥是一个公认的能源来源。作为一个火山活动频繁的国家，墨西哥拥有巨大的地热潜力，是世界上第五大地热能源生产国（仅次于美国、菲律宾、印度尼西亚和新西兰），资源主要集中在中部、东部和南部的火山地区。据政府称，墨西哥拥有大约13.4万千瓦的地热资源（尽管只有3%的地热资源被证明是有效的）。高昂的资本支出要求阻碍了地热发电能力的发展，但这在未来几年可能会发生变化。墨西哥有8座地热发电站，装机容量926兆瓦，占全国总装机容量的1.2%。2014年，《地热能法》获得批准，为进一步开发地热能源和允许私营部门参与提供了法律框架。

墨西哥的太阳能资源是世界上最好的之一，每天太阳辐照度水平介于4.4—6.3千瓦时/平方米之间，全国温度介于15°—35°之间。一般认为该波段最有利于太阳能资源。墨西哥的太阳能发展潜力位居世界前列，这是因为该国位于所谓的"太阳能地带"，据估计，墨西哥的平均太阳辐射每天5—6千瓦时/平方米，而世界上最大的太阳能工厂所在的德国莱比锡地区的太阳辐射每天仅为2.7千瓦时/平方米。墨西哥75.2%的太阳能装机容量位于四个州：南下加利福尼亚州（Baja California Sur）、杜兰戈州（Durango）、奇瓦瓦州（Chihuahua）和墨西哥城联邦区。此外，墨西哥有拉美地区最大的光伏组件制造基地。在墨西哥，太阳能潜力高度集中在该国的西北部。根据能源部的数据，目前，墨西哥有23座光伏电站，总容量214兆瓦。

墨西哥目前有77座生物质能发电站，其中装机容量1007兆瓦，占全国总装机容量的1.3%。韦拉克鲁斯州（Veracruz）、哈利斯科州（Jalisco）和圣路易斯波托西州（San Luis Potosi）共占生物发电总容量的53.9%。用于发电的生物质能的最大份额是用于制糖业的甘蔗渣，其次是来自农业、工业和城市残留物的沼气发电。2013年，甘蔗渣占全部生物质能发电的近90%。

在可再生能源管理方面，2014年的《电力产业法》规定了可再生能源和清洁能源部门中几个政府机构的具体职责。这些机构包括能源部、能源监管委员会、国家能源控制中心、经济部和联邦电力委员会。能源部负责制定、领导和协调包括可再生能源在内的国家能源政策。它拟订部门方案，例如国家电力系统发展计划，其中包括可再生能源增容的指示性计划。关于清洁能源证书，能源部建立了对清洁能源证书的要求和标准。它还为分布式发电计划提供贷款和其他财务机制。至于社会问题，能源部负责召集公众咨询，并评估项目所需的"社会影响表现"。能源监管委员会负责授予发电许可证，包括可再生能源，其装机容量至少为500千瓦。它还为可再生能源和清洁能源技术制定标准、方法和进一步的行政程序。国家能源控制中心将负责批发电力市场的运营，并将提出一项关于发电和输电基础设施的指示性扩张计划，供能源部批准。国家能源控制中心还将运营清洁能源证书市场和长期的电力、产能和对清洁能源证书进行拍卖。经济部（SE）负责为能源部门的供应链和投资提供支持，协调和监测信托基金的运作。

（6）核能。墨西哥只有一座名为拉古纳贝尔德（Laguna Verde）的核电站（NPP），位于墨西哥湾的韦拉克鲁斯州。它由两个沸水反应堆组成，每个反应堆产能810兆瓦（MW）。第一台装置自1989年就开始作，第二台则从1995年开始运作。两台装置都是30年的运行许可，可延期20年或30年。其发电量占全国总发电量的3%。拉古纳贝尔德核电站由墨西哥政府所有，由国家联邦电力委员会负责运行。除两个商业反应堆之外，国家核能研究所（ININ）还有一个1MW的TRIGA MARK Ⅲ研究反应堆。

在核电的管理方面，能源部负责定义核能使用的相关政策。联邦电力委员会负责核电站运行的安全稳定。在SENER之下，执行机构是国家核安全与保障委员会（CNSNS）。它负责管理和监管核与辐射设施及运营，包括审查、评估和授权核与放射性设施的选址、设计、建造、操作、改造、关闭和拆除，包括放射性废物管理。国家核能研究所的首要任务是研究发展核科学技术，促进和平利用核能，并将其纳入国家的经济、社会、科学和技术发展。墨西哥宪法第 27 条，规定了放射性矿石的勘探、开采和效益，核燃料和能源的使用，核科学与技术的研究、核工业以及所有相关事项。采矿和使用放射性矿石不受任何特许或合同的许可，只有国家可以依照有关法律开展此类活动。1988 年 11 月 22 日，《一般辐射安全条例》规定了放射性装置的许可条件。能源部的国家核安全与保障委员会是这些设备的授权机构，它发布、更新、撤销和暂停许可证或授权。至于核设施的许可程序，则按照原产国的规定办理。因此，拉古纳贝尔德核电站的选址、设计、施工、操作、修改、关闭和停运都遵循美国联邦法规，因为这两个单位都是由通用电气公司设计的。2011 年日本福岛事故之后，国家核安全与保障委员会要求 CFE 对拉古纳贝尔德核电站进行深入的安全评估，以评估任何与外部危险有关的漏洞，并确定潜在的安全改进方法。根据墨西哥宪法，用核燃料发电是一项国家保留的战略活动，连同负责安全稳定的核能监管，包括电离辐射的应用。尽管能源改革扩大了能源领域私人投资者的参与，但核能发电仍由国家电力公司 CFE 垄断。

在新核能展望方面，政府认为核能是墨西哥重要的基本电力来源，并且有助于实现能源结构多元化，合理减少 CO_2 的排放。墨西哥十分关注气候变化问题，并认识到尽量减少生产和使用能源产生的排放对环境的影响的必要性。能源供应与使用趋势是不可持续的，能源和电力消耗越来越大，对化石燃料的依赖越来越大，二氧化碳排放和环境影响不断上升。因此，2015 年 12 月 24 日颁布了《能源转型法》，确定了清洁能源发电的目标。2014 年 8 月颁布的《电力产业法》将核能定义为清洁能源。所以，根据 2018 年 5 月颁布的《2018—2032 国家电力系统发展计划》，核电产能将会扩大。初步预计到 2028 年、2029 年和 2030 年，韦拉克鲁斯会有 3 个新核电站单位投入商业运营。

第4章 墨西哥能源战略和能源政策演变

能源是墨西哥国家核心战略体系中的关键组成部分，能源战略的设计和政策的制定涉及内外部环境各个方面。墨西哥能源战略和政策在其能源资源禀赋和贸易市场基础上涵盖能源安全、环境保护和能源有效利用等多个领域，其能源战略和政策是一个不断变化调整的动态过程。

本章从墨西哥能源战略主要内容、能源政策演变和政策制定与决策过程三个方面展开分析。

4.1 墨西哥能源战略

今天，世界各国政府优先关注的重点是促进能源的可持续发展和新能源的使用，同时不破坏环境来促进经济增长。能源安全要求合理使用能源，同时保持竞争力水平，一个国家需要从根本上找到生产和利用能源的最佳模式，以确保可持续的发展。能源的生产和消耗会对环境产生重大影响，造成的气候变化是全球环境外部性反应的表现，如果不加以控制，将增加对人类和生态系统产生严重、普遍和不可逆转影响的可能性。

在墨西哥，能源效率政策不仅是能源战略的关键组成部分，也是其全球战略的重要组成部分，提高能源效率是实现能源安全的重要工具。提高能源效率将对社会和经济产生多方面和深远的影响。2014年2月，墨西哥政府发布了2014—2028年国家能源战略（见图4.1）。这份文件确定了碳氢化合物和电力工业发展的指导方针。在这方面，它确立了在这个问题上实现国家目标的具体行动。

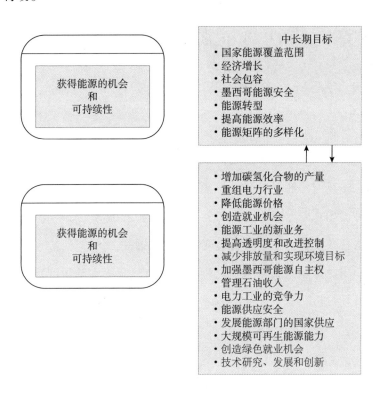

图4.1　墨西哥能源战略目标

资料来源：《墨西哥国家能源战略（2014—2028）》。

这些目标本身就确保了能源和经济资源流向国家的各个领域，并促进国有企业的发展。能源部门是贯穿社会经济发展的最重要的媒介之一，能源的丰富性、竞争性和多样化都对创造财富、社会包容产生积极影响，以促进经济增长。

4.1.1　墨西哥能源安全战略

能源安全是国家安全的重要组成部分，能源安全是能源战略与政策的主要目标，一方面要保障国家能源需求的数量、价格和结构性要求，满足经济增长和消费的各项短期要求，另一方面要满足国家能源需求波动的稳定供应和可持续发展的长期要求。能源安全主要包括三个方面：供给安全、需求安全和运输安全。

从历史上看，墨西哥的能源部门依靠碳氢化合物来满足该国所需的能源。然而，由于石油产量的惯性下降，主要原因是 Cantarell 油田的自然减产，自2004 年以来，全国一次能源产量稳步下降。另外，全国能源消费量持续数年仍在上升。这导致人们反思该国生产力面临的风险，这一趋势使得能源安全在未来变得脆弱。能源安全也与地缘政治事件密切相关，如军事冲突将影响碳氢化合物的持续供应。因此，能源安全问题应在政治、经济、社会和环境安全的框架内进行分析。墨西哥自身无法摆脱能源安全的概念化及其在全球范围内的讨论。

（1）全球能源安全形势。

自第一次世界大战以来，当温斯顿·丘吉尔将英国皇家海军的动力源从煤炭转换成石油燃料时，石油成了首要的战略物资。第二次世界大战揭示了石油在现代战争中的重要性，使得能源安全成为国家战略问题。第二次世界大战以后，全球石油消费强劲增长，这种发展趋势几乎持续到 1973年。从 20 世纪 70 年代起，石油成为现代经济的命脉，石油问题成为牵一发而动全身的全球地缘政治问题（见图 4.2）。从 1973 年第一次石油危机到1979 年伊朗伊斯兰革命引发的石油危机，国际市场的原油价格上升了近 10倍。20 世纪 70 年代后期的价格上涨导致欧佩克（OPEC）以外其他国家的勘探和生产增加，从 1980 年到 1986 年，欧佩克面临着来自组织外部的需求下降和生产供给增加的问题。1985 年沙特不遵守配额制，原油产量出现过剩，导致油价暴跌。1990 年伊拉克入侵科威特和随后的海湾战争导致原油产量下降，原油价格飙升。海湾战争之后，原油价格进入稳定下跌期。1994 年，通货膨胀调整后的油价达到 1974 年以来的最低水平（见图 4.2）。在经过了 20 世纪 90 年代中期后，美国经济表现强劲，亚太地区经济开始蓬勃发展，全球对石油的需求再度趋旺，刺激原油产量提升。1997年亚洲金融危机爆发，当欧佩克忽视或低估亚洲金融危机的影响时，石油价格上涨结束后持续下跌至1998年12月，在1999年年初开始恢复。

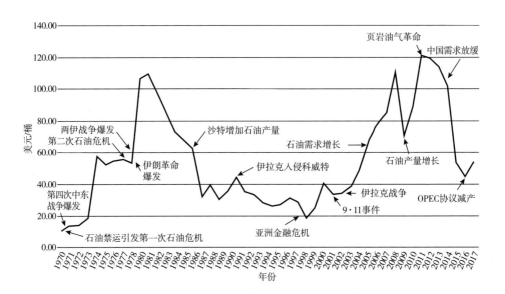

图4.2　地缘政治和战争对原油价格的影响（1969—2017）

注：价格使用美国2017年消费物价指数。

资料来源：根据 BP 石油公司能源统计年鉴 2018 价格数据整理编辑，https://www.bp.com/content/dam/bp/en/corporate/excel/energy – economics/statistical – review/bp – stats – review – 2018 – all – data. xlsx。

从 2000 年到 2007 年，俄罗斯的产量增加主导了非欧佩克产量增长，并且是世纪之交以来非石油输出国组织世界石油产量增长的主要原因。2001 年"9·11"恐怖袭击事件发生后，国际油价也因此再度下跌。2003 年，随着全球经济回暖，美国能源需求不断增加，亚洲对原油的需求也在快速增长。2008 年 9 月美国爆发金融危机，原油期货市场的投机异常活跃，国际油价大幅回落。2009 年 3 月，由于欧佩克减产，同时亚洲需求增加，油价开始止跌回升。自 2011 年以来，始于突尼斯的"茉莉花革命"向埃及、阿尔及利亚、利比亚和约旦扩散，加之叙利亚爆发内战，其国内冲突局势持续恶化等地缘政治因素进一步推高油价，但在供需面维持总体宽松的大形势下，国际油价上升动力明显乏力。受美国页岩气革命和中国石油需求放缓等综合因素影响，国际油价在 2014 年 6 月下旬开始暴跌。2016 年，欧佩克协议减产，尤其是欧佩克与非欧佩克产油国达成减产协议，加之美元加息等，国际油价在这些交织的因素中起伏回升。

今天的能源格局仍然经常受到非市场力量的影响：战争、恐怖主义、内乱和不断变化的联盟继续影响着能源的价格和配置。全球化石能源的不可再生性及其地缘分布的严重失衡，使能源安全成为各国制定对外政策的重要参考因素之一。2014 年下半年国际油价持续下跌，应当说同美国等西方国家与俄罗斯在乌克兰问题上矛盾加剧有直接关系。因为，在这场角逐中俄罗斯明显占了上风，于是美国等西方国家对俄的制裁不断加码。在石油生产大国俄罗斯石油出口面临中断及伊斯兰极端组织 ISIS 疯狂进攻另一个石油生产大国伊拉克的形势下，2014 年 6 月下旬开始国际油价持续下跌。对此，2014 年 10 月 17 日亚欧峰会后俄罗斯总统普京表示，当前国际油价持续下跌，不排除一场针对俄罗斯财政和经济状况的阴谋正在上演。因为，与此同时，世界经济正在复苏当中，并没有出现新的危机，世界经济仍然保持着适度增长。至于在油价下跌过程中，沙特冲在前面声称打压美国页岩油生产、继续主导世界石油市场，并非易事。沙特同美国竞争，只有石油资源这种单一手段，而美国要想捍卫自身的新能源开发，则有政策、经济、市场等多个工具可用，至少作为石油结算货币的美元还是由美国在调控。此外，单纯强调中国经济放缓导致供应过剩也并不完全真实。虽然2015 年中国经济增长放缓，但 2014 年以来中国石油进口量均大幅度增长。2014 年中国进口原油同比增长 9.5%，是历年来最高的。所以，2014 年下半年以来这轮油价大跌，同纯粹的经济领域的变化关系不大，政治因素也许还是起着主要的作用。

（2）墨西哥的能源安全状况。作为石油出口国和汽油、天然气产品的进口国，墨西哥依赖于国际油气价格。自 2014 年以来的国际油气价格调整已经严重影响了墨西哥油气进出口的价格，而且价格下跌幅度带来更大的不确定性（见图4.2），降低了墨西哥中长期计划的可行性，这会影响整个国家的发展。目前，墨西哥能源安全状况主要体现在以下几个方面。

第一，已探明的碳氢化合物产量储量双双下降影响供给和需求安全。墨西哥拥有丰富的自然资源，特别是石油。毫无疑问，石油在改造社会、推动经济增长和提高生活水平方面发挥着关键作用。然而，2017年，墨西哥石油产量为222万桶/天，日产量从2004年的380万桶/天的最高点下降了42%，石油日产量跌至1980年以来的最低水平（见图4.3）。石油储量从1998年的216亿桶下降到2017年的72亿桶[①]。比30年前的石油储量，降幅高达67%。2017年，墨西哥天然气产量为40.69Bcm，已降至2005年以来的最低水平。天然气储量从1998年的0.8Tcm下降到2017年的0.2Tcm，降幅高达75%（见图4.4）。

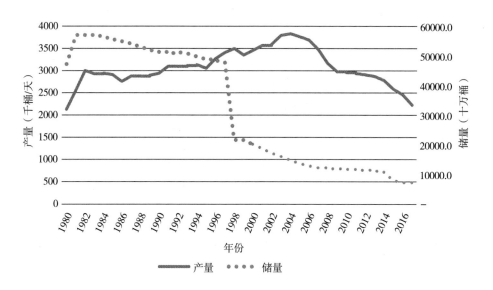

图4.3 墨西哥石油储量和产量（1980—2016）

资料来源：根据 BP 石油公司能源统计年鉴 2018 数据整理，https://www.bp.com/content/dam/bp/en/corporate/excel/energy–economics/statistical–review/bp–stats–review–2018–all–data.xlsx。

---

① 墨西哥1997年石油储量为478亿桶。1997年石油工程司协会（SPE）和美国证券交易委员会（SEC）承认概率法储量估算被大多数国际大石油公司和机构采用。

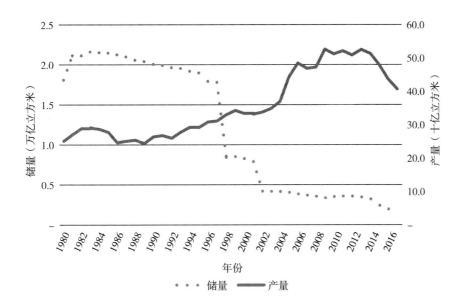

图 4.4　墨西哥天然气储量和产量（1980—2016）

资料来源：根据 BP 石油公司能源统计年鉴 2018 数据整理，https：//www.bp.com/content/dam/bp/en/corporate/excel/energy – economics/statistical – review/bp – stats – review – 2018 – all – data.xlsx。

石油和天然气储量和产量的下降已经影响到了墨西哥的能源供给和需求安全。而墨西哥的人口从 2001 年的 1.03 亿人增加到 2013 年的 1.23 亿人，预计到 2020 年将达到 1.33 亿人。石油和天然气储产量影响该国的经济发展水平，国内消费需求不断上升的同时，政府却利用石油收入来支付运营开支，而不是投资石油工业，这种情况引起了预算惰性。墨西哥国家石油公司缺乏必要的资金用于勘探开发，制约其发现新的油田和发展可再生能源的能力。

第二，燃料被盗严重影响能源运输安全。在墨西哥，燃料盗窃和腐败是多年来一直困扰能源行业的两大问题，能源运输与供应安全得不到保障，近几年尤为激烈。2012 年，墨西哥输油管道上有 1635 个燃料盗孔被发现，近 7 年来，盗孔数量持续快速增加。2017 年有 10363 个盗孔被发现，在墨西哥平均每天出现燃料盗孔 28 个，在 2016 年 6873 个盗孔的基础上增长近 40%，

2018 年前 10 个月盗孔数量更是达到创纪录的 12581 个（见图 4.5）。被盗取的燃料进入黑市或通过非法加油站出售。PEMEX 报告显示，2016—2018 年燃料盗窃造成 1490 亿比索（约 77 亿美元）的损失。墨西哥政府已经努力阻止燃料盗窃，但很难抓住罪犯。能源行业的开放无疑将吸引私人资本，很多公司将油气产品被盗作为在墨西哥投资的一个额外的不确定性的成本而慎重考虑。关于石油盗窃和安全威胁的担忧已经减缓了像塔毛利帕斯州地区页岩气的发展。同时，墨西哥国内的贩毒集团和有组织犯罪集团窃取燃料的威胁可能会阻碍在墨西哥的油气投资。

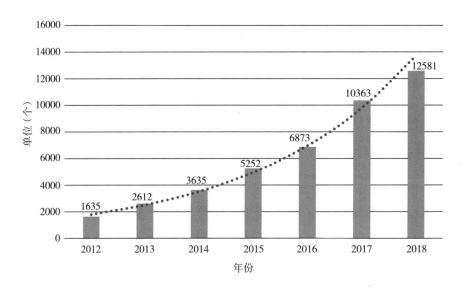

图 4.5 墨西哥燃料盗孔数量（2012—2018）

资料来源：墨西哥国家石油公司（PEMEX）2012—2018 年统计报告，http：// www. pemex. com/acerca/informes＿ publicaciones/Paginas/tomas – clandestinas. aspx。

2017 年 1 月 1 日，墨西哥政府按计划推动能源改革进程，启动汽油定价市场化改革，并终止油价补贴政策。随即，燃料价格上涨增加生活成本，私人和公共交通的成本也随之增加，引发国内民众示威游行。2017 年燃料盗孔快速增加并持续增加至 2018 年或许与 2017 年墨西哥汽油和柴油价格上涨存在一定的因果关系。2019 年 1 月 18 日，墨西哥伊达尔戈州（Hidalgo）的输油管道发生爆炸，截至 2019 年 2 月 3 日，造成 125 人死亡。爆炸事件震惊全世界，此事件标志着在墨西哥部分地区盗窃燃料的非法行为已经失控。墨西哥能源行业长期存在的腐败链条、居民对燃料的强烈需求和盗油犯罪的易操作与低成本导致燃料盗窃点数量有增无减，严重影响国家能源运输和供应安全。

第三，天然气进口渠道单一威胁供给和运输安全。墨西哥是天然气的净进口国，主要通过管道从美国进口。近年来，墨西哥从美国进口天然气数量呈现出快速上升的趋势（见图 4.6），2017 年从美国进口天然气 15430 亿立方英尺，为 2011 年的近 5 倍，占到美国天然气出口总量的 49% 和墨西哥天然气进口的 81%。随着墨西哥能源改革的持续推进和《能源转型法》的要求，墨西哥对天然气的需求将进一步增加，而天然气进口渠道单一使墨西哥面临巨大的能源供应中断风险，威胁其能源安全。

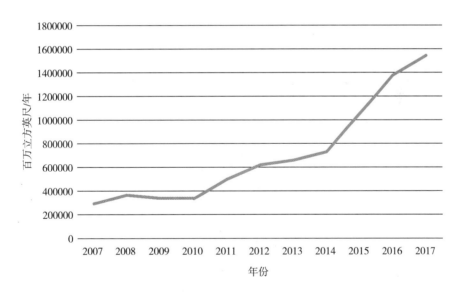

图 4.6　美国通过管道向墨西哥出口天然气（2007—2017）

资料来源：美国能源信息署，https：//www.eia.gov/opendata/qb.php? sdid = NG. N9132MX2.A。

第四，墨西哥能源储备量较小影响能源安全。国际能源署（IEA）的成员必须储备相当于 90 天进口量的原油和成品油，而墨西哥目前只有三天的战略存储，严重影响其能源供应安全。此外，现代能源公司需要储存和分配系统，而运输管道至关重要，同时，国家经济运行还需要精炼工厂生产石化产品。截至 2018 年，墨西哥没有天然气地下储存地点。缺乏长期、大规模的储存选择是该国能源行业的主要劣势，该行业正在大规模扩建国家天然气运输网络，同时也增加了对美国管道进口的依赖。墨西哥现在使用其三个液化天然气（LNG）终端进行短期平衡，但仍然容易受到边境以北供应中断的影响。在改革之前，墨西哥没有足够的财力来满足国家能源公司的现代化要求，加大储备量以保障国家能源安全。

（3）墨西哥能源安全战略措施。墨西哥国家发展计划 2013—2018（NDP）中提出国家能源供给多元化和应对能源安全的挑战。在能源部门计划 2013—2018 中提到能源安全的五个方面，即安全供应、可持续性、能源部门的现代化、天然气和运输的储存以及能源产品的储存。墨西哥从以下几个方面开展能源安全战略措施。

第一，通过推进能源改革，开放能源行业提高能源安全。在恩里克·佩尼亚·涅托总统（2012—2018）主持的能源改革法律框架内，能源部门面临过去 50 年中最重要的挑战之一，即更新和有效运作。这一改革的重要性不仅在于它将推动经济的迅速增长，还在于它能为数十万墨西哥人创造发展和就业的机会。墨西哥允许私营企业和外国能源公司进入国内市场更是为了提高能源产量，加强其自身的能源安全。这一改革的重要性在于它能够通过提高能源安全来加强国家主权。

第二，加强油气基础设施建设，保障供给安全。为了保障国家能源安全，墨西哥国家发展计划、能源部门计划和国家基础设施发展计划都设定了相关的目标并制定了相关措施。国家发展计划 2013—2018 设定了"墨西哥繁荣"的总体目标，即"在整个生产链中提供具有竞争力的过程、质量和效率的国家"，包括"确保国家所要求的原油、天然气和石油供应"的相关战略。这转化为政府努力扩大油气勘探和生产活动的能力，加强 PEMEX，增加储备并提高其恢复率。能源部门计划 2013—2018（PROSENER）通过有效和竞争性的程序，确定了进一步的具体目标和战略，以优化生产能力和碳氢化合物的加工，发展交通基础设施，加强能源供应安全，扩大和促进产业发展，促进经济增长。此外，国家基础设施发展计划 2014—2018（NIP）包含优先领域基础设施的目标、战略和项目。2014 年 4 月，墨西哥发布了 2014—2018 年国家基础设施发展规划。该规划第一次将能源列入其中，是墨西哥建设现代和有竞争力国家的路线图。该规划中包括六大领域，每个领域含总投资额和总体目标（见表 4.1）。在能源领域，NIP 试图确保基础设施的最优发展，在此期间，能源部门计划了 262 个项目，投资近 3.9 万亿比索，占总投资额的50.29%，以提供足够有价格竞争力的产品。特别是改善和加强两个国有生产企业：PEMEX 和 CFE。

表 4.1　　墨西哥国家基础设施发展计划 2014—2018 投资金额与项目数量

战略部门	投资金额（十亿比索）	所占比例（%）	投资项目数量（个）	所占比例（%）
通信和交通领域	1320	17.03	223	30.01
能源领域	3898	50.29	262	35.26
水利基础设施	418	5.39	84	11.31
卫生领域	73	0.94	87	11.71
城市发展和住房	1861	24.01	4	0.54
旅游业	181	2.34	83	11.17
合计	7751	100	743	100

注：单位：十亿比索，按 2014 年价格计算，1 美元约合 13 比索。
资料来源：Programa Nacional de Infraestructura 2014－2018，http：//presidencia. gob. mx/pni/。

墨西哥通过国家发展计划、能源部门计划和国家基础设施发展计划与改革立法相联系，推动油气、电力部门的发展，加强和保障自身能源供应安全。

第三，依托北美能源一体化机制加强自身能源安全。北美三国拥有丰富的能源资源，当这三个国家于1994年签署北美自由贸易协定时，不仅将三个国家的经济紧密联系在一起，也更加增强了其自身的能源安全。在过去10年中，页岩油气革命改变了美国的能源前景，来自页岩矿床的大量石油和天然气迅速增加了美国能源的产量和可用储量，墨西哥边境地区也存在类似的地质情况。加拿大在能源行业增加投资使加拿大成为世界第三大石油出口国。2013年，墨西哥总统恩里克·佩尼亚·涅托推行宪法修正案，允许私人投资石油、天然气和发电。从那时起，美国投资者参与了石油和天然气投资、电力传输投资和可再生能源生产的拍卖。截至2017年5月，自改革实施以来，美国石油公司已对墨西哥石油和天然气进行了价值65亿美元的投资。2013年墨西哥能源改革开放和2015年美国取消原油出口禁令的政策背景下，进一步整合三个国家的能源业务，形成了单一的北美能源经济。北美能源市场日益增长的相互联系和美国—墨西哥—加拿大协定将进一步提高墨西哥的能源安全。

第四，建立能源战略储备和应急反应机制。2016年墨西哥国家能源部发布了"石油产品强制性最低库存公共政策"项目。该政策规定从2020年1月1日开始，所需的最低储备相当于每种产品的5天销售量，到2022年，所需的储备库存量将达到8天或9天的销售量，具体取决于地区，到2025年，所需的最低储备量为10—13天，季度平均值为12—15天。该政策适用于全国各地向终端用户供应石油产品的贸易商和分销商。通过这样的公共政策，储存在该国的汽油、柴油和航空燃料的数量即使在生产和运输中出现重大和不可预测的中断情况下也能达到保持燃料供应的水平。只有在能源部门协调委员会（CCSE）发布供应紧急声明时才能使用最低储备。该项政策的发布还将吸引投资，推动经济增长和就业的增加。该建议的核心是墨西哥最大管道网络Sistrangas的国有运营商的战略储备任务。该政策要求CENA-GAS储存45Bcf的储备气体，相当于2029年预计天然气需求的5天。根据草案，CENAGAS于2018年召开招标，建立第一份战略库存的合同。45Bcf

可能存放在一个或几个地下设施中，最迟必须在 2025 年投入使用。墨通过建立战略储备机制来提高墨西哥的能源安全。

第五，奥夫拉多尔新政府制定结束 "huachicoleo"（非法赃物贸易）的新战略打击燃料盗窃。针对长期以来存在且愈演愈烈的国内燃料盗窃问题，墨西哥新政府制定实施结束非法赃物贸易战略，该战略包括执法、司法、行政和税务机关在内的 15 个政府机构将共同努力打击燃料盗窃和购买被盗燃料。墨西哥军方将监督全国各地的设施、燃料卡车和管道监控系统的调度。新政府计划制定一项宪法修正案，将燃料盗窃和购买被盗精炼产品视为重罪。通过上述手段打击猖獗的燃料盗窃现象。

（4）墨西哥能源地缘政治战略。能源安全和国家地缘政治有高度的互动性或相关性。石油是支持墨西哥能源安全的一个关键地缘政治工具，为确保其国民以合理的价格获得安全和负担得起的供应，墨西哥政府自 2013 年起实施能源改革。改革终结了控制能源部门超过 75 年的垄断结构，通过打破国家石油公司的垄断，吸引新的参与者进入电力部门，为碳氢化合物产业链引入新的投资和技术，确保对传统和清洁能源发电的成本效益投资。这些变化反映了政府对墨西哥经济现代化更广泛的愿景以及对环境问题展示领导作用的意图，以重塑墨西哥能源地缘政治战略新格局。

第一，从国际政治关系出发，发挥石油地缘政治价值。在传统的全球能源地缘政治格局中，能源大国不仅将石油、天然气作为一种资源进行贸易，增加国家财税收入，更是将这种资源禀赋在特定情况下用作一种战略手段来贯彻国家意志，通过与外部的良性战略互动从而实现和保障本国国家利益。墨西哥石油和天然气的生产对于墨西哥经济和美国的能源安全来说都至关重要，墨西哥一直是美国主要的原油供应国。第二次世界大战期间，对于美国的全球利益而言，墨西哥的石油资源明确了其地缘政治的重要性。太平洋战争爆发后，1942 年，墨美两国结成墨西哥—美国联合防御委员会（Joint Mexican – United States Defense Commission）。作为此军事协定的一部分，美国和墨西哥政府通过谈判，由墨西哥政府补偿美国经营的石油公司于 1938 年被墨西哥国有化所造成的损失，同时，美国正式解除对墨西哥的石油禁运。美国政府通过对墨西哥的石油专门贷款，为美国军队提供迫切需要的汽油。墨西哥石油对美国的杠杆作用被当时的墨西哥政府巧妙利用，这得益于能源地缘政治的重要性。第二次世界大战，墨西哥的石油资源成为美国军事和地缘政治利益的战略资产。冷战期间，墨西哥的石油资源用于填充美国政府拥有的战略石油储备，并成为美国的战略"缓冲区"。20 世纪 70 年代末期"能源危机"爆发，因为交通和地理位置接近，墨西哥的石油出口大部分流向美国市场，美国减少对欧佩克和中东等不稳定地区的依赖，墨西哥的石油资源再次成为美国的战略利益。20 世纪 80 年代，随着墨西哥石油产量的不断提升，为了巩固其石油出口大国的地位，实现国家石油出口市场多样化政策目标，充分发挥石油资源地缘政治价值，墨西哥逐渐向亚洲和欧洲扩大市场份额。

第二，从国家经济利益出发，与欧佩克国家既合作又竞争。合作是全球化时代的趋势，在能源领域也是如此，不仅资源匮乏的国家需要合作，拥有资源的国家也追求合作。石油输出国组织（OPEC）是最初由委内瑞拉、伊朗、伊拉克、科威特和沙特阿拉伯于 1960 年 9 月在巴格达成立的一个政府间组织，该组织旨在协调和统一成员国的石油政策，维护共同利益。墨西哥是世界十大石油生产国，但它不是 OPEC 成员。20 世纪 90 年代，厄瓜多尔和加蓬两国因自身寻求的石油生产量高于 OPEC 制定的生产量标准而先后退出OPEC，与此相关的原因，欧佩克并未能主动吸收俄罗斯、挪威和墨西哥这三个世界最大的石油生产与出口国成为其成员。同时，墨西哥选择不加入 OPEC 还因为 1917 年墨西哥宪法规定，在本国境内的石油和天然气等资源是国家财产，1938 年墨西哥总统、革命制度党领导人拉萨罗·卡德纳斯（Lázaro Cárdenas）宣布将国内油田和油井全部收归国有。尽管如此，在 20 世纪 90 年代后期，即便不是 OPEC 成员，墨西哥也基本上遵循 OPEC 的定价政策和生产水平。1998 年亚洲金融危机导致全球油价暴跌，墨西哥为了稳定油价，与OPEC 成员国委内瑞拉、沙特阿拉伯合作，组织 17 个国家（包含俄罗斯和挪威）协调减产，1999 年欧佩克达成 200 万桶/日的减产协议，随着亚洲经济复苏，油价反弹至危机前水平。2014 年，由于全球经济增长放缓和美国页岩油气革命等因素综合影响，全球石油价格暴跌，OPEC 放弃限产保价策略，试图通过自毁油价，将高成本生产商排挤出市场，夺回市场份额。2015 年以来，OPEC 的保份额策略导致油价腰斩，成员国积极增产，油价继续暴跌至近十年低点。2016 年 12 月在 OPEC 正式公布冻产协议后，墨西哥表示遵守 OPEC 协议，宣布 2017 年保持石油产量目标在 194.4 万桶/日。墨西哥寄期望于通过与 OPEC 合作，共享信息以提高和稳定原油价格，增加本国收益水平。但与此同时，墨西哥与 OPEC 国家之间也存在着竞争。2004 年，墨西哥考虑到美国是其最大贸易伙伴和原油进口国等因素，拒绝 OPEC 对其石油主动减产的要求。时任总统比森特·福克斯（Vicente Fox Quesada）认为美国经济受到高油价的不利影响也将危及墨西哥的自身利益。2015 年 12 月，OPEC 为了争夺市场份额，打击生产成本较高的竞争对手而实行"不减产"的应对策略之后，油价从 2014 年 6 月的峰值跌落至每桶 40 美元水平。沙特呼吁非欧佩克成员俄罗斯、墨西哥等参与减产。而由于对石油行业有效投资不足等因素影响，自 2004 年起墨西哥石油产量达到峰值（380 万桶/日）后开始下降，2013 年 12 月，墨西哥通过了国内重要的能源改革法案，修改宪法旨在建立能源产业的竞争机制，提高原油产量。因此，2015 年 12 月，墨西哥拒绝部分 OPEC 国家的减产要求。墨西哥从自身国家利益出发，与 OPEC 国家既合作又竞争。

第三，墨西哥调整能源出口供应结构，向欧洲和亚洲倾斜。随着美国页岩油气革命的巨大成功，美国页岩油气产量激增，非常规油气的出现打破了北美能源供应的既定趋势。从 2010 年的 754.9 万桶/日增长到 2015 年的 1305.7 万桶/日，美国的原油产量达到了近 30 年来的最高水平，能源自给率不断提高。2007 年美国来自墨西哥的原油进口量为 144.8 万桶/日，到 2017 年进口量已降至 63.8 万桶/日。而亚洲远东地区从墨西哥的原油进口量从 2007 年的 3.5 万桶/日上涨到 2017 年的 31.7 万桶/日（见图 4.7）。

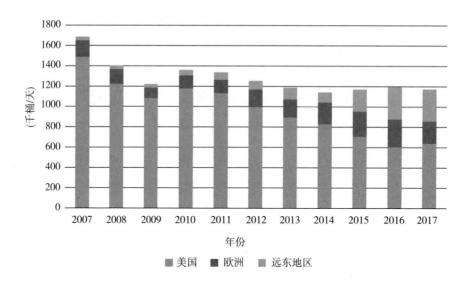

图 4.7　墨西哥原油出口目的地（2007—2017）

资料来源：根据墨西哥国家石油公司 2017 年统计年鉴数据编辑绘制。

　　美国在历史上一直是墨西哥石油的主要消费者，它很可能将继续是墨西哥生产任何中型或重型石油的主要消费者之一。然而，因其页岩油产量激增，原油自给能力大幅提升，美国开始寻求出口一个等级的原油，加大进口另一个等级的原油，实现自身原油供给的均衡。因此，由于美国原油进口数量下降，墨西哥开始开拓新市场，并将发展与消费国，尤其是亚洲的新关系。

　　第四，加强与美国、加拿大保持能源合作。在 1938 年和 1940 年，墨西哥对其宪法第 27 条和第 28 条进行了修改，规定国家完全拥有所有地下资源和与第三方签署合同勘探开发碳氢化合物的权力；允许第三方开展石油精炼、管道铺设和石油销售的活动。拉萨罗·卡德纳斯（Lázaro Cárdenas）总统平衡了国家和私人的利益，让外国的资本、管理和生产技术继续为墨西哥服务，从那时起，墨西哥和美国正式开始第一次能源合作。但是该合作随着1960—1983 年，墨西哥增加了对宪法第27 条和28 条的限制性规定，使墨西哥国家石油公司享有独有的权利去管理整个油气资源行业，禁止与第三方签订任何合同导致墨美能源合作中断。1982 年，墨西哥和美国成立了由双方专家针对能源问题进行合作讨论的论坛——双边能源磋商小组（BECG），旨在促进两国能源合作与交流。创始之初，该论坛每年举办两次，两国之间彼此坦诚地表达自己的观点和突出的双边问题。美国能源部在论坛上为墨西哥提供全球能源信息，包含能源的供给、消费、价格以及技术创新等，弥补了墨西哥的能源信息不足，该论坛建立了两国之间能源合作的信任机制。1994 年墨西哥加入北美自由贸易协定，该协定需要美国、加拿大和墨西哥三个国家共同制定北美能源安全政策以促进地区的生产和贸易，建立能源储备和生产机制以防止海外能源供给中断。协定解除了大多数商品的投资和进出口限制，可是受墨西哥宪法的制约，北美自由贸易协定虽然促进了美国和加拿大能源市场一体化，但在美国和墨西哥之间实现能源市场一体化方面却不太成功。自 2001 年 "9·11" 事件发生，尤其是伊拉克战争爆发使北美能源市场一体化重新被重视，波斯湾地区局势的不稳定和油价的高涨，需要发展新的油气领域和构建新的能源输送通道被优先考虑。2001 年 NAFTA 成立了北美能源工作组（NAEWG），由三国专家发布一致同意的有价值的报告。这份报告是北美能源合作历史上值得关注的一页，因为三国首次在同一份文件中，向能源部门的利益攸关方提供各自国家的能源数据。但美国和墨西哥的能源合作关系受到墨西哥宪法禁止外国资本投资石油天然气勘探领域的限制。虽然 2008 年墨西哥宪法被修订，私人投资被允许进入石油部门的服务行业，但石油和天然气的勘探和开发仍然被禁止。直到 2013 年 12 月，墨西哥通过了新的能源改革法案，打破了国家石油公司和联邦电力委员会对油气和电力等资源的长期垄断。石油产业的上、中、下游以及发电、输电、配电等部门引进私人投资和外国资本，在能源产业中促进竞争机制建立，重构油气产业体制，改革电力以发展可再生能源。此次墨西哥具有里程碑意义的能源改革为墨美加三国之间的能源合作关系深入发展提供了新的机遇，增加了三国之间的能源贸易，也增强了北美的能源安全，为北美形成统一的能源集团打下了坚实基础。2014 年 12 月，北美三国签署北美能源信息合作（NACEI）备忘录，共享和交流能源信息，促进对话与合作，并将重点关注低碳电网、清洁能源技术、能源效率、碳捕获，适应气候变化，提高化石能源使用效率并减少大气排放，三个国家将受益于能源领域的合作。近年来，北美能源生产一直在增长，美国已经成为世界最大的石油生产国，加拿大大幅增加了石油产量，墨西哥则实施了能源政策改革。自 2017 年特朗普（Donald Trump）上台以来，北美自由贸易协定受到严峻挑战。虽然特朗普政府对贸易协定表示深深的怀疑，但北美自由贸易协定在近四分之一个世纪里对北美能源市场的影响是显而易见且十分重要的。2018 年 9 月 30 日，取代 NAFTA 的美国—墨西哥—加拿大协定最终签署，与能源行业相关的主要条款规定：三个国家之间天然气和石油产品持续市场准入；继续对天然气和石油产品征收零关税，都承诺保护投资；墨西哥至少保持对能源投资的当前开放水平。这对北美三个国家来说都是一个双赢的局面。

4.1.2　墨西哥气候变化与环保战略

近年来，全球气候变化为传统的地缘政治理论注入了新的内容。目前，化石燃料既是国家经济增长和发展的动力，也是导致全球变暖的主要因素。一个国家可以制定法律，向国际承诺减少其使用，但同时也可以制定和实施促进其生产的政策，墨西哥的情况便是如此。一方面，墨西哥主张采取行动应对气候变化，并先后签署了"保护臭氧层维也纳公约""联合国气候变化框架公约""京都议定书"和"巴黎协议"等主要国际条约，它还制定了有关气候变化的国家政策和方案。2012 年，前总统费利佩·卡尔德隆（2006—2012）在任期间，墨西哥国家立法机关通过了《气候变化法》，发展可再生能源成为国家气候变化目标的关键。墨西哥希望作为发达国家和发展中国家之间的调解者，为建立和维护国际气候变化制度做出贡献。而另一方面，恩里克·佩尼亚·涅托总统（2012—2018）推行能源改革，在能源行业建立竞争机制，提高原油产量，并将在广泛的领域取得进展。而石油和天然气的开采会通过二氧化碳排放造成严重污染，这会严重影响全球气温升高。

墨西哥是世界第 13 大温室气体排放国,在拉丁美洲排名第二,仅次于巴西。墨西哥地理位置易受到气候变化的负面影响,特别是受海平面上升以及平均气温上升、飓风和干旱等恶劣天气事件频率增加的影响。墨西哥拥有完善的应对气候变化挑战的记录,被认为是在该地区的全球领导者。为适应气候变化和低碳经济增长制定了世界上最雄心勃勃的国家综合战略。可持续性和气候变化因素在墨西哥能源政策中占有突出地位。

(1) 墨西哥温室气体排放情况。近年来,由于经济活动的扩大、人口的增长和生活水平的提高,墨西哥的能源需求和温室气体排放量明显增加。2016 年与燃料有关的二氧化碳排放达到 450.36 百万吨,比 1990 年的 305.29 百万吨增长了 47% ,比 2000 年的 387 百万吨增长了 16% 。自 2008 年排放量达到了最高的 477.3 百万吨以来,排量下降了 5.6% (见图 4.8)。

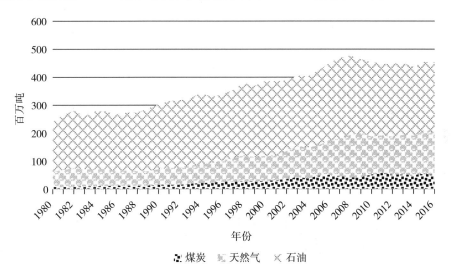

图 4.8　墨西哥二氧化碳排放 (1980—2016)

资料来源:根据美国能源信息署 2018 年数据整理绘制,https://www.eia.gov/beta/international/data/browser/MEX。

(2) 墨西哥气候政策。墨西哥人口增长和生活水平的提高是推动温室气体排放增长的重要因素。墨西哥政府认识到环境和气候变化的重要性,并力求促进低碳发展,制定了一系列雄心勃勃的气候政策。2012 年《气候变化法》的发布,为国家政策建立了体制和方案框架 (SEMARNAT, 2012)。在制度层面，法律定义了由下列实体组成的国家气候变化系统。部际气候变化委员会（ICCC），是负责制定和实施国家气候政策并帮助确定墨西哥在国际气候谈判中的地位的联邦政府部委委员会。气候变化委员会是一个为ICCC提供咨询的机构，由私营部门、学术界和整个社会的领导组成。国家生态与气候变化研究所（INECC）是一个联邦机构，其任务包括气候变化研究和政策咨询，温室气体清单和联合国气候变化框架公约（UNFCCC）履约报告，以及气候变化政策和计划的评估。还包括州政府、市政当局的代表。该系统旨在通过表4.2中的三种工具制定和实施政策，使该国的气候政策能够适应不断变化的条件。

表4.2   墨西哥气候变化法定义的主要政策工具

政策工具	主要目标
国家气候变化战略	制定中长期气候治理政策； 由SEMARNAT与INECC和气候变化委员会共同制定，由IC-CC批准； 涵盖气候情景，资源和土地利用趋势，温室气体排放和减缓潜力（包括排放预测），脆弱性评估，减缓和适应目标以及政策实施进展； 缓解内容至少每10年审查和更新一次；适应内容至少每6年审查和更新一次；
特别气候变化计划	联邦政策的短期实施计划（六年期）； 由SEMARNAT与ICCC共同开发，经ICCC批准； 必须同意国家气候变化战略；
各州和市气候变化计划	州和市政政策的实施计划； 必须同意国家气候变化战略和气候变化特别计划。

资料来源：墨西哥气候变化法（SEMARNAT 2012），http：//www.encc.gob.mx/en/documentos/general – climate – change – law.pdf（2012）。

表4.3中的目标将墨西哥树立为环境政策的领导者，墨西哥的总体减排目标：以2010年为基准，到2020年温室气体排放量减少30%，到2050年减少50%。该目标是美洲国家最积极的目标之一，远远高于拉丁美洲其他温

室气体排放国家。重要的是，对于国际气候谈判而言，墨西哥的减排目标符合政府间气候变化专门委员会（IPCC）评估报告中的远景目标，2000—2050年全球温室气体排放量下降约50%，这与墨西哥2050年的目标完全一致。也许考虑到这些比较，墨西哥政府已经表示希望以气候变化减排目标为榜样引领国际社会，正如目前的国家气候变化战略所指出的，墨西哥正在履行其国际承诺。

表 4.3　　　　　　　墨西哥气候变化法和国家气候战略量化减缓指标

年份	主要目标
2020	☙与常规基准相比，温室气体排放量减少30%（相当于2000年排放量增加5%，与2010年排放量相比减少10%）； "原始"生态系统没有进一步的碳损失（即生态系统没有因人类活动而退化）；
2024	☙35%的国家电力来自清洁源；
2030	☙40%的国家电力来自清洁源； ☙没有净砍伐森林； ☙林业的负排放；
2050	☙与2000年为基准，温室气体排放量减少50%； ☙50%的国家电力来自清洁源。

资料来源：墨西哥气候变化法（SEMARNAT 2012），http：//www.encc.gob.mx/en/documentos/general – climate – change – law.pdf（2012）；墨西哥联邦政府（2013），http：//www.encc.gob.mx/en/download.php? file = ENCC_ EnglishVersion.pdf。

（3）墨西哥气候变化战略措施。

第一，立法发展清洁能源。墨西哥在环境治理政策规划和机构建设方面的进展非常显著，2012年4月通过的《气候变化法》（LGCC），是世界上第一个并且是发展中国家的第一个关于气候的专门法律。该法规定，对比2000年，到2020年温室气体要减排30%，到2050年要减排50%，到2024年清洁能源发电在总发电量中占到35%的比例。墨西哥于2015年12月颁布《能源转型法》，确定了清洁能源发电的目标：到 2018 年达到 25%，2021 年达到 30%，到 2024 年实现 35%。墨西哥通过立法发展清洁能源，进一步以法律手段明确了资源替代的阶段性目标。《气候变化法》与《能源转型法》提供制定全面的长期气候政策的授权。《能源转型法》旨在彻底改革能源部门，以采用新的清洁能源技术与创新。墨西哥也是第一个在 2015 年 12 月向巴黎气候大会提交气候承诺的发展中国家。"巴黎协定"的目标是防止全球平均温度升高超过 2℃，同时努力将该数字保持在 1.5℃ 以下，全球共有 197 个国家签署巴黎协议，该协议于 2016 年 11 月 4 日生效。国家自主贡献（INDC）[①] 涵盖了温室气体和黑碳（BC）排放的目标。墨西哥制定了控制全球变暖的优先目标。一是到 2030 年，达到无条件地将温室气体排放量减少 22%、将黑碳排放量减少 51% 的常规水平。在国际援助下，温室气体排放量可以减少 36%，黑碳排放量减少 70%。二是从 2013 年到 2030 年，2026 年的净排放量达到峰值，每单位 GDP 的排放量减少了约 40%。三是采取多种适应措施，以减轻社区对气候变化的脆弱性，并改善气候对生态系统、基础设施和生产系统的影响。该清单包括承诺到 2030 年实现 0% 的森林砍伐。为了实现这些目标，墨西哥必须制定强有力的战略政策，需要能源部门的政策框架与这些国际承诺之间进行明确和直接的协调。自 2013 年历史性的能源改革实施以来，大部分政治焦点都集中在该国的化石燃料行业。2015 年的立法试图帮助清洁能源增长，更加注重确保可再生能源、能源效率和其他资源拥有快速发展的工具、法规和支持。

　　第二，征收环境税。与环境相关的税收是影响环境政策效果的最具成本效益的工具之一。环境效益通常是实施或改变环境税收政策的主要动机，墨西哥能源改革逐步取消价格管制实行燃油税改革和引入碳税。2014 年 1 月，墨西哥国会通过财政改革，对化石燃料产生的二氧化碳排放征收碳税，以阻

---

　　① "国家自主贡献"是各国根据国家气候变化战略向联合国提交的 2020 年后的国家气候行动目标。巴黎协定包括具有法律约束力，所有国家有义务定期制定称为国家自主贡献（NDCs）的气候计划。国家数据中心将从 2018 年开始每五年审查一次，以确保实现长期目标的进展。

止危害环境的活动,改善空气质量,减少呼吸道疾病。这是由于墨西哥在 2010 年坎昆联合国气候变化框架公约谈判期间自愿做出承诺并于 2012 年批准《气候变化法》的结果。这种税的理由是将化石燃料产生的二氧化碳排放负外部性的社会成本内部化,并激励使用清洁的可再生能源。对汽油和柴油的产品和服务征收消费税,该措施规定了一种价格制定机制,该机制考虑国内石油产品价格和国际参考价格的差异。虽然汽油和柴油的价格几乎每天都在国际市场上变化,但墨西哥的零售价格是由联邦政府按月设定的。当基准价格高且高于国内价格时,该国的消费税税率变为负值。然后,国家石油公司获得相当于价格差异的补偿性税收抵免,该公司可以抵销其他税收,例如其自身的增值税或碳氢化合物生产的普通税。墨西哥对化石燃料补贴长达十年之久,从燃料补贴转向燃料消费税和碳税,需要付出巨大的政策努力。2014 年 8 月,墨西哥国会批准,进一步修订和废除相关法律,例如关于碳氢化合物的收入法。碳税是化石燃料销售或进口的第一税。碳税税率在 0.51 欧元/吨二氧化碳当量和 2.55 欧元/吨二氧化碳当量之间变动,最高限额为燃料销售价格的 3%。这是非常低的,但它代表了重要的第一步,支持从化石燃料补贴到税收的过渡。该比率与消费者物价指数挂钩,因此不会因通货膨胀、时间的推移而失去实际价值。税收包括制造商、生产商和进口商的化石燃料销售和进口。它不是对燃料的全碳含量征税,而是对使用化石燃料代替天然气时产生的额外排放量征税。因此,天然气不会征收碳税,尽管未来可能会发生变化。随着时间的推移,通过确定燃料税率来提高价格信号的可预测性,很可能会促使人们投资于更省油的汽车和新的清洁技术、公共交通,或鼓励开发更清洁的交通燃料,从而进一步减少排放。较高的运输燃料价格也可能导致运输方式的逐渐转变,从私人汽车转向集体运输方式。交通燃料补贴和税收改革可能会改善环境状况。墨西哥的碳税仅在 2015 年年初生效,现在确定对环境的影响为时尚早。此外,根据税法,投资于可再生能源发电的企业,在第一个纳税年度,最高可从投资总额中扣除 100% 的税收。扭转墨西哥的能源结构和碳排放趋势,到 21 世纪中叶将国家温室气体排放量减半,这是一个雄心勃勃的主张，仍然需要墨西哥在多个政治、社会和技术领域采取协调一致的持续行动。

4.1.3 墨西哥能源效率战略

墨西哥的能源部门在 2013 年具有里程碑意义的能源改革之后正在转型，改革几乎改变了能源部门相关的立法，从石油勘探到电力发展。在新的法律框架下也重视能源效率问题，其中制定了新的战略、方案和目标。能源效率政策不仅是能源政策的关键组成部分，也是墨西哥全球战略的重要组成部分。提高能源效率对社会和经济产生了多方面和深远的影响。没有比避免浪费更清洁或更便宜的能源节能措施。提高能源效率不仅可以降低能源成本、提高经济竞争力，还可以通过减少能源进口提高能源安全，减少温室气体排放直接导致的气候变化问题。在过去几年中，墨西哥政府在能效开发和推广方面取得了进展。政府已经认识到能源效率是发展经济和社会可持续性、提高能源安全和减少环境影响的最重要措施之一。

（1）墨西哥能源效率的机构、政策与方案。

第一，成立相关机构推进能效工作。墨西哥能源效率政策和方案的发起源于 20 世纪 70 年代世界上发生的两次石油危机和世界经济全球化的世界形势。鉴于发达国家对碳氢化合物的高度依赖，对能源安全的关切促使世界各国制定和传播节能政策。从历史上看，墨西哥是一个重要的石油生产国，它也是拉丁美洲国家之一，传统的能源效率行动和方案对其影响最大。在过去四十年里，墨西哥在电力行业的各种倡议、能源效率机构、法律和监管授权的制定等方面取得了积极的进展。引入私人竞争将提高能源效率、生产力和经济活动的竞争力。此外，在能源部门以外的其他机构也在采取和促进能效行动方面发挥了作用，因为这些政策和国家的共同利益是一致的。

联邦电力委员会是在墨西哥第一批启动能源效率方案的国家电力公司，该委员会于 1980 年制定了《国家电力合理使用方案》（PRONUREE），目的是向用户传播节能信息，成为该国第一个能源效率方案。由于一系列环境因素的变化，1989 年，墨西哥政府决定建立国家能源现代化计划，因此，CFE 启动了电力部门的节能计划（PAESE，取代了《国家电力合理使用方案》），并且一年后，CFE 推动了住房保温信托基金（FIPATERM）的制定。另外，1989 年，随着国家节能委员会（CONAE）的成立，能源效率方案开始正式得到推动。该委员会是在日益需要保护不可再生自然资源的背景下诞生的，其主要目的是作为一个技术机构就公共行政部门和实体的节能问题进行协商。自 1999 年以来，国家节能委员会改组为国家能源部的一个行政机构。国家节能委员会有 12 项权力，其中包括关于节约和高效率地使用能源的行政规划，以及促进可再生能源的开发等。2008 年 11 月 28 日，墨西哥成立了国家能源效率委员会（CONUEE），在《能源可持续利用法》（LASE）生效后，取代了国家节能委员会。该法规定，国家能源效率委员会是负责墨西哥能源效率项目实施的联邦机构。促进能效行动的另一个机构是国家石油公司，它于 1984 年启动了保护和节能计划（PROCAE），旨在减少其所有活动的能源消耗。一年后，在墨西哥石油协会（IMP）的参与下，PROCAE 纳入了节能人力资源培训计划。能源部门以外的其他机构，如环境、住房和农业部门等也被纳入促进和发展能效行动的范围，以便制定气候变化减缓政策。2009 年，气候变化特别计划（PECC）首次发布，旨在促进纳入减缓温室气体和适应气候变化的国家政策。通过这种方式，环境与自然资源部（SEMARNAT）和国家生态与气候变化研究所（INECC）开始积极推动国家的能效行动。

　　第二，国家规划中能效政策的演变和能源部门的法律框架。能源效率作为联邦政府的公共政策在 20 世纪 80 年代被纳入国家规划，随后随着墨西哥不同法律的颁布而变得越来越重要。国家能源计划由政府依次制定，随后，成为相关法律，明确了能源效率在公共政策中的重要性，其中最重要的出现的顺序是：《规划法》《联邦计量和标准化法》《能源可持续利用法》《可再生能源使用法》《能源转型融资》《气候变化法》和《能源转型法》。随着《规划法》在 1983 年颁布，每六年联邦政府公布墨西哥国家发展计划，从这个计划将产生部门、区域和特别方案。根据《规划法》和以前建立的联邦公共管理组织法，国家能源部开始负责建立、领导和协调国家的能源政策相关机构，包括部门能源效率方案行动。因此，每个主管部门在其战略和行动方针中考虑能效的部门能源计划，并发布计划目标：《1984—1988 年国家能源计划》《1990—1994 年国家能源现代化计划》《1995—2000 年能源部门发展和重组计划》《2001—2006 年能源部门计划》《2007—2012 年能源部门计划》以及《2013—2018 年的能源部门计划》。

此外，1992 年颁布了《联邦计量法和标准化法》，该法规定，墨西哥政府各单位在其管辖范围内，组成国家标准化咨询委员会，以便向墨西哥官方提供产品标准、系统、程序、方法、设施和服务，以及为验证、核查和检查遵守情况。在 1993 年，SENER 通过 CONAE 成立了国家标准化咨询委员会（CCNNPURRE），以保护和合理使用能源资源，该委员会的目标是在墨西哥实现能源效率标准的制定。1994 年，墨西哥第一个正式的能源效率标准完成制定，并于 1995 年发布。从 2008 年起，在能源部门的法律框架内设立了两项资金，旨在促进能源效率研究和行动。即能源转型与可持续能源利用基金（FOTEASE）和能源可持续发展基金（FSE），这两项基金都在 2015 年《能源转型法》（LTE）发布后继续生效。

（2）制定能源效率目标。

对于墨西哥来说，制定能源效率指南是一个优先事项，因为它是一个依赖化石燃料来获取其日常活动所需能源的国家。因此，需要通过一系列促进和保证长期能源供应的政策来促进有效和可持续的能源消耗。而能源效率是满足这一需求的最经济和最便捷的方式，其有效性是通过政府政策和计划、标准规则、技术开发、市场机制和消费者习惯变化的适当组合来实现的。根据《能源可持续利用法》（LASE），墨西哥政府先后制定了国家能源可持续利用计划（PRONASE 2009—2012、PRONASE 2014—2018），该计划确定了国家一级的能效目标。第一期国家能源可持续利用计划（PRONASE 2009—2012）

重点关注升级照明、电器和工业电机的计划项目。在第一期的基础上，政府发布国家能源可持续利用计划（PRONASE 2014—2018），该计划确定了国家能源效率的六个目标。第一，设计和制定能够在国家能源供应链的过程和活动中有效利用能源的计划和行动。第二，加强对在墨西哥制造的家电设备和能源能效的消费监管。第三，加强联邦、州和市级的治理体系和能效水平，将公共、私营、学术和社会机构纳入其中。第四，鼓励发展与可持续利用能源有关的技术和技术能力。第五，促进社会节能文化的能力建设和传播。第六，促进能效技术的研究和开发。第二期是一项深思熟虑的计划，该计划增加了优化流程和活动中的能源使用的策略，加强了政府机构，促进了研究和开发，并培训了专业人员的能效技术。计划还侧重于通过节能文化传播计划提高公众意识，信息共享是能效政策的重要组成部分。

（3）墨西哥的能源效率新法律。

作为能源改革的一部分，墨西哥于 2015 年 12 月颁布了《能源转型法》，旨在规范和促进能源和清洁能源的可持续利用，同时保持能源部门的竞争力，为促进使用清洁能源技术和燃料的过渡战略提供了一个健全的法律框架，明确界定了能效政策相关机构行为者之间的责任。其中，能源部是墨西哥能源政策的主要参与者，因此，SENER 负责设计能效政策和项目。此外，国家能源效率委员会是负责实施 SENER 设计的政策和计划的联邦机构。值得一提的是，CONUEE 是 SENER 的权力下放机构，拥有自主资源和决策流程。这使得CONUEE 能够以独立的方式执行和指导其政策和计划，以提高效率和节约能源。由《能源转型法》和过渡战略定义的这一明确的法律框架有利于在政策决策过程中以及在实施过程中直接传递信息。

通过《能源转型法》，政府制定了首次实施能源强度目标，墨西哥在国内启动并实施了许多能效方案，该法规定了政府与能源转型特别计划和国家能源可持续利用法相一致的战略。相应地设定了清洁能源发电和能源效率的目标，以及路线图。为此，SENER、CONUEE、CRE、CENACE 等相关机构根据各自的角色和职责实施能效项目和计划。中期和长期战略分别设计为 15 年和

30 年。能源效率目标的确定年平均增长率为2016—2030 年最终能源消耗强度减少1.9%，从2031 年到2050 年减少3.7%。该战略是墨西哥中长期能源政策在清洁能源、能源可持续利用和经济上可行的污染物排放方面的指导工具。国家能源效率委员会也制订了年度工作计划，其中包括能效标准，该工作计划鼓励联邦、州和地方政府之间的合作，以促进温室气体减排。SENER、CONUEE、CRE、CENACE、INEEL 和CFE 是与墨西哥在《能源转型法》设定的时间范围内实现能效和温室气体排放目标的重要机构。在实施方面，在公共和私营部门的财政支持下，已启动了若干能效措施、项目和计划。这些措施包括强制性和自愿性措施，这些计划的内容包括节能装置更换计划、市政公共照明国家能源效率项目和商业节能计划等。

新的法律框架要求并鼓励州和地方政府以及其他部委和联邦机构参与实现经济的能效目标和指标。虽然SENER 和CONUEE 是关键能效政策参与者，但新的法律框架承认联邦政府内部横向和纵向合作对于实现国内能效目标和指标的重要性。环境与自然资源部（SEMARNAT）和交通运输部（SCT）等机构在能效政策方面发挥着重要作用，而不是它们在这一部门中所扮演的相对边缘的角色。此外，在建筑、交通和城市规划等部门中，加强国家和地方政府的合作和协调至关重要。《能源转型法》和过渡战略认识到让地方机构参与能效政策的重要性。SENER 和CONUEE 一直受益于能效政策和计划的国际合作，包括通过APEC 的合作。墨西哥政府通过参与相关论坛和倡议，成功地实现了能效的国际议程。例如，SENER 在2014—2016 年担任国际能源效率合作联盟（IPEEC）政治委员会主席期间发挥了积极作用。墨西哥也是可持续能源倡议的支持者，并于2018 年2 月成为国际能源机构（IEA）的正式成员国。同样，墨西哥的能源效率计划和行动也引起了国际组织和公司的注意，并与墨西哥政府建立了伙伴关系。CONUEE 与丹麦能源署（DAE）、德国国际合作公司（GIZ）和世界银行等不同组织建立了成功的合作伙伴关系。此外，墨西哥还参加了APEC 倡议，如能源效率政策和APEC 电动汽车路线图研讨会等。

（4）墨西哥能源效率战略的挑战。

墨西哥雄心勃勃的能源效率目标，需要联邦机构之间进行深入和密切的合作，这是以前从未有过的合作方式。例如，国家能源效率委员会和联邦电力委员会将同环境与自然资源部合作，评估在诸如工业和运输等部门的排放显得非常重要。这种新的合作不仅需要联邦政府各机构之间更强大、更紧密的合作，还需要与地方政府机构之间的合作。州政府内部、州与地方政府之间、不同地方政府之间以及联邦机构与州、与地方政府之间在政策执行方面的沟通与协调将是实现国内目标的关键。这些合作将充满挑战，并将根据地方机构的实力在整个经济中产生巨大差异，尤其是在地方政府，许多地方政府面临预算和人力资源匮乏的严峻现实。其中一个例子就是执行建筑节能规范。即使在建筑规范中包含节能规定，但地方政府往往也没有足够的人员或经济资源来核实建筑规范是否得到遵守。因此，尽管他们违反了条例，那些不遵守守则的人也可能不会受到当地政府的任何惩罚。

4.2　墨西哥能源及其政策的演变

4.2.1　墨西哥石油产业及其政策历史沿革

（1）墨西哥石油工业化之路。化石燃料的使用在墨西哥可以追溯到它作为一个国家诞生之前几个世纪。由于其丰富的化石沉积物，墨西哥地面上原油的自然外观在古代中美洲文明时期就被用于制作黏土人物。西班牙殖民时期，殖民者把石油用于医疗以及修补维护船只。墨西哥石油工业的正式诞生可以追溯到 1863 年，当时一位名叫 Manuel Gily Saenz 的牧师在塔巴斯科州的圣费尔南多石油矿中发现了石油沉积物，他将这些石油物质运回美国，而此时美国技术的进步使得炼油行业蓬勃发展，因此，来自墨西哥的石油无法在美国市场上参与竞争。但美国人发现了墨西哥石油具有较好的品质，利益的驱使让美国企业家开始把注意力转向其南方邻国，墨西哥石油工业开始起步。1884 年，在墨西哥总统波菲里奥·迪亚兹（Porfirio Diaz）1876—1910 年的长期独裁统治期间，政府赋予了土地所有者可以开采任何地下石油的合法权利。这项法律颠覆了西班牙殖民时期国家对地下资源拥有所有权的传统。1900 年前后，第一批石油公司根据墨西哥法律开始开采石油，商业石油生产于 1901 年前后在墨西哥开始，但产量对于出口公司来说不大。1910 年，石油生产的前景吸引了美国和英国的企业家和石油工人来到墨西哥。美国和英国公司控制了墨西哥大部分已探明储量。当时的波菲里奥·迪亚兹总统在 20 世纪初对墨西哥经济的工业化推动了对外国投资石油工业的宽容政策。墨西哥鹰公司（mexico eagle）在 20 世纪前 20 年占据了世界能源市场的主导地位。应该指出的是，波菲里奥·迪亚兹总统颁布法律是为了促进石油和采矿生产成为国家的收入来源，而不是为了向外国资本家赠送礼物。1910 年石油行业的免税政策一到期，墨西哥政府就开始提高税收，以应对各石油公司的暴利。而对于石油巨头来说更不幸的是，他们很快就面临着比迪亚兹总统征收石油生产税更大的麻烦，那就是一场全面革命的到来。

（2）1917 年墨西哥大革命与宪法改革。在墨西哥大革命期间，该国出现了新的政治领导人，结束了墨西哥最贫穷的人由于生活条件恶劣而出现的叛乱。在为石油公司带来一段时间的利益之后，墨西哥的新政策是将墨西哥农村人口的福祉作为国家的优先事项。1917 年颁布的《墨西哥宪法》第 27 条确立了国家对所有矿物以及石油和固体、液态或气态碳氢化合物的所有权。它允许联邦政府向其他代理商提供石油开采和其他碳氢化合物。由于储量丰富，美国投资从 1910 年总投资的 38.5% 增加到 1921 年的 61%。到 20 世纪 20 年代初，墨西哥成为世界上第二大产油国。石油等化石燃料的勘探、开采、生产、运输和出口与汽油和柴油等能源的进口等部分组成墨西哥的能源市场。前总统拉萨罗·卡德纳斯（Lázaro Cárdenas）提出了特殊的征用政策，这些政策有助于保护墨西哥人民的福祉。除了 1938 年的石油征收外，他还根据宪法颁布了《土地法典》，推动了土地改革，规定联邦政府为贫困人口提供土地。1917年，墨西哥宪法规定，墨西哥领土，包括海洋、陆地资源都是国有资产，此外还规定了墨西哥工人的劳工权利，以及其他必要的法律。然而，长期以来墨西哥政府一直默许外国公司开采该国许多的自然资源，外国公司对墨西哥法律的蔑视也愈发平常。因此，墨西哥政府与外国公司之间的冲突逐渐加剧。外国公司不想为开采自然资源的特许权缴税。此外，外国公司不尊重墨西哥工人的劳工权利。在总统拉萨罗·卡德纳斯任期内，墨西哥工人开始罢工，要求外国公司提高工资待遇和工作条件。墨西哥国家最高法院下令必须给工人加薪，但遭到了外国公司的拒绝。所以，拉萨罗·卡德纳斯采取了他在总统任期内最重要的改革——征收改革。

（3）1938年征收改革。征收改革是墨西哥历史上第一次能源改革。墨西哥石油工人和外国公司之间的一系列劳资冲突发生之后，1938年3月18日，拉萨罗·卡德纳斯总统签发了《没收石油公司财产法令》，宣布将所有17家美、英、荷兰石油公司的产业全部收归国有。墨西哥开采石油的新法律纳入了1917年《墨西哥宪法》第27条，其中载有关于使用国家自然资源的政策。它表明了国家对"底土资源"具有专门所有权。外国石油公司的所有工厂、设备、人员和业务都被征用。所有被征用的资源都成为墨西哥国家石油公司创建的一部分，最初墨西哥国家石油公司名为Petromex，后更名为PEMEX，是当时拉丁美洲最大的公司。国家石油公司被赋予开采碳氢化合物的专有权，国家修订了《宪法》第26、27和28条，以便在石油和其他碳氢化合物以及基本石化产品的战略领域建立特定的国家职能。法律于1940年11月获得国会批准并在联邦官方公报上发布。该法律制定了与个人缔结合同的条款，以便这些人可以执行勘探和开采碳氢化合物，它还建立了炼油厂和管道建设以及天然气分配的特许权制度。

（4）1958年颁布《石油法》。自1938年的征用改革发生后，立法者广泛地应用宪法第27条。渐渐地，墨西哥已经建构了一种司法框架，这确保了PEMEX公司在墨西哥能源工业的几乎所有方面的垄断地位。自征用以来，

1958 年颁布的《石油法》是最重要的转折点，这进一步限制了 PEMEX 公司与私企部门的合作。1958 年后，法律规定私营部门酬金只能用现金支付，明确禁止以参与或生产百分比为基础的补偿。这些限制甚至否决了在 1958 年《石油法》之前，墨西哥法律允许的风险服务合同。几十年以来，尽管存在这些限制，PEMEX 公司仍能成功地运作和生产。PEMEX 已成为全球最大的石油公司之一（主要是靠自己的力量），证明了国有企业职员的技术和创新能力。然而，这是在墨西哥相对"轻松的石油"，尤其是 Cantarell 油田日渐枯竭之前的情况。PEMEX 公司当时主要是以费用为基础的服务合同，而在类似墨西哥湾深水开发这样复杂而又昂贵的项目中，PEMEX 公司难以吸引到对其感兴趣的国际合作伙伴。

（5）1982 年起，墨西哥石油行业的新自由主义道路。1982 年末，墨西哥经济采取了新自由主义战略。跨国公司通过战略部门的私有化促进其资本的全球扩张，这是马德里、萨利纳斯和塞迪略（De la Madrid，Salinas and Zedillo）总统的政府与国际货币基金组织和世界银行在谈判外债时达成的协议。为了适应这一战略，能源政策相应进行了调整，行政当局提出将 PEMEX 私有化，并推动结束纵向一体化垄断。石油化工行业开放的第一阶段开始于 1986 年，当时实施了旨在将国有石化行业私有化的措施。私人公司被授权进口 PEMEX 无法供应的基本石化产品，72 种基本石化产品中有 36 种通过法令重新归类为二级石化产品，并制定了灵活的定价政策。1989 年，政府通过调整劳工结构加强了私有化，在 1987 年至 1993 年期间削减了 50% 的工资，大规模解雇了将近 71000 名工人，并取消了工会部门参加 PEMEX 活动的资格。不断地重新分类，使基本石化产品的数量在 1989 年限制在 19 种，到 1992 年为 9 种，从而消除了 PEMEX 在这一领域的垄断地位。与北美自由贸易协定一致，石化产品进口许可证被取消，关税被降低，并从 2004 年起取消关税。

（6）1997 年能源改革。在主要的石油生产国中，墨西哥是世界上对石油投资控制较严格的国家之一，墨西哥法律规定石油和天然气资源全部国有。实际上，几乎世界上每个国家都将某种形式的国家所有权制度适用于石油，而加拿大和美国则是最显著的例外。墨西哥法律在禁止能源领域的私人活动方面比其他任何法律制度都更为严格。从根本上说，法律从三个方面限制私人投资墨西哥石油工业：第一是 1997 年《墨西哥宪法》；第二是《石油法》（于 2008 年修订）；第三是行政部门颁布的行政规章制度。墨西哥法律起源于墨西哥大革命，是限制能源工业私人活动的法律基石。墨西哥宪法第 27 条规定，墨西哥政府直接拥有和独享开发碳氢化合物的权利。因此，墨西哥的私人企业无权生产石油和其他碳氢化合物。此外，宪法第 28 条将"石油和其他碳氢化合物""基本石油化学产品"和"电力"划分为战略区域并且授予政府在这些领域的垄断权。墨西哥宪法对石油领域私人活动的限制使其在石油生产国中独树一帜，大部分石油生产国由政府掌握着石油所有权，但在其管制并且签订生产共享协议的条件下，给予私人经营活动特许权。

（7）2008 年能源改革。面对石油产量的大幅下滑和国内需求增长导致的严重失衡，费利佩·卡尔德隆（Felipe Calderon）总统于 2008 年提出了能源改革，旨在重振能源行业。卡尔德隆总统在其前任比森特·福克斯（Vicente Fox）任期内担任过一段时间的能源部长，他在就任总统时清楚地认识到墨西哥靠石油驱动的财政依赖所面临的问题和挑战。到福克斯政府结束时，墨西哥国家石油公司的深层次问题，从技术到财务、从根深蒂固的腐败到劳工问题已经成为国家的当务之急。对于 PEMEX 公司而言，2008 年的能源改革为其在运营、预算和承包方面提供了更大的自主权。为解决生产难题，PEMEX 公司特许建立了自己的采购框架（招标框架），通过 PEMEX 勘探和生产子公司 Pemex Exploracióny Producción（PEP）进行投标，以吸引私营部门为勘探和生产活动服务。2008 年能源改革也涉及重点公司管理方式、环境和监管制度改革。尽管 2008 年的改革对能源监管做出了重大调整，改变了 PEMEX 公司内部治理结构，但并没有给石油行业带来重大开放。在立法过程中，这一改革受到政治上的强烈抵制及法律争议的困扰，从而推迟了实施。直到最高法院认定此法案的合宪性，这场法律争论才告终。在投票关键期，反对立法者以静坐和在国会大厦外游行表示抗议，由此可见开放石油行业仍是一个政治敏感话题。至此，相比于卡尔德隆总统的初衷，2008 年能源改革的实质内容已然不再。即使在 2008 年能源改革后，墨西哥法律禁止 PEMEX 公司为其潜在合作伙伴提供包括上涨潜力以及储量预定等在内的生产利益。大型国际能源公司通常不愿意在没有足够回报的情况下承担高风险。由于限制国际合作，法律框架使得 PEMEX 公司更难适应当时的经营环境。然而，在 PEMEX 公司是否需要通过与私营部门合作来扭转业务下滑的问题上，人们达成了空前的共识。尽管争议很大，但此禁忌终于在 2013 年被打破。

4.2.2 墨西哥电力产业发展进程

从历史上看，墨西哥电力部门一直以煤炭和石油为主要燃料。由于 20 世纪 90 年代开始的改革进程，墨西哥电力部门在所有权、燃料份额和发电技术方面经历了重大的结构性变化。

（1）1879—1910 年的早期。墨西哥电力部门的起源可以追溯到 1879 年，第一代燃煤发电厂在莱昂装配完毕，为纺织厂服务，后来电能使用进一步扩展到公共照明和有轨电车，以及采矿和造纸业。1889 年，第一个水力发电厂开始运营，为采矿业服务。与此同时，墨西哥政府为城市电气化的发展进行初步规划。最早是在 1881 年，政府把为墨西哥城市提供电力服务的权利给了 Mexicana de Gas y Luz Eléctrica 这家公司，过剩的电力就出让给了公司周围的商用和民用。到 1899 年，墨西哥已有发电容量为 31 兆瓦的一代发电机，其中 39% 是水电，另外 61% 是热电。一开始，发电、输电和配电，从上游到下游全被私人公司控制。1890—1905 年，几乎所有的电力公司才都归为墨西哥国营。起先，这些公司的规模都很小且高度分散并被布局在最富有和最发达的地区，远离偏远农村的地方。1887—1910 年，墨西哥建立了超过一百家照明和电力公司，且几乎全部位于墨西哥的中部。

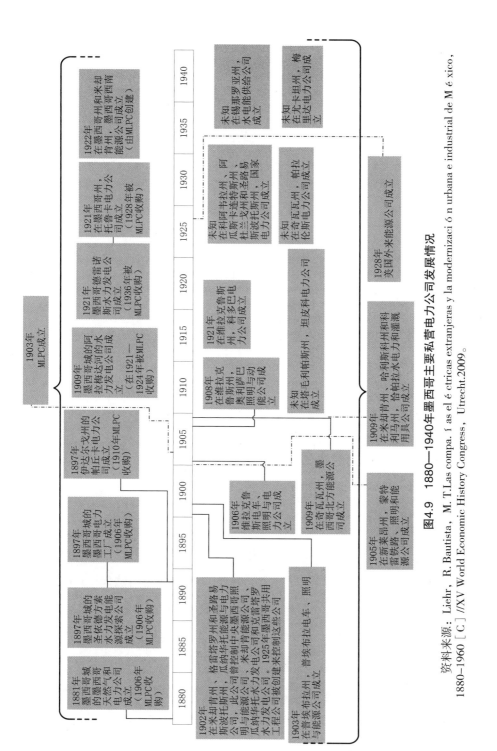

图4.9　1880—1940年墨西哥主要私营电力公司发展情况

资料来源：Liehr, R. Bautista, M. T.Las compañías eléctricas extranjeras y la modernización urbana e industrial de México, 1880-1960 [C] //XV World Economic History Congress, Utrecht.2009。

（2）1910—1934 年，电力主要受到美国、加拿大和德国的外资控制。尽管墨西哥后来爆发了革命，1910 年之后，墨西哥迎来渐进且持续的外国资本涌入，主要来自加拿大，美国和德国，直到 20 世纪 30 年代涌入的外资几乎完全取代了国营资本的地位。到 1935 年，加拿大所占资本是该行业总投资的 50% 以上（约为 1 亿 7500 万美元），其次是美国（约占 9000 万美元），而德国的投资主要集中在电气设备上。到 1910 年，墨西哥的发电能力为 50 兆瓦，该容量的 80% 由墨西哥的光电公司（MLPC）拥有，公司总部在加拿大的多伦多。发电能力的提高主要依赖于光电公司第一大水电站的建成，该电站位于普埃布拉州的内卡萨。从 1902 年到 1933 年，墨西哥的发电、输电和分销由三个大型外国公司主导，具有"强垄断"的倾向，分别是：墨西哥光电公司、Impulsora de Empresas Eléctricas 和总部在瓜达拉哈拉的 the Compañía Eléctrica de Chapala（CEC）。MLPC 几乎在墨西哥城周边的中心地区实行绝对垄断。Impulsora 垄断了北方三个互联电力系统，CEC 控制着西部电力系统。这三家公司收购规模小而分散的私营公司的资产，并扩展到城市中最具经济吸引力的市场上，进行电力的传输和分销。墨西哥革命结束时颁布的 1917 年宪法，开启了包括电力部门在内国家干预和管制的经济机制。不过，国家对电力行业的监管进展非常缓慢，电力公司在没有任何行业指导政策的情况下增加了投资，带来了不同的问题，包括无法互连不同特性的电力网络系统，供应安全性差以及某些地区缺乏电力服务。政府和公司之间的关系开始发生变化，因为电费高、工作条件差，分别使用户（小型工业和商业用户）和工人感到不安。为此，政府成立了国家电力委员会（CNFM），制定了 1926 年的国家电力法规（Código Nacional Eléctrico），其中包含了发电和使用电力的技术规范，后来扩展到通过对发电厂的检查和税收监管，对该部门的运作给予更多的控制。1929 年的全球经济大萧条是一次外部冲击，对政府和电力部门的经济政策产生了重要影响。经济形势影响了大量电力消费者，电力公司的电费收缴降低了中等和小型消费者的收入水平。20 世纪 30 年代，随着政府机构和相关组织的巩固，国家对经济规划的影响力开始日益增强。但政权中的主要参与者（包含私人垄断者）

与用户之间的关系日益紧张，除了日益增长的民族主义情绪之外，还导致改革改变了其社会结构。1937 年政府增加了对电力部门的权力，建议成立一家国有公司——联邦电力委员会（Comisión Federalde Electricidad，CFE），其目的是为国家建立电气化计划，并负责发电、输电。

（3）1934—1960 年，国家电力公司诞生和发展。20 世纪 30 年代早期，MLP、CEC 和 Impulsora 三家公司只能为占总人口 38% 的人提供能源供应，没有照顾到大部分住在偏远地区的人。电量供不应求，停电也是常有的事，这些问题都阻碍了墨西哥经济的发展。所以墨西哥政府在 1934—1937 年通过 CFE 公司进行供电。当时，CFE 公司起到两个作用：一是作为连接外国私营公司和墨西哥政府的中介；二是为被外国私营公司视为无利可图的区域提供用电。CFE 公司大的发电项目集中在格雷罗州（Guerrero）、米却肯州（Michoacán）、瓦哈卡州（Oaxaca）和索诺拉州（Sonora）四个州，这些项目产生的电力出售给私人企业，再让它们进行转售。与此同时，拉萨罗·卡德纳斯总统巩固了其在革命制度党（PRI）党内的权利，该党派的主要支持之一来自工会，其中工会组织得最好的便是采矿和电力行业。墨西哥最早成立且最强大的工会组织是成立于 1914 年的 Sindicato Mexicano de Electricistas（SME），该组织是"组织主义者"政治构架中至关重要的一个，因为它与中央政府和其他社会部门（如劳工组织）等有着重要的联系。1936 年，SEM 对 Impulsora 旗下的七家子公司发起了竞争，劳工关系的不稳定加上关键领域营业收入低，让外国私人企业纷纷减少了在墨西哥的投资。由于 CFE 发挥的作用不稳定和工会的动荡，1937—1943 年的私人投资增长了不到 1%。1938 年，国会颁布了电力公共服务法案，要求对电力行业实行强有力的监管。为应对此类电力部门缺乏投资的情况，政府采取了一系列国有化的措施：CFE 低价收购当时的电力资产并构建新一代由公共资源资助的电力传输和分配资产。1944 年，CFE 收购了第三大外资私营企业 CEC 公司，并建立了它的第一个大型发电厂 Ixtapantongo。1940—1950 年，CFE 收购并合并了数百个电力公司，并建立了达成共识的技术标准体系。1939—1950 年，电力系统总投资只有

18%来自私营公司，其余的82%来自公共部门资金，政府的目的是致力于扩大 CFE 标准系统在全国的普及。

（4）1960—1992 年，电力行业国有化及国家电力公司系统的发展。1960 年墨西哥的额定电量为 2308 兆瓦，其中 CFE 公司占比 54%，MLP 公司占了 25%，Impulsora 占了 12%，私营企业占了剩下的 9%。电力行业的合并和巩固工作持续进行，墨西哥政府收购了大部分 MLP 的股权以及 impulsora 公司 95% 的普通股股权。与此同时，借用未被收购的 MLP 股权成立的一家国有公司 LFC 给以下几个中心地区提供电力服务：莫雷洛斯州（Morelos）、普埃布拉州（Puebla）、伊达尔戈州（Hidalgo）和墨西哥城联邦区（Distrito）。实际上电力行业国有化工作完成后，政府对随后的安排体现在 1960 年修正的宪法里（第 27 条，第 6 款）指出的，对公共用电的发电、输电、分配及供给是仅属于国家的责任且不给予私人企业任何特权，国家应充分利用其所需的自然资源和资产。20 世纪 60 年代，超过 50% 的公共投资投入基础设施建设等项目，用这些资金建立起了像 Infiernillo 和 Temascal 这样的工厂，1980 年装机容量已达到 17360 兆瓦，1991 年为 26797 兆瓦。除了发电量的大幅提高外，CFE 公司也统一了衡量电力系统的技术和经济标准，规定了工作中的电压数，连接了原先分散的输电系统，但不包括 20 世纪 70 年代的下加利福尼亚州（Baja California）和尤卡坦半岛（Yucatán）。尤卡坦半岛于 1990 年纳入 SEN 公司，由其负责管理。1976 年，60 赫兹的电气频率被统一到了全国各地，尽管面临着诸多来自技术、社会的压力，劳工方面也反对将当时的 50 赫兹改为 60 赫兹。在这期间，CFE 公司坚持两个基本原则，一是满足日益增长的对电力的需求，二是保持较低电价以提高墨西哥制成品在国际贸易中的竞争优势。CFE 公司的电力成功实现了普遍的覆盖，国家管理电力设施赢得了墨西哥的民心。1975 年，电力行业在国有化的巩固进程中步入正轨，公共电力服务法 Ley del Servicio Público de Energía Eléctrica（LSPEE）规定 CFE 和 LFC 作为公共电力的供应商。墨西哥民众认为国家的垄断对确保电力的实时管理是很有必要的，只有国有企业才会被国民信任，因为他们有足够的经济实力来保障科学技术的研发和更新，自身也就有了主动垄断的趋势。另外，私营发电企业只会以盈利为目的，继而忽略长期缺电的大部分人口，所以只有国有企业才能保证电力的合理平等分配。这样，整个 20 世纪 70 年代很顺畅地就过去了，当时，虽然产能相对过剩，但对电力的需求和安装电力输送设备的需求也在快速增加。1970—1980 年，燃料油成为主要的发电燃料，北方的水力资源匮乏，水电站的负荷较低。随着墨西哥成为世界十大石油生产国之一，PEMEX 在此期间将燃料油以成本的 30% 卖给了电力部门。低廉的燃油价格实质上给电力部门提供了大量的隐性补贴，1974—1989 年，以 2001 年流通美元价值作为衡量的标准，平均每年补贴达到了 15 亿美元。直到 1973 年，墨西哥电力部门的税收政策也影射了此问题，从那以后，石油的收入帮助降低了此类税收。从1980 年年初开始，墨西哥步入了以金融危机、日益增加的公共债务和恶性通货膨胀为特征的经济时期，用于发电的燃料油的价格以及商业和工业用电的费用猛增，然而，官方办公场所以及农产品消费者税收税率基本保持不变。工业被理所当然地认为有能力支付更高的电价，所以给予其他阶层的消费者的交叉补贴在接下来的几年中得到了提高。重要的是，1982 年之后的每一场金融危机让公共债务变得更加严重，比如 1994—1995 年的金融危机迫使墨西哥政府与债权人进行磋商，谈判不允许国有企业承担额外的债务，这一系列的危机给它们带来的影响束缚了 CFE 公司，让其无法筹集资本建设新的工厂，从而也满足不了日益增长的需求。与 20 世纪 70 年代相比，从 1982 年起，电力供应和需求的增长变得更加不可预测，需求增长的同时又缺乏投资的能力，使得电力的储备容量很不稳定。此外，北美自由贸易协定在促进墨西哥的经济增长的同时也带来了比预期高得多的电力需求。

（5）1992—2008 年，允许私人进入电力行业的改革。因为上述原因，1992年墨西哥通过了《电力能源公共服务法》（ISPEE），适当允许私人投资进入电力行业，以此来消除由 CFE 公司无法筹足投资金额带来的危机。在当时的条件下，私人实体只能作为一个发电的中介参与该行业，由此生产的电量也只能用于自己消费、出口或出售给固定的买家。这一系列的改革加上 1999 年做出的尝试以及 2000 年后的进一步改革都在法规和政策里有更加详细的说明。此外，采取提高税收的措施，同时减少 CFE 公司的运营成本。然而，事实证明提高住宅和农业的税收在政治上是很难实现的。同样，降低 CFE 的运营成本也是困难重重，因为这需要首先解决来自深入 CFE 和 LFC 公司的强大工会施加的压力。这些工会组织了广泛的联盟来阻止私营部门投资和税收的改革。如果消费者和工会都反对看似有意义的改革，那么电力部门的改革就变得十分困难。

（6）2008 年可再生能源法的实施。2008 年墨西哥国会实行了可再生能源法（REL），目标是通过以下措施减少国家对化石燃料的依赖。该法还补充了应对气候变化的特别计划，预计到 2050 年减少温室气体排放量比 2000 年再低 50%。立法后，国家能源部在内的其他执行部门都参与其中并制定了 2010 年能源的转换及能源可持续发展利用的国家战略（国家能源战略或称 NES）。目标包括提高发电能力，到 2012 年，非水力可再生能源从 3% 提高至 7.6%（4500 兆瓦）。所有“清洁”燃料（可再生能源包括核能）的发电能力预计在 2025 年将达到 35%。在 2009—2011 年间以资金数目 2 亿 2000 万美元成立的一项可再生能源基金，为促进能源效率和可再生能源的发展提供融资保障和支持。2010 年制定的新条例，包括减少私人可再生能源开发商的输电费用、开发新式互连小规模的可再生能源项目等。

4.3 墨西哥能源政策的制定与决策过程

政治过程和政治行为是当今政治学关注的焦点。政策研究通常集中于政策的制定过程，而不是仅关注政策的内容及其形成的原因、过程和产生的结果。研究政策如何制定，通常要考虑在政治体系内发生的一系列政治活动或行为过程。对于政策分析的目的而言，把政策制定过程分解为几个组成部分，有助于更好地理解政策是如何制定的。

能源政策的制定是一个复杂的问题，涉及多层次的治理，并受制度环境的影响。作为 2013 年启动的雄心勃勃的结构性改革计划的一部分，墨西哥政府开启了该国能源部门的重大治理转型。改革重组了石油和天然气工业，不仅为所有墨西哥人的利益增加投资和政府收入，而且通过在立法中纳入清洁能源目标以解决环境问题。它向国内国外公共和私人实体开放国家碳氢化合物资源，结束国家石油公司的垄断地位。同样重要的是，国家电力行业完全开放给私人参与，以降低电力成本，促进向可再生能源转型，并扩大电力覆盖面。对部门监管的体制框架作了相应的重大修改，包括修改宪法。这一新的体制框架加强了现有的监管机构并创造了新的监管机构，对不同联邦实体的职能和权力结构进行了划分与改变。

4.3.1　国会能源政策的制定过程

墨西哥合众国宪法将墨西哥联邦的最高权力分为三个部门：两院制大会的立法机构、直接选举产生的总统及其行政部门、司法部门。墨西哥由 32 个联邦实体组成，包括墨西哥城。以国家宪章为蓝本，每个州都有自己的宪法，有权在州际关税之外立法和征税。在国家层面的联邦组织之后，州（和地方）政府也有行政、立法和司法部门。国家宪法规定，启动法律和法令的权利属于墨西哥总统、国会和议会议员以及州立法机构。在墨西哥的宪法中，国会的职责被规定为政策合法化的主要机构。1824 年 10 月，墨西哥建立联邦共和国，同年，颁布独立后的第一部《宪法》，《宪法》规定立法、行政、司法三权分立。规定联邦议会由两院制大会（Congreso delaUnión）组成，分为参议院（Cámarade Senadores）和众议院（Cámarade Diputados）。众议院代表国民利益，参议院代表联邦利益。此后政局混乱，墨西哥议会经历了被解散和恢复的多次反复。1857 年《宪法》确定议会为一院制，参议院被取消。1874 年，当时的联邦政府提出恢复两院制。1875 年 9 月 16 日，参议院恢复开会。1917 年《宪法》重新确定联邦议会采取两院制至今。众议院由 500 名联邦众议员组成，其中 300 席根据多数制直接选举产生，其余 200 席由各政党根据比例代表制选举分配产生，众议员任期 3 年。历史上，参议院由 64 名成员组成，每个州有两名成员，两名代表通过直接投票选出的联邦区，任期6年。然而，作为卡洛斯·萨利纳斯（Carlos Salinas de Gortari）（1988—1994）政府于1993年制定的选举改革的一部分，参议院的规模增加了一倍，达到128名成员，参议员任期6年。众议院的权力包括通过法律、征税、宣战、批准国家预算、批准或拒绝与外国签订的条约和公约以及批准外交任命。参议院处理有关外交政策的所有事项、批准国际协议并确认总统任命。众议院与美国众议院一样，处理与政府预算和公共支出有关的所有事项。议员不得兼任其他政府部门职务，国会在能源政策的权限上有立法权、财政权和监督权。立法过程需要国会两院就法案的文本达成一致意见。墨西哥联邦议会的立法程序一般分如下阶段：议案提交—委员会审议—提出院（第一院）全院审议—复审院（第二院）审议—两院共同协商—交总统签署—颁布生效。两院设两院管理委员会，负责协调两院立法事务。墨西哥国会两院一般在一些具体议题中履行协助国会委员会的职责。

总之，国会使得一项法律生效分为以下几种情况。第一，如果复审院对提出院交来的议案未加修正即予以通过，该议案立即送交总统签署。总统若签署，议案即成为法律予以公布。第二，如果总统全部或部分否决议案，将其连同其书面意见退回原提出议院重新讨论。如果该议案在参众两院以三分之二多数通过，并且得到31个州及联邦区立法机构中的16个批准，便可成为法律或法令并再次送交总统颁布（见图4.10）。

墨西哥宪法没有规定一个单一的决策程序，而是根据所需立法投入的类型确定。每个程序都有所涉及的宪法否决者的数量和国会中决定性联盟的规模。如果通过新的政策需要修改"宪法"，那么该倡议必须获得国会两院三分之二的通过。这一程序的目的是为宪法提供比普通立法更大程度的稳定性。该程序还被用作一些工具，以保持对一些政策的长期承诺，例如石油工业的国有化、土地改革以及能源部门的国家垄断等。另外，如果引入新政策不需要宪法修正，程序就不那么复杂了，只需要国会简单多数通过即可，包括三个否决权参与者——众议院、参议院和共和国总统。墨西哥国会通过了众多能源立法，包括石油、天然气、煤炭、风能、水能、太阳能等可再生能源和生物质能等。

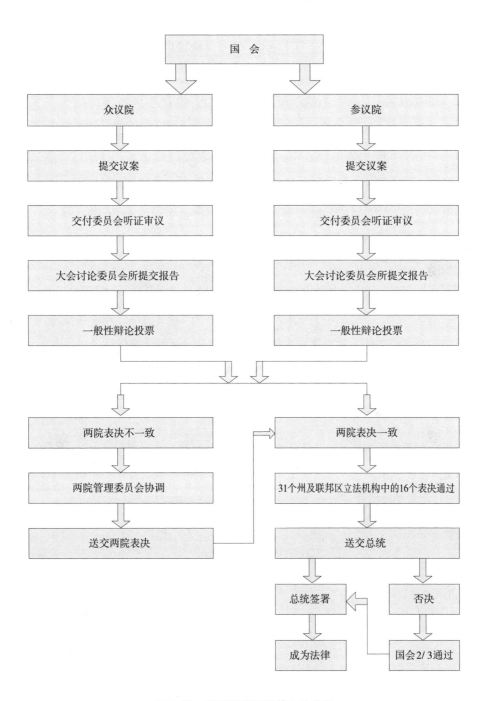

图 4.10 墨西哥能源政策立法过程

2013 年 12 月 11 日，参议院以 95 票赞成、28 票反对的表决结果通过了政府提出的能源改革法案。12 月 12 日，墨西哥众议院以 354 票赞成、131 票反对的结果通过法案，修改宪法允许私有资本和外国能源公司进入该国油气领域，以提高该国能源产业的生产力与竞争力，推动本国经济的增长（见表 4.4）。12 月 16 日，所有的目光聚集在墨西哥圣路易斯波托西州的立法机构，此前，墨西哥 31 个州中已有 16 个州投票赞成宪法修正案，再批准一项修正案将确保获得所需的多数票。经过审议，圣路易斯波托西州（San Luis Potosi）立法机构投票支持宪法修正案和改革措施。最终，墨西哥 31 个州中的 24 个州批准了这项改革法案。2013 年 12 月 20 日，法案经总统签署生效正式成为法律。尽管宪法修正案是推动墨西哥能源改革进程的基石，但它需要二级立法对能源改革及其实施的相关方面提供具体的规定。2014 年 8 月 12 日，涅托总统签署能源改革二级法案，该法案分为九大领域，共涉及 21 项法律，其中新立法 9 项、修订相关法律 12 项，实现了建立墨西哥能源行业新的法律框架。

表 4.4　　　　　　　　　　2013 年墨西哥国会对能源改革法案投票

	参议院		众议院	
	赞同	反对	赞同	反对
革命制度党（PRI）	53	0	209	1
国家行动党（PAN）	35	2	107	3
绿党（Greens）	7	0	28	0
新联盟党（New Alliance）	—	—	10	0
民主革命党（PRD）	0	20	0	95
工党（Labor）	0	5	0	13
公民运动党（Citizens' Movement）	—	—	0	19
无党派人士（Independent）	0	1	—	—
总计	95	28	354	131

资料来源：Barrientos del Monte and Añorve（2014）。

4.3.2　总统能源政策的制定权限

墨西哥总统由 31 个州和联邦区的简单多数登记选民直接选举产生。总统拥有国家元首、政府首脑和武装部队总司令的权力。总统不仅享有直接立法倡议权，而且由其提出的立法动议享有优先权。此外，墨西哥总统还拥有"超宪法权利"，总统在整个政治体制中处于核心地位，议会完全依附于总统。如果复审院对提出院交来的法案未加修正即予以通过，该法案立即送交总统签署。总统若签署，法案即成为法律予以公布。总统也可以全部或部分否决法案，并将其连同其书面意见退回原提出院重新讨论。如果该法案在参、众两院获得三分之二多数通过，便可再次提交总统签署颁布成为法律。同时，墨西哥宪法第 89 条规定，一项法律只有经总统颁布才能生效，这使得墨西哥总统具有立法的绝对否决权。

总统通过演讲、向国会呈递倡议（包括年度国情咨文）、发布年度预算、提出政策建议。不过，总统要把立法的建议变成法律，还与政党对国会的控制紧密相关。如果总统能够与自己所在的政党控制的国会合作，就能取得很大的成功。总统的"得票成绩"，也即总统持有明确坚决立场的提议和政策中，国会通过法律的比例，基本取决于总统所在的政党能否控制国会中的一个或两个议院。1999 年埃内斯托·塞迪略（Ernesto Zedillo）总统、2001 年比森特·福克斯（Vicente Fox）总统和 2008 年费利佩·卡尔德隆（Felipe Calderon）总统的能源改革均以失败告终都因跟议会多数意见不一致。2012 年 12 月 1 日上任的恩里克·培尼亚·涅托总统和革命制度（PRI）党领导人与国家行动党（PAN）和左派民主革命党（PRD）缔结了一项"墨西哥公约"，制定了广泛的经济议程，促进金融、教育、能源、电信和财政通过改革，以重振国家经济。"墨西哥公约"于 2012 年 12 月 2 日正式生效，除革命制度党、国家行动党和民主革命党外，墨西哥城市长、墨西哥 31 个州的州长和墨西哥参众两院的领导人出席了签字仪式。公约包含 95 项倡议，旨在就一系列结构调整达成共识，摆脱过去墨西哥经济增长乏力的局面，其中许多改革需要修改宪法。与 2013 年颁布的其他宪法改革一样，涅托总统在 2013 年 8 月提出的能源改革法案要求在墨西哥国会投票超过三分之二，并得到该国 32 个州（含墨西哥城）立法机构半数以上的批准。如上所述，PRI－PAN 联盟使得 2013 年 12 月批准了关于能源改革的宪法修正案，而事实证明，即使有共识的公约，能源问题与教育、法律和电信改革相比较而言，仍然存在较大分歧，左派民主革命党因反对能源改革而退出了"墨西哥公约"。

总统的职责是为国会立法提出立法倡议。2013 年 8 月，墨西哥总统涅托的行政办公室将包含石油、天然气和电力的能源改革提案提交给参议院联合委员会（能源、宪法事务、第一立法事务），此后，参议院完成此行政倡议的评估，并提出了一套整体的宪法和法律变革提案。该改革提案共有 29 页，前 26 页致力于证明能源改革的正确性，最后 3 页促成参议院遵照的法律和监管条规的修改，主要是对宪法第 27 条和第 28 条的修改。该提案用最简洁的语言，道出了能源改革的核心问题。提交给墨西哥参议院支持能源改革的主要论点如下。

第一，改革不是将国有企业私有化，而是把国家放在主导位置，监督管理国家资源，增强国有企业力量（增强墨西哥国家石油公司和墨西哥联邦电力委员会实力）。

第二，重组墨西哥石油公司和墨西哥联邦电力委员会，使其经济高效，增强竞争力，并规范它们的对外部门；像国家电网和地下石油储备那样，国家会引导它们走向光明的未来。

第三，赋予墨西哥石油公司和墨西哥联邦电力委员会做出战略决策的能力，不改变其作为墨西哥国有公司的性质。

第四，在第三条规定下，墨西哥石油公司和墨西哥联邦电力委员会将能够签订合同、获取执照、达成风险分担协议（利润、生产、服务和其他自由型合同）。为了实现这一目标，能源改革提案对宪法第 25 条和第 27 条做出修改，允许国有企业业务外包。第 28 条将变成这样：石油和天然气将不再是具有战略意义的资源（不受竞争政府规制的约束），并且可以自由地在勘探和油气生产领域进行分包。这一规定首先专门用于墨西哥石油公司（不受新规定限制），其后是公私结合的公司和完全私有的公司，他们都受国家监管。

第五，调整财政制度，针对版税、风险分担合同类型和如何处理所得税，明确界定能源改革的规则。

第六，墨西哥石油公司仍然是一家国有公司，但具有以市场为导向的安全治理模式。这能增强它的经济效益，做出更明智的决策；并与私营石油公司和国际上的石油公司共享项目和决策。修改宪法第 27 条，赋予除墨西哥石油公司——一家财务状况紧张并且没有专长的公司以外的其他企业以开采权。拟议的能源改革方案强调在深水和页岩矿床勘探方面的技术转让和专业知识。

第七，在下游领域（所有石油衍生品）中，能源改革计划为私人参与石油、石化、汽油、天然气和基础设施项目打开了市场，增加了公司内部的控制渠道和外部的法规监管。

第八，与国际上其他能源公司类似，该倡议强调墨西哥石油公司的新财政制度没有对股权增加国际金融市场安全治理的便利性进行评估。然而，提案中提到减少交税的巴西石油、哥伦比亚国营石油公司和挪威国营石油公司在其主要金融市场（主要在美国）上市，并且可以将利润用于再投资或创建基金（红利也可进行再投资，而不是按资助法——《权利法》向联邦政府义务交款）。

第九，该提案授权参议院，提高与其他利益相关者管理证书和合同的监管能力和权利；提高国家碳氢化合物委员会进行石油勘探和生产交易的许可和合同的监管能力和权利；提高能源管理委员会的燃气和电力许可的监管能力和权利；提高能源部制定能源计划和政策的能力；确定石油勘探的监管能力和权利；提高墨西哥石油公司财政部财政治理和推出一个新的财政体制的监管能力和权利。

4.3.3　行政机构能源政策的制定权限与制度设计

政策的执行是政治以其他方式的延续。一旦国会批准能源法案，新的监管框架将开始构建和运行，管理当局将制定一套指导方针、指示、决议和规范来落实政策推进能源改革。国会通过法案并经总统签署之后，政策的制定并没有结束，而是从国会转到了行政官僚结构——政府部门、各委员会和局。宪法没有赋予行政机构决定政策问题的权力，然而，行政机构却在履行执行政策的任务。行政机构制定规则是政策制定过程的核心。政策的执行设计为执行立法机关所确定的政策而设计的所有活动，这些活动包括设立新的组织机构或者给现有的机构分配新的职责。这些机构必须把法律转化为可操作的规则和制度。

随着社会规模的不断扩大以及各项发展改革事务复杂性的增加，官僚机构也提升了其在政策制定与实施过程中的作用。官僚在执行政策的任务中也制定政策——制定规章制度、判决案件、行使他们的裁量权。对官僚机构扩张的标准解释是，国会和总统没有时间、精力和技术专长来仔细考虑能源产量、能源价格、税收、就业机会、环境保护以及政府在能源治理中所面临的许多其他方面的细节问题。官僚机构接收的只是国会法律中宽泛的、原则性的政策导向，他们必须自己来决定政策的重要细节。官僚机构的行政权握着纸、握着笔，甚至掌握签署合同房间的钥匙。这也意味具体的能源政策实际上是由墨西哥能源部、财政和公共信贷部、环境与自然资源部、国家碳氢化合物委员会以及其他行业机构来制定和实施的。

2013 年墨西哥综合改革开放了能源部门，并调整了其监管机构的作用和职能（见图 4.11）。国家碳氢化合物委员会和能源监管委员会从政府实体过渡到完全独立的监管机构；与此同时，能源部和财政和公共信贷部的角色进一步从能源政策制定和新治理结构的财政要素方面进行界定；环境与自然资源部被定为支持新成立的监管机构（ASEA）负责监督碳氢化合物开发的所有环节的环境和安全问题，然而 ASEA 并没有获得改革给予 CRE 和 CNH 的独立程度。重组还包括能源领域的两家国有企业 PEMEX 和 CFE 的转型，这两家企业的改革被称为一种新的准政府结构，称为生产性国有企业。

SENER 是政府的主要能源决策机构，负责制定所有领域的能源政策，此外还负责确定哪些油气田将被拍卖，并负责设计合同和招标条件。SHCP 负责

内阁级部门

财政和公共信贷部
（SHCP）

负责确定石油合同的财
政和经济条件，并确定
其他投标变量和石油产
品的价格范围。

墨西哥能源部
（SENER）

负责制定能源行业政策

环境与自然资源部
（SEMARNAT）

负责监督环境保护和工
业生产安全

独立的监管机构和运营公司

国家碳氢化合物委员会
（CNH）

监管碳氢化合物上游活动，
进行投标和管理石油合同。

墨西哥国家石油公司
（PEMEX）

生产性质的国有
石油天然气公司

能源监管委员会
（CRE）

监管电力和碳氢化合物中
游与下游活动

联邦电力委员会
（CFE）

生产性质的国有电力公司

图 4.11　墨西哥能源部门的主要机构

资料来源：国际能源署：《墨西哥能源展望（2017）》（Mexico Energy Outlook 2017）。

制定石油合同的财政和经济条款，以及一定范围的石油产品价格。SEMAR-NAT 主持新成立的监管机构 ASEA，负责监督整个碳氢化合物产业链的环境影响和运营安全。与此同时，CNH 作为一个新成立的独立监管机构，负责监督油气行业所有上游活动，并进行公开招标，管理和监督上游油气合同。CRE 是最成熟的监管机构，成立于 20 多年前的电力行业市场改革期间，负责监管电力行业，监督碳氢化合物中下游业务以及产业链的各个环节。

墨西哥能源改革在改革的进程当中，面临着相关政策和监管机制调整带来的挑战。法律与法规之间需要适当的平衡，监管提供了必要的灵活性，以适应不断变化和不可预见的情况。但是，法规必须具有坚实的法律基础，使其具有可执行性。所有这些初步工作只是漫长旅程的开始，需要精心设计的战略，更重要的是贯彻和执行。

第 5 章　墨西哥 2013—2018 年能源改革分析

在第 4 章对墨西哥能源战略和能源政策演变进行了详细分析之后，本章接下来对墨西哥具有里程碑意义的 2013—2014 年能源改革进行全面分析，理解墨西哥能源部门历史监管变化及其影响，分析能源改革的动因、目标与改革取得的成果与不足，并展望墨西哥能源改革的发展趋势。

5.1　墨西哥 2013—2014 年能源改革概述

能源部门一直是墨西哥经济发展的推动力。然而，由于缺乏活力、技术和投资，墨西哥的石油产量在近十几年里有所下降。墨西哥能源部门在其历史上发生了巨大的变化。2013 年 12 月，墨西哥国会通过宪法修正案，结束了墨西哥国家石油公司（Petroleos Mexicanos）长达 75 年的垄断。改革开放了能源行业。它的明确目标是通过以竞争力、开放性、可持续性和透明度为支柱的动态能源模型吸引投资并使能源部门现代化。改革给墨西哥的能源消费、贸易、生产和监管政策带来了重大变化。

5.1.1　墨西哥能源改革概要

2013 年，能源改革是总统恩里克·佩尼亚·涅托推行政府广泛的结构和制度改革方案的一部分，通过《宪法》第 25 条、第 27 条和第 28 条的修正案以及 21 项二级法律的发布，旨在通过提高效率和生产力来推动墨西哥经济和社会现代化，并推动长期增长。石油生产几十年来一直是政府预算收入的主要来源，由于投资不足，其产量正在下滑，电力供应效率低下也导致生产成本上升，损害了行业竞争力。能源供应结构严重依赖化石燃料，加剧了当地的空气污染，与国家气候政策目标不一致。能源改革加强了墨西哥国家石油公司和联邦电力委员会经营自主权，以使该国具有竞争力，通过这种组织范式转变，国家将能够满足在石油、天然气和电力方面的战略性需求，确保其为国家带来更大的经济利益。此外，有更多的权力下放给监管机构，国家碳氢化合物委员会和能源监管委员会将拥有自己的法人资格、管理和技术自主权以及预算独立。为了确保透明和高效率的管理，墨西哥设立了墨西哥石油基金，促进行业的稳定和发展。该基金将为教育、科学技术、可再生能源等方面的发展提供支持。此外，改革引入外国的大量投资和最先进的工业技术和知识，探索墨西哥巨大的深水和页岩资源，提高能源产量，逐步减少排放到大气中的污染物以应对气候变化，减少环境风险。这些变化将使该国能够为国民的利益最大限度地利用其丰富的资源。

改革改变了墨西哥能源行业的治理结构。PEMEX 和 CFE 领域的一些职能已转移到独立的监管机构。改革的范围和步伐对政府机构和监管机构的作用施加了巨大压力，需要有足够的资源和专门知识才能有效实施。一个明显的新活动领域是监督和执行竞争。确保 PEMEX 和 CFE 能源安全和能源数据的职责顺利过渡也至关重要。历史上，政府完全依赖 PEMEX 和 CFE 为该国提供碳氢化合物和电力。然而，随着新兴市场参与者和新监管机构发挥越来越大的作用，需要界定政府和行业参与者之间的责任分工，以保持对紧急情况的规划和应对能力（见图 5.1）。改革打开长期封闭的石油、天然气和电力行业竞争，将促进石油生产，增加电力部门可再生能源的份额，提高能源效率，减缓二氧化碳排放增长。在没有这些能源改革的情况下，石油生产将进一步下降，电费将会更高，家庭支出也将受到打击。国际能源署在 2016 年预测，如果不实施改革，到 2040 年墨西哥的国内生产总值将减少4%，导致经济总量累计损失1万亿美元。

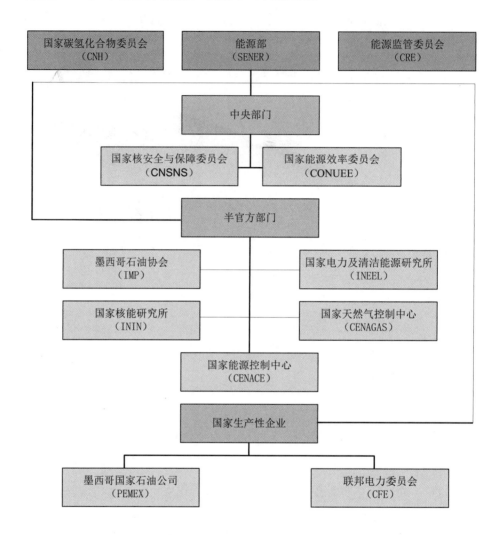

图5.1 墨西哥能源部门治理结构

资料来源：墨西哥国家能源部，https：//www. gob. mx/cms/uploads/attachment/file/255394/5_ Informe_ SENER. compressed2. pdf。

5.1.2 能源改革的尝试

恩里克·佩尼亚·涅托（2012—2018）并不是第一个试图改革墨西哥能源部门的总统。卡洛斯·萨利纳斯总统（1988—1994）执政期间，试图使该部门现代化，并增加私人参与，虽然最后萨利纳斯未能开放碳氢化合物部门，但是他成功通过了 1992 年的《电力公共服务法》，允许私人参与发电。后来证明，这次改革对帮助墨西哥满足日益增长的电力需要和为私营企业提供更加廉价的电力和清洁能源至关重要。更为重要的是此次改革强调了电力和石油政治的敏感性完全不同。1999 年，埃内斯托·塞迪略总统（1994—2000）试图进一步推进改革。他提议对《宪法》第 27 条和第 28 条进行改革，以使私营部门在电力部门以外有更大的投资机会，特别是私营部门参与石油勘探、生产和加工。这一提议是在墨西哥政治存在严重分歧之际提出来的，因而遭到了民主革命党和国家行动党的强烈反对，以至于埃内斯托·塞迪略总统放弃了自己的计划。比森特·福克斯（2000—2006）的政府也试图向私人投资开放石油领域，尽管革命制度党的一些人支持他的提议，但在民主革命党和许多革命制度党议员拒绝了他进一步开放电力行业的企图后，比森特·福克斯同样不愿提出更有雄心的石油和天然气自由化提议。这三次早期的努力表明，墨西哥政府传统上认为，试图进一步开放电力行业的做法，可能会成为向私人投资开放碳氢化合物行业的棘手问题的后门。然而，墨西哥政党政治和意识形态的深刻分歧阻止了这些尝试的进一步发展。

2006 年 12 月，费利佩·卡尔德隆（2006—2012）在前任比森特·福克斯（2000—2006）手下担任了一段时间的能源部长。他清楚地意识到，国家石油公司的产量和预算数据存在不详的迹象。到比森特·福克斯（2000—2006）政府结束时，PEMEX 的深层次问题（从技术到金融、从根深蒂固的腐败到劳工问题）已成为国家的当务之急。PEMEX 和墨西哥石油生产面临迫在眉睫的危机，国家能源部强而有力的数据表明，如果不采取有效措施阻止墨西哥石油产量下降，墨西哥在不久将成为石油净进口国。认识到这些问题后，费利佩·卡尔德隆总统和他的能源工作小组在 2008 年与国会领导层合作，制定了一套立法倡议计划通过该方案。从一开始，左翼的民主革命党就发起了声势浩大的抗议活动反对改革。来自民主革命党根深蒂固的反对，以及革命制度党的民族主义倾向，意味着宪法改革的投票要求国会两院三分之二的多数席位和州级立法机构的多数席位通过是不可能的。相反，费利佩·卡尔德隆和他的团队决定提出一项立法方案，重点改革墨西哥国家石油公司，以及促进使用可再生能源的新法律。2008 年 3 月，墨西哥能源部和墨西哥国家石油公司就 PEMEX 面临的问题发表了一份 130 页的调查报告，2008 年 4 月 8 日，费利佩·卡尔德隆总统向国会提交了一份立法方案。在最初的提议中，卡尔德隆总统寻求了一个框架，这个框架本可以进一步开放碳氢化合物，让私人参与进来。提案措施包括允许 PEMEX 进入合资企业与外国公司共同勘探和生产，并允许私人公司建造和运营炼油厂、管道和存储设施。提案还包括为 PE-MEX 打开新的资本来源——墨西哥公民债券，允许墨西哥公司和公民通过墨西哥的金融市场投资石油部门。2008 年 10 月，经过讨论修订，墨西哥国会最终批准了一系列旨在改革该行业的措施，立法计划的核心部分集中在需要创建一个更加现代的国家石油公司，使其可以雇佣外部公司来帮助生产石油服务合同所谓的激励契约。同时，加强对可再生能源的投资。新法律规定了一系列透明度措施，并重组了 PEMEX 管理层。同时，成立了上游监管机构——国家碳氢化合物委员会。2008 年能源改革的一个关键因素是允许 PEMEX 开展基于合同的开发和竞标。根据改革措施，新的合同模式使墨西哥国家石油公司的服务合同更加灵活，以更高的报酬来提高公司业绩。但最终，墨西哥国内外投资者对这种形式的合同并不感兴趣，改革后的外资投资总额和对国家石油产量的影响微不足道。2008 年的能源改革虽然引起了墨西哥人和外国投资人的极大期待，但并没有达到要求从而修改宪法或打破墨西哥政府垄断碳氢化合物和电力的根本改变。

5.2 墨西哥能源改革的动因解析

在墨西哥革命（1910—1917 年）之前，波菲里奥·迪亚兹总统统治时期，外国资本是墨西哥石油工业的主导力量，当时的法律鼓励私人投资并拥有油气资源，承认国外投资的所有权。即使在 1911 年迪亚兹政府被推翻以后，在墨西哥的私人石油公司仍然可以像以前一样自由经营。1917 年，墨西哥颁布新宪法，规定土地及其附属资源归国家所有，20 世纪 20 年代，墨西哥成为世界第二大石油生产国。由于墨西哥民众对外国公司拥有石油所有权不满，1938 年墨西哥总统、革命制度党领导人拉萨罗·卡德纳斯宣布将国内油田和油井全部收归国有，并为外国公司提供相应的赔偿，以便继续与英、美石油公司保持关系，避免他们从墨西哥撤资而造成经济的重大损失。1938 年和 1940 年，墨西哥对其宪法第 27 条和 28 条进行了修改，规定国家完全拥有所有地下资源和与第三方签署合同勘探开发碳氢化合物的权利；允许第三方开展石油精炼、管道铺设和石油销售的活动。拉萨罗·卡德纳斯总统平衡了国家和私人的利益，让外国的资本、管理和生产技术继续为墨西哥服务。1960—1983 年，墨西哥增加了对宪法第 27 条和 28 条的限制性规定，使 PEMEX 享有独有的权利去管理整个石油行业，禁止与第三方签订任何合同。2008 年，宪法再次被修订，私人投资被允许进入石油部门的服务行业，但石油和天然气的勘探和开发仍然被禁止。同时，新成立国家碳氢化合物委员会，以加强对碳氢化合物勘探、生产、运输、仓储和销售的管理和监控。

近 20 年以来，墨西哥经济表现不佳，20 世纪六七十年代，墨西哥经济一度保持近 7% 的增长率，而目前该国经济平均增长率为 2%，同时，由于税收不足，对公共物品的投资严重不足，国家金融衰退而政府过分依赖能源收入，这显然不利于能源部门的发展。石油生产和出口都在减少，天然气产量停滞不前，燃料进口不断增加，因此，对能源治理模式进行改革是墨西哥近三届政府一直试图推进的工作。

5.2.1　经济因素

（1）PEMEX 缺乏发展资金和技术。2013 年墨西哥能源改革法案提出要开放对石油产业的上游投资，以抵消石油产量的下降。在过去的十年中，墨西哥的石油产量下降了近25%，主要原因之一是公司销售收入上交联邦政府，PEMEX一直无法增加其勘探和生产的预算。而对于两个特别重要的非常规开采的油气资源——页岩天然气和深海石油资源，就目前PEMEX的技术、运营管理水平和资金而言，还没有能力开发和有效利用这些资源。目前，PEMEX每年需要在上游投资约250亿美元，然而为探索和开拓新的能源领域，尤其是在深海和非常规资源方面，年度总支出估计需要600亿美元。

近十年来，墨西哥石油产量逐年下降，亟须扭转这种不利趋势。在这样的形势下，新能源改革法案能吸引私人资本、国外资金和技术的参与，加大对油量丰富的深海区和页岩气资源的开发和利用。目前，墨西哥还是能源净出口国，如果原油生产持续下降的趋势不改变的话，在不久的将来，墨西哥很有可能成为能源进口国，能源改革就是为了避免这种结果。再从长远来看，墨西哥石油行业的发展状况将取决于尚未开发地区的深海油气资源。据估计，当前，墨西哥石油产量中的74%是从近海油井中生产的，而从深海油田的开发可以提高37%的石油总产量。因此，吸引外资，引进石油开发的资金和先进技术，是墨西哥能源改革的主要原因之一。

（2）PEMEX税费负担过重。尽管墨西哥是一个主要的石油出口国，但它并没有受到"资源诅咒"的典型影响。石油占国家出口总额的比例在1982年达到巅峰，为77%，此后一直稳步下降，1988年降到40%，1993年降到15%以下，如今石油占出口总额的4%左右。墨西哥对国有石油公司所贡献的联邦预算的依赖是真实存在的，在许多方面，石油一直是国家财政部的经济生命线，使历届政府得以避免必要的税收和财政改革。这种依赖延伸到市和州，这些市和州依赖联邦转移支付给他们预算。其每年缴纳的税费比例是以它的销售收入而不是净收益为基础来确定的。PEMEX的纳税支付总额往往超过其净收入，这种情况在世界大石油公司中绝无仅有。墨西哥石油出口收入只占该国出口总收入的13%，但其缴纳的税费却占国家财政收入的32%。PEMEX所缴纳的税费是其他一般私人公司的4倍，它把总收入的 60% 交给政府，这意味着从资金层面而言，PEMEX 的再投资计划几乎不可能实现，而政府财政预算收入的近 40% 依赖 PEMEX 的纳税。墨西哥政府难以削减用于福利和教育等部门的经费去为 PEMEX 的发展再投资，减少政府对 PEMEX 财政依赖的税费改革也没有得到社会普遍的支持，沉重的税负让 PEMEX 举步维艰。

（3）高额的燃料补贴。在能源改革之前，燃料零售价格受政府控制并涉及高额的补贴，这对 PEMEX 产生了巨大压力。有限的国内生产增加了对进口燃料的依赖。PEMEX 作为唯一的运营商，负责不惜一切代价满足国家需求，甚至损害其自身的财务状况。满足国家需求意味着 PEMEX 没有富余资金投资该行业其他部门，包括存储基础设施和运输管道。大多数汽油和柴油都是用卡车运输的，墨西哥平均只维持三天库存，使供应安全面临风险。能源垄断模式也使燃料零售业运行状况不佳，加油站的数量并没有随着需求的增加而增加，提升服务质量和增加加油站数量的机制效率低下。在这种情况下，墨西哥迫切需要建立一个新的框架，为国家和私营公司在价值链上的参与创造空间，使最终用户和消费者受益。PEMEX 需要灵活地建立合作伙伴关系，使公司能够满足国家需求，同时以市场价格提高石油产品供应的安全性。

此外，20 世纪 90 年代，墨西哥联邦政府实施财政紧缩计划，PEMEX 得到的拨款相应减少，公司为了基础设施建设及其维护而不得不进行贷款，这对 PEMEX 来说更是雪上加霜。贷款增加了公司长期债务，并威胁到公司的债务偿还能力。资金紧缺的直接后果是在过去 20 多年中造成公司钻井数量日趋减少，并导致墨西哥石油产量逐年下滑。

5.2.2　制度因素

制度因素主要表现为以下三个方面。

（1）国家石油公司预算过程效率低下。作为一家国家石油公司，PEMEX 既不能掌控它的收入，也不能制定它的纳税标准，收入和税率都由联邦政府决定。而且，联邦政府在很大程度上决定了 PEMEX 如何分配石油及其产品的勘探、开发、生产、出口、炼油和汽油等环节的收益。按照现有的制度安排，PEMEX 财务部门把财务预算提交到国家能源部预审，然后到国家财政部预审，最后提交至墨西哥国会。而在一般情况下国会不可避免地会对财政预算进行相应的调整，然后依次通过财政部和能源部返回到 PEMEX。这样繁杂的过程年复一年，严重制约了公司的运营效率。

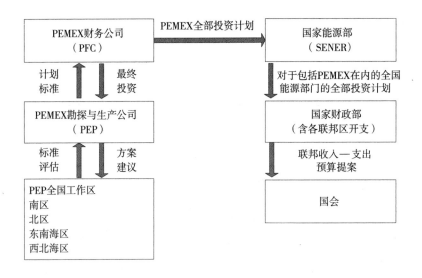

图 5.2 墨西哥国家石油公司投资计划循环图

资料来源：Moroney，John R.，Flory Dieck – Assad，Energy and sustainable development in Mexico，Texas A&M University economics series；No. 16，p. 28.

从图 5.2 可见，整个投资审批过程从 PEMEX 财务公司开始，制定标准计划，传达到勘探与生产公司（PEP）进行方案评估，勘探与生产公司再把方案下发到全国的四个工作区，四个区的官员依据投入标准对勘探和生产方案制定年度计划，完成后再向 PEP 提交方案建议书，PEP 再次审核方案，然后把全部的投入计划方案提交 PEMEX 财务公司。PEMEX 财务公司审核全部投入计划方案（包含 PEMEX 所有子公司）后再将方案提交能源部，能源部依次向 PEMEX 财务公司反馈对方案的建议并协商调整经费预算。财政部再将划拨到具体项目的经费和联邦收入分配方案提交给国会。分配方案对每个项目计划命名并明确预算。一旦国会通过了全年完整的财务预算，将通知财政部，再由财政部通知能源部。最终，能源部向 PEMEX 财务公司传达被通过的计划列表。这个投资审批过程十分的繁杂冗长。对于已经审批过的明确的项目计划和方案，如果 PEMEX 希望从一个项目到另一个项目的投资进行变动，上述的协商过程还要再完整地重复一遍，导致高昂的时间成本。一旦 PEMEX 收到被批准的明确方案，投资计划将要被不折不扣地执行。因此，墨西哥国家能源部和 PEMEX 希望通过改革，获得重要投资方案的审批优先权和自主权。

（2）腐败制约发展。腐败问题是国有垄断企业较为普遍的问题。PEMEX 也面临着较为严重的腐败问题，在墨西哥媒体上会经常见到关于 PEMEX 的贿赂、欺诈和挪用公款的报道。腐败现象的发生在某种程度上是由过分的政治干涉所致，但更为重要的是，政府或者公司有关治理制度没有起到应有的监管作用。在 PEMEX 内部，腐败现象屡见不鲜，从私下为运载精炼石油产品的货船装更多的产品，到采购物资收取回扣，到为政治活动挪用资金，再到公司内部截留和挪用资金等。另外，墨西哥长期以来存在的燃料盗窃也与腐败高度相关。2019 年 1 月，墨西哥伊达尔戈州（Hidalgo）的输油管道发生爆炸后，总统奥夫拉多尔指出，近 20 年来，PEMEX 前董事已经知晓公司员工直接参与了燃料盗窃，大多数盗窃事件涉及政府和石油公司当局，大约 80% 的燃料盗窃是通过 PEMEX 员工参与的分销网络从 PEMEX 管道设施内部进行。腐败问题严重制约了 PEMEX 的发展。

（3）机构臃肿和长期垄断导致缺乏竞争力。2013 年，PEMEX 共有员工 154774 名，而世界上最大的埃克森美孚石油公司员工也不到 100000 名，PE-MEX 需要承担巨额的养老金。工会机构臃肿、懒散，上游勘探和生产公司的工人人浮于事，基层管理者还要面对管理的官僚作风。由于政府对 PEMEX 长期存在民族主义的保护政策，宪法授予它在国家中的垄断地位。因此，PE-MEX 基本没有向研发投入经费，导致 PEMEX 在全球市场中因缺乏技术创新而不断丧失企业竞争力。

5.2.3 社会因素

（1）资源民族主义思想盛行。墨西哥石油、天然气和电力部门的地位超过国家其他经济和科技等部门。1938 年墨西哥总统，革命制度党领导人卡德纳斯在国内掀起的民族主义运动中，向平民重新分配土地和财富，并于 3 月 18 日签发《没收石油公司财产法令》宣布石油收归国有。此次变革影响深远：能源在国家宪法中明确规定为战略行业，不得对外国人开放。这一历史性决定使得墨西哥国民对国家石油有了主人翁的意识，也是他们强烈地希望墨西哥国家石油公司继续掌握在国家手中。为此，每年 3 月 18 日被定为墨西哥的法定全国性节日，政府雇员和学校放假，教科书将石油征收描述为国家主权行为。20 世纪墨西哥伟大的艺术家 Diego Rivera 和 David Alfaro Siqueiros 在墨西哥城市政大厅作画，将石油视为墨西哥民族现代特征的象征。事实上，墨西哥国家石油公司已经成为这种民族主义热情的真实体现。石油、墨西哥国家石油公司和国家主权之间有着错综复杂的联系。在墨西哥，石油不仅是一种碳氢化合物，而且是主权的基本要素，具有"准宗教"意义，石油是国家 DNA 的一部分。这一政治真理限制了私人，尤其是外国公司对该国石油工业的投资，以至于影响了国家巨大的石油资源潜力和国家石油公司的发展。石油产业在墨西哥民众心目中具有强烈的"民族主权"的地位，20 世纪 90 年代历次能源改革中，石油行业的改革一直未能得到国会的通过，很多民众认为"私有化"是一个肮脏的词，改革是对国家利益的出卖。资源民族主义在墨西哥盛行，且从深层次阻碍着墨西哥能源改革进程。

（2）提升就业率的需要将对有关政策改革产生重要影响。随着外资进入能源行业，将会创造更多工作岗位。墨西哥政府在其《国家能源战略 2014—2028》中估计，到 2018 年，能源改革有可能推动国内生产总值增长 1% 左右；到 2025 年，这一数字可能上升至 2%。与此同时，能源改革的推行还可以在 2018 年前为墨西哥创造 50 万个新的就业岗位，到 2025 年则可新增 250 万个就业机会。

此外，美国的能源形势正在发生变化，并正逐渐减少从墨西哥进口原油。受益于页岩气革命的影响，从 2008 年起美国原油产量大幅提升，EIA 报告数据显示，2013 年美国原油产量达到 746.7 万桶/天，增幅超过世界其他地区的增长，达到 24 年来的最高水平，这一增幅是美国历史上观察到的最大年度增幅。美国能源信息署表示，美国原油产量增加主要得益于重油，特别是页岩油产量迅速增长。2013 年 8 月，墨西哥《金融家报》报道，由于美国需求大幅降低，2013 年上半年墨西哥对美国石油出口创近 20 年来新低，墨西哥对美国出口石油 1.48 亿桶，同比减少 16%。美国国内原油产量的提高，导致墨西哥对美国的出口量降低，以至于墨西哥需要寻找新的市场。同时，由于墨西哥能源生产结构的差异，如今墨西哥也越发依赖美国的成品油和天然气供应。在墨西哥西部，管道管制限制了美国廉价天然气的可用性，导致这一地区增加了日本液化天然气的进口量，尽管其价格是美国向墨西哥出口天然气的四倍。很明显，这是因为电力部门和工业（墨西哥经济支柱之一）需要消耗国内大部分的天然气和电力。这使得墨西哥能源经济雪上加霜，政府渴望通过能源改革，改变资金紧张和技术创新动力低下的现状，以提高企业的国际市场竞争力。另外，随着页岩革命的持续推进，非常规碳氢化合物的生产在美国蓬勃发展，开发墨西哥湾深水可用资源让墨西哥的自我封闭的障碍越发明显。来自世界各地的跨国合作伙伴，已经在美国陆地和墨西哥湾海上边界附近钻探并发现了大量的石油储备，而墨西哥却被排除在外引发了改革派的积极行动。此前，巴西和哥伦比亚石油部门成功进行了改革，也从外部激发了墨西哥政府实行能源改革的决心。巴西模式是墨西哥政府效仿和改进的一个例子。与墨西哥一样，原油的勘探、开采和加工由国有公司 PETROBRAS 进行，该公司拥有 40 多年的垄断地位。1995 年巴西国会批准了宪法修正案，旨在吸引能源部门尽可能多地吸引投资开发巴西能源行业。石油领域全面开放，允许私营部门进行石油和天然气的勘探、开发、加工生产和进口活动。这项改革吸引了相当多的外国公司，如壳牌等，而且改革后的 PETROBRAS 被允许以与私营公司相同的方式运营，但在巴西私人投资多数控制权由国家控制。因此，巴西的国家石油储量增加，实现了石油独立，国家供应量有史以来首次超过国民消费量。经过一系列改革，巴西石油公司充满了生机与活力，巴西的石油产量迅速增长，自 2011 年以来，巴西成了石油净出口国。同样，由于需要增加石油产量，哥伦比亚引入了能源改革。这项改革于 2003 年 6 月获得批准，将哥伦比亚石油公司（ECOPETROL）分拆，改组其结构，并成立了国家碳氢化合物管理局（ANH）和能源促进协会，所有这些都旨在引入哥伦比亚碳氢化合物行业的竞争，吸引外国投资。除此之外，哥伦比亚政府还向外国石油公司提供税收减免等优惠政策。2005 年以来，哥伦比亚的产油量翻了一番。巴西和哥伦比亚并没有割让国家石油公司的利益，而是通过改革，创新企业运营模式，吸引外国投资，通过独立的行业监管，进一步加强了政府对能源行业的控制，两国政府控制着主要公司的所有权。同为拉丁美洲大国，巴西和哥伦比亚对石油的成功改革也让墨西哥看到了希望。

5.3 墨西哥能源改革的目标与内容

5.3.1 改革的主要目标

在过去 80 年的大部分时间里，墨西哥的能源部门与在整个价值链享有垄断地位的国有企业一样，都是由墨西哥国家石油公司负责上游、中游和下游的油气业务；联邦电力委员会负责发电、输配电和销售（1992 年第一次允许私营部门通过独立的项目参与发电，这些项目根据长期合同将其电力出售给 CFE 或专属工业客户）。能源部门的改革一直是近几届政府的夙愿，2013 年能源改革的总目标是建立一个持续、有效率、透明的能源部门，以从国家巨大的碳氢化合物资源中获得利益，同时鼓励低碳增长（见表 5.1）。

表 5.1　　　　　　　　　　墨西哥 2013 年能源改革目标

序号	改革目标
1	保留国家对墨西哥境内碳氢化合物的所有权
2	在不对 PEMEX 或 CFE 进行私有化的情况下实现能源部门的现代化和强化。这些富有成效的国有企业将保持 100% 的属于墨西哥
3	使国家能够专门行使国家电力系统的规划和控制，以获得有竞争力的系统，以降低电力价格。以更低的价格获得更多的能源供应
4	确保效率、透明度和问责制的国际标准
5	有效打击能源部门的腐败
6	通过建立墨西哥稳定与发展的石油基金，为子孙后代造福，加强长期储蓄
7	促进企业发展、承担社会责任和保护环境
8	吸引对墨西哥能源部门的投资，以促进国家和能源行业的发展
9	减少勘探、开采石油和天然气的财务和环境风险
10	减少使用可再生能源发电项目发展的障碍，并确定温室气体低排放的能量转换

资料来源：Official website Gobierno de la Republica. Reforma Energética。

　　这些目标本身除了促进国内公司的发展外，还可以保证能源和经济向全国范围的资源流动，改革带来的变化和更大的影响范围将产生良好的社会效益。能源部门是跨越社会和经济发展最重要的媒介之一，在和谐的经济增长中，丰富的能源、竞争性、多样性和质量影响着财富的生成和社会包容。

5.3.2　石油和天然气行业改革

　　（1）改革内容。为彻底改革停滞不前的能源产业，2013 年 12 月，墨西哥政府通过了国内最重要的能源改革法案，修改宪法第 25、27、28 条。该修正案旨在石油产业的上、中、下游以及发电、输电、配电等部门引进私人投资，促进能源企业的现代化，从而在能源产业中促进竞争机制建立。

该项法案将新的石油合作协议合法化，墨西哥油气资源开发合作（见图5.3）具体包括：特许经营、产量分成、利润分成和服务合同。在此之前，除服务合同外，产量分成、利润分成和外企投资的特许经营都是被明令禁止的。PEMEX将继续保留国有企业形式，但也被赋予更多的财政、管理自主权，与此同时将面临其他公司更大的竞争。能源改革还提出扩大国家能源部和国家碳氢化合物委员会的监管范围，以及建立新的国家行业安全局和环境保护局的要求。减少政府对油气行业的直接干预，代之以通过政府监管实行间接管理，赋予企业经营自主权。此项改革结束了PEMEX在国内石油和天然气行业的垄断地位，能源行业正式向国外投资者开放。此前，墨西哥是世界上能源发展受法律限制最严格的国家之一。墨西哥宪法和法规法律严格限制私人公司参与墨西哥石油产业领域的生产和开发。从生产、精炼到分配和销售的每一个环节，都由PEMEX垄断。

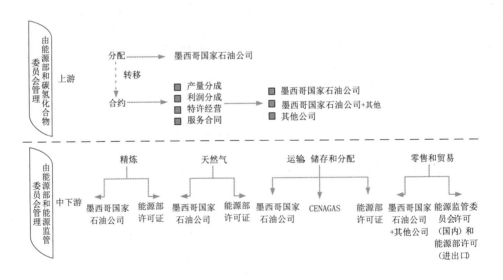

图5.3 墨西哥油气资源开放合作示意图

资料来源：国际能源署。

2013 年 12 月 12 日，墨西哥国会批准能源改革，2014 年 8 月，国会参众两院先后批准了 9 部相关法案，对 12 部法案进行了修改，对 PEMEX 重组、油气合同及监管体制等改革事项做出明确立法（见表 5.2）。墨西哥 2015—2018 年向国外公司招标，提供区块开采油气资源。首先，改革确保国家能源安全，PEMEX 始终保持油气产业的主导地位。政府继续发挥国家在保障能源安全方面的角色和作用，结束对 PEMEX 的控制，提升该公司的产能、效率和国际竞争力，进一步强化政府作为石油天然气资产持有者和石化产业监管者的地位。能源改革后，政府不再是能源唯一的经营者，政府更多的是发挥监督监管职能，以确保国家能源安全。其次，此次改革为私人投资和开发活动奠定了基础，为墨西哥提供了增加原油储量和石油产量的机遇，也为墨西哥创造了更多就业机会。最后，通过能源改革，墨西哥政府财政收入将更趋多样化，财政收支结构将更趋合理，政府对 PEMEX 收入的依赖性也会相应降低。未来，虽然政府从 PEMEX 获得的收入会相对减少，但政府也不再需要财政拨款用于油气资源的开采投资。政府还可通过向私人资本和外国能源投资者征收特许经营使用费、产量分成、利润分成、服务费和油气资源税等，带来更为广泛的经济效益。

表 5.2　　　　　　　　　　墨西哥能源改革批准、修订的法律

领域	新法律	修订法律
碳氢化合物产业	1. 油气法	1. 外国投资法 2. 矿业法 3. 公私合营法
电力产业	2. 电力产业法	
墨西哥国家石油公司、墨西联邦电力委员	3. 墨西哥石油公司法 4. 联邦电力委员会法	4. 联邦准国有机构法 5. 公共领域采购、租赁和服务法 6. 公共工程及相关服务法 7. 公共债务一般法 8. 联邦预算和财政责任法

续 表

领域	新法律	修订法律
碳氢化合物收入	5. 油气收入法	9. 财税协调法 10. 联邦权利法
产业安全和环境保护	6. 全国油气领域产业安全和环境保护局法	
能源部门监管机构	7. 能源领域协调监管机构法	11. 联邦公共管理机构法
墨西哥石油基金	8. 墨西哥石油稳定和发展基金法	
地热资源	9. 地热能源法	12. 国家水法

资料来源：墨西哥国家能源部。

（2）与石油行业相关的政策。墨西哥的石油政策主要来自三个国家战略：国家发展计划、部门能源计划和国家基础设施项目计划（见第4章能源安全战略部分）。这些计划与改革立法相联系，旨在加强石油部门的发展。此外，勘探和开采活动根据五年计划进行，在不同的招标范围内设立招标区域。正在进行的墨西哥能源改革开放石油投资法律框架，直到2013年，它是世界上最具限制性的石油投资法律框架之一。在保持对碳氢化合物的国家所有权根深蒂固的概念的同时，新的法律框架使国家在几十年里第一次建立并授予合同，来吸引外国投资，以不同形式的合同来对应不同的风险。所有合同都将通过由能源部制定的五年计划中确定的区域竞标过程获得。随着2017年价格逐步放开，燃料市场将面临竞争，为PEMEX保留的进口和分销领域，已经向私营企业开放。近年来，墨西哥作为世界主要石油生产国和出口国之一的长期地位已经减弱，因为石油产量已经从2004年的每天380万桶的高峰下降到2017年的222万桶/日。天然气产量也在下滑，因为大部分生产与石油相关，现在进口量已经达到近50%的天然气需求。产量下降与PEMEX资本支出资金短缺相关，因为资本支出减缓了成熟领域的下滑速度，或者开发了新的资本支出。众所周知，PEMEX没有技术能力从深水和页岩资源中进行勘探生产，也无法提供满足该国石油产品需求所需的炼油能力。

能源改革结束了国家对石油和天然气生产的垄断，尽管如许多国际能源机构国家一样，它保持了国家对碳氢化合物资源的不可分割的所有权。2015年开始的一系列投标回合是将石油和天然气行业开放给私人投资，使得 PEMEX 将其资源和专业知识单独集中在较窄的项目或与外资企业合作。国际能源署认为，这一新的投资不仅将有助于缓解墨西哥石油生产在传统浅水地区的产量下降，也将有助于在深水区推出新项目，开发新的陆上资源，包括紧密石油。新进入者将为上游行业带来动力，预计未来几年石油和天然气的产量将再次增长。投资需要扩大石油、天然气管道以及现代化的炼油厂和储存设施。当局还确保第三方获得基本油气基础设施，并澄清基础设施扩建对现有和新客户的费用分配。在墨西哥国内零售石油市场，炼油能力有限和生产生活需求的不断增长意味着墨西哥目前是石油产品的净进口国。自 2016 年 1 月开始，私营企业被允许在零售市场上与墨西哥国家石油公司竞争，4 月起，私营企业无须通过 PEMEX 就可以进口成品油。从 2017 年 1 月起，零售石油市场将比原来宣布的早一年开放，对石油产品的补贴已经取消。

（3）与天然气行业相关的政策。在 2013 年 12 月的宪法改革之后，国会于 2014 年 8 月发布了二级法律，阐明了法律和监管框架，允许私人资本参与墨西哥能源行业的业务活动。这些活动包括天然气勘探和开采，以维护国家对碳氢化合物的所有权。而与天然气行业有关的二级法律是《油气法》和《电力领域协调监管机构法》。新的油气法规范了天然气开采、加工和销售等主要活动。它界定了负责管理价值链中天然气活动的机构的职能以及它们之间的关系。建立了开发、加工和零售的条件。新规定指出，国家碳氢化合物委员会代表国家可以与私营公司就石油的开采和加工（E&P）活动进行谈判，这代表了碳氢化合物勘探和开采以及天然气加工活动的新模式。直到 2014年，酸性天然气的处理只在墨西哥国家石油公司的天然气处理复合体和炼油厂中进行。随着这些变化，墨西哥国家石油公司现在可以和私营企业合作成立合资企业，以促进其基础设施的现代化。石油的开采和加工活动的收入受《油气法》的约束，该法律是 2014 年发布的碳氢化合物法的附则，它决定了勘探和开采合同的类型、条款和权利。

在能源改革之前，自 1995 年以来，根据能源监管委员会颁布的法规，天然气输送由墨西哥国家石油公司掌握，其拥有两个管道系统和若干私营公司。分配只由私营公司在能源监管委员会颁布的若干分销区执行。关于天然气储存，现在只有存储液化天然气（LNG）的设施。迄今为止，墨西哥并没有液化项目。新的油气法规定，以下活动需要监管机构颁发的许可证：运输、存储、分配、压缩、减压、液化、再气化、零售、综合系统管理、商业化以及营销。此外，能源监管委员会还将负责管理和监督对集成系统传输和存储管理，包括国家天然气控制中心管理和运营的国家天然气运输系统和综合天然气存储（SISTRANGAS）。

5.3.3 电力行业改革

（1）墨西哥电力治理体系。墨西哥电力运行体系主要取决于三个政府部门：墨西哥能源部、墨西哥能源监管委员会和墨西哥联邦电力委员会。SENER 监督墨西哥的能源政策，以保证竞争、经济效益和国家发展需要的能源供应。CRE 创建于 1993 年，独立于 SENER 之外，其主要职能是全面监管天然气、电力和液化石油气领域事宜，颁发许可证，促进投资和良性竞争，确保为消费者提供最具竞争力的能源产品价格。CRE 掌控对各州政府、直辖市和其他公共服务用户对电力基础设施建设预算的审批权，同时，CRE 负责确定电力供应和销售的税费。CFE 创建于 1937 年，是国家公共事业单位，负责国家的电力生产、输电和配电，以及管理国家电网。墨西哥《电力公共服务法案》（LSPEE）规定，CFE 必须生产最实惠的电能，墨西哥能源监管委员会的法规规定 CRE 负责督查配电企业提供廉价的电力产品并保持国家电网的稳定与安全。

（2）电力行业改革的主要内容。为彻底改革停滞不前的能源产业，2013年 12 月，墨西哥修改了宪法第 25、27、28 条，通过了国内最重要的能源改革法案。该修正案旨在石油产业的上、中、下游以及发电、输电、配电等环节引进私人投资，促进能源企业的现代化，从而在能源产业中促进竞争机制建立。2014 年 8 月，随着墨西哥能源改革二级法案顺利通过，新《电力产业法》正式开始生效。新的法律允许私人公司（含外资）开展发电、输电和配电以及电力的营销活动。墨西哥修改了法案，以保证国家对电力系统的控制与规划、公用事业输电与配电的运行属于国家专有领域，并将最大程度对私人投资进行开放，以使私人参与电力生产领域。与此同时，CFE 将继续建造新电厂，对电力生产基地进行现代化革新，提升其竞争力。这种前所未有的能源改革为现代化、高效和具有竞争力的电力行业奠定了基础，能够降低整体电力供应成本。该法律建立了市场驱动的规则，以支持最低成本的供应商，对电价施加下行压力，并促进由天然气和可再生能源推动的更高效的发电，而不是由高成本柴油或燃料油供应的发电厂。而在此前，自 1992 年墨西哥《电力公共服务法案》实行以来，私人部门投资被严格限制在一定的发电项目上，私人公司不能参与输电和配电（见图 5.4）。

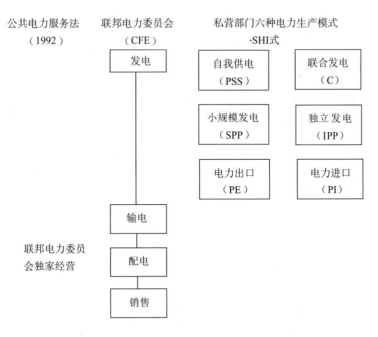

图 5.4　私营部门参与墨西哥电力生产

资料来源：Adriana María Ramírez - Camperos, Víctor Rodríguez - Padilla, Pedro Antonio Guido - Aldana. The Mexican electricity sector: Policy analysis and reform (1992 - 2009). *ENERGY POLICY*, Volume 62, November 2013, Pages 1092 - 1103。

随着对该次级法律的改革，国家能源部负责制定行业政策，能源监管委员会负责对电力行业进行监管。此前隶属于联邦电力委员会的国家能源控制中心转变为一家非中央集权型的联邦政府机构，负责管理和统筹协调国家电力系统，制定电力系统运行的政策、标准和指导方针。CENACE 将保证所有参与者均可不受歧视地自由进入墨西哥的电力传输和配送网络市场。这就相当于有了一个运作电力批发市场的独立第三方，将保证生产者拥有公平自由加入墨西哥电力运输网的权利，这将为拥有高效清洁能源技术的新电站带来更多投资。而此前处于国家电力生产、输电、销售垄断地位的 CFE 将成为新的电力市场的一个竞争者。在此次改革中，同墨西哥国家石油公司一样，联邦电力委员会转型为一家国有生产经营单位，负责提供公共用电的传输和配送服务，法律规定由 CFE 与私营企业签订合同，由私营企业提供技术和经验，以拓展和改进墨西哥的电力传输和配送网络。从这一层面上来看，公平自由进入准则下的电力生产和私人参与输电、配电和电力基础设施发展建设，将大幅度节约电力生产成本、降低电价，增加高效清洁能源在电力产业中的应用。

墨西哥新的《电力产业法》建立了与电力相关活动的法律框架，结构性地改变了全国电力行业格局，开放电力市场，优先考虑可再生能源发电对于墨西哥经济发展具有重要的战略意义。墨西哥的能源改革从根本上改变了由国有的 CFE 垄断建立的电力部门，改革将联邦电力委员会分拆为独立的子公司进行发电、输电和配电（见图 5.5）。CFE 成为一个完全竞争的实体，保留其电厂和传输设施。CFE 目前拥有 9 家子公司，其中 5 家为发电，1 家为独立电力生产商（IPP）合同，1 家为输电，1 家为配电，1 家为基本电力供应（住宅用户）。此外，CFE 还有 4 家附属公司，1 家负责天然气，1 家负责国际事务，1 家负责管理能源改革前签署的互联合同，1 家向资格用户出售电力。作为营利性企业，法律允许 CFE 与私营公司签订协议，他们主要对合资企业感兴趣。它引入了批发和零售市场竞争，这将减少发电成本，从而能够在不明显提价的情况下逐步取消最终用户补贴。与此同时，改革引入了一些机制，以帮助确保投资与快速增长的需求保持同步，并且清洁能源产生的电力份额也将不断增加。

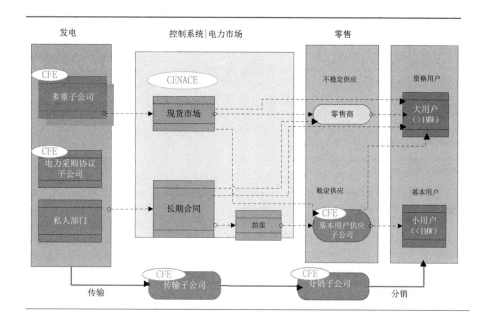

图5.5　墨西哥新的电力产业结构

资料来源：墨西哥能源部、CENACE。

墨西哥正在进行电力行业的历史性改革，从垂直整合的公用事业转向以竞争为框架的市场，以吸引清洁能源投资。2013 年的能源改革从根本上改变了墨西哥联邦电力委员会垄断该国电力行业的局面。2014 年 8 月，作为能源改革的一部分，墨西哥政府颁布《电力产业法》，其改革旨在通过引入批发和零售的市场竞争来加强这一行业。这次改革反过来又会降低发电成本和终端用户的价格，而且在逐步取消终端用户的补贴时不会造成大幅度涨价。

（3）与电力行业相关的政策。改革对墨西哥国有联邦电力委员会而言也存在巨大的挑战。实际上，这家国有垄断企业雇用 92000 人，并且是该国唯一的零售电力供应商。电力改革虽然不是整个能源市场改革中最明显的部分，但预计将使该国的发电效率得以显著提升，还有助于墨西哥实现其能源政策的目标。清洁能源的发展从一开始就成为电力改革的组成部分。在墨西哥，实施脱碳政策已以清洁能源证书配额义务的形式纳入了这场电力市场改革设计之中。这些政策还包括长期合同的竞争性招标，从而用最低的成本达到使用清洁能源的目标。

电力改革的主要动力来自提高效率、解决电价高额补贴和电网损耗等问题，由于技术和非技术性损失，墨西哥联邦电力委员会受到了高成本以及未公开成本和赤字信息的困扰，墨西哥的居民电费没有充分反映 CFE 的电力供应成本。改革已将部分补贴负担从 CFE 转移到财政部，降低电力成本是能源改革的主要目标之一，通过对该部门进行深刻的改组来实现这一目标，以便通过竞争提高效率和降低成本，并减轻 CFE 的补贴成本负担，这场改革正在解决许多问题。这项改革不是第一次将竞争引入电力行业。自 1992 年以来，独立电力生产商已被允许拥有和经营发电厂，并根据长期购电协议将其产品出售给墨西哥国有联邦电力委员会，墨西哥国有联邦电力委员会仍保留其对电力零售业的合法垄断。此外，通过签订长期协议，大规模工业用电者有了可以"自我供电"权力。随着发电、供应以及最终零售电力活动被引入市场竞争，2013 年的改革比以前更加雄心勃勃。从这点来看，改革不仅通过电网、发电和供电，还通过在墨西哥联邦电力委员会之外创建不同的竞争性发电公司来打破墨西哥联邦电力委员会的历史垄断。电力改革依靠多个杠杆在实现既定降价目标的同时促进清洁能源的发展。墨西哥的电力市场改革是 20 世纪 90 年代以来世界上最雄心勃勃、最全面和最完善的改革之一。它从一开始就致力于清洁能源的目标，也得益于其他市场的经验教训，仅在三年内就得到全速实施。

综上所述，墨西哥通过全面的能源部门改革，利用市场力量和吸引新的投资，使其远离原有的垄断驱动系统，以增加市场的透明度，提高能源安全和加强环境的可持续发展。从范围、实施的深度和速度来看，墨西哥的能源改革是长期以来全球最雄心勃勃的能源治理结构的转变，这一转变为墨西哥的能源领域带来了令世人瞩目的进步。2013 年的能源政策改革为振兴能源部门和加强其全球竞争力提供了历史性的机遇，因此，从长远来看，改革使墨西哥从 20 世纪 30 年代设置的模式转变为旨在满足 21 世纪需求的模式。

5.4　墨西哥 2013—2018 年能源改革取得的成果和不足

5.4.1　能源改革取得的成果

第一，2013 年的能源改革法案以及随后的 2014 年二级立法标志着墨西哥能源部门 75 年来的重大转变——走出 75 年以来的常态。特别是，就与墨西哥石油民族主义有关的长期禁忌最终达成了广泛的政治共识。在宪法中加入这一协议有助于使改革合法化，并降低未来扭转改革的可能性。世界上没有一个国家比墨西哥能够更快地完成对能源部门的这种全面转型——修改宪法，通过实施二级立法，创建或重建监管和执行机构。在 2013 年能源改革首次签署成为法律近 6 年来，现有的碳氢化合物发展已处于生产阶段；石油的出口帮助墨西哥增加政府收入，减少其国债，降低天然气和电力的价格；拍卖油气区块可以帮助政府实现许多经济和社会目标，新成立的私营公司大量雇用国民，并帮助减少失业。2017 年 7 月，墨西哥私营部门钻探的第一口海上勘探井发现了石油。能源改革预计将继续吸引新的资本，并增加当地就业和政府收入。正在实现改革目标的能源政策应该能应对可能会出现的政治变革。

第二，采用市场原则和国际最佳做法，明确承诺提供 E&P 区块的透明度，签署长期发电合同以及获得使用管线输送的权力使得改革无可非议。此外还有已经开始的一连串市场机会出现，这些都吸引了广泛的国际和国内投资，使得能源行业急需的资金、专业知识和人才聚集，最终将增加生产量和为政府提供合理多样的财政收入，并推动经济增长。此外，公布碳氢化合物数据是吸引投资的关键。虽然碳氢化合物委员会在 2013 年能源改革之前就已经存在，但是直到 2014 年能源改革二级法案颁布之后，它才被法律赋予掌管数据的权力。CNH 有权以其认为合适的方式透明地收集、管理和披露数据，这已经成为墨西哥吸引投资者的关键营销策略。CNH 打破了墨西哥国家石油公司对数据的垄断。改革邀请第三方和私人公司获取墨西哥油气区块的地质信息，这些公司后来开始向国际投资者宣传这些数据，并最终宣传墨西哥的碳氢化合物资源。随着数据的公布，公众可以监测和掌握整个碳氢化合物的过程和项目价值链。墨西哥所有大学都可以免费获得 CNH 数据，从而促进研究和创新。因此，改革使国家能够监测、控制和促进碳氢化合物的开采和生产过程，消除了公众访问的数据鸿沟，防止了数据黑市，并降低了成本与信息不对称可能造成的损失。

第三，新的体制框架是一个显著的进步。墨西哥开始了一项雄心勃勃的和全面的能源部门改革，利用市场力量和吸引新的投资，远离其垄断驱动系统，从而增加市场的透明度，提高能源安全和加强环境发展的可持续性。从范围、实施的深度和速度来看，墨西哥能源改革是长期以来全球最雄心勃勃的能源治理体系的转变，于 2013 年达到高潮的能源改革发展历程为墨西哥的能源领域带来了令世人瞩目的进步。通过改革，加强国家碳氢化合物委员会和能源监管委员会以及墨西哥石油基金、新的天然气国际标准化组织国家天然气控制中心和国家工业安全和环境保护局（ASEA）的建立，为现代化和迅速响应的监管环境铺平了道路，采用新的体制框架将使改革的利好最大化。

第四，政府将石油资源的财政利益最大化，而私人竞争将实现这一目标。除了改革的深度之外，它的开展速度非同寻常，这有助于增强投资者的兴趣和信心，并在更短的时间内实现收益。截至 2018 年，墨西哥石油领域的开放取得了令人瞩目的成果，在不到三年的时间内，经过两轮拍卖，已有 20 个国家的 73 家企业获得了 107 个石油区块，总计超过 1500 亿美元的计划投资。更值得说明的是油价，全球大宗商品市场尤其是国际石油市场，因其不稳定而无法预测，在全球油价暴跌的背景下，投资者对改革具体实施的问题给予了大量关注，墨西哥能源改革的推进无法回避且必须考虑低油价的因素，而在全球油价持续下跌的强劲逆风面前，改革取得了看得见的成功，取得了至关重要的成绩，墨西哥的石油勘探即便在最具挑战性的环境下也能吸引投资。另外，能源改革带来的机遇大幅增加，使墨西哥成为新的清洁能源投资的主要目的地。从 2016 年到 2017 年，清洁电力投资增长了 6 倍多，达到 62 亿美元。墨西哥的融资环境多种多样，项目开发商、商业银行和开发银行都发挥着重要作用。特别是风能项目在吸引投资方面取得了成功。

第五，取消燃料补贴惠及贫困民众。墨西哥现在汽油价格是由市场而不是由政府决定的，这导致在 2017 年 1 月汽油价格上升，引发了全国各地激烈的抗议活动。然而，这终将是墨西哥最贫穷的公民的利益。补贴汽油价格需要利用税收资金从墨西哥公众中收集，取消补贴释放了更多的收入，政府可以支持最贫困的民众。

第六，改革开放带来整个能源部门的私人竞争，这意味着它也将促使电力和天然气以较低的价格长期为消费者供给。电力工业将通过公共和私人企业在平等的条件下参与电力市场，以具有竞争力的价格提供电力服务的行业和领域，惠及更多家庭提高生活质量。

5.4.2　能源改革存在的不足

从垄断市场转向更具活力的市场很少是平稳过渡的。就此而言，能源改革本身就标志着墨西哥向前迈出了巨大的一步。宪法改革所需的广泛政治共识（墨西哥公约）是一项重要成就，使墨西哥政治得以进行范式转移。但是，改革实施暴露了许多有待解决的法律和监管问题。

第一，改革没有私有化或彻底改变墨西哥国家石油公司的性质。改革所做的是将 PEMEX 暴露在竞争中，同时消除了之前阻碍它的一些限制。到 2013 年，PEMEX 的产量已连续 9 年下降，人们普遍认为即使几乎没有达成一致意见，也需要做些什么去改变颓势。然而，改革的妥协性质意味着它们未能消除该公司面临的限制。PEMEX 获得了一些自由和灵活性，但还不够，它仍然受到高税收和高债务的束缚。尽管在机构改革和与私营部门的伙伴关系方面取得了一些进展，但 PEMEX 仍然十分缺乏竞争力，迫切需要再融资，提高效率，所有的项目都应该直接或间接通过改革加以解决。对于 PEMEX 而言，未能使其完全独立仍然会使该公司陷入困境，因为它所面对的是一个要求更高的市场。自 2013 年历史性的能源改革法案通过以来，PEMEX 的财务状况变得更不稳定。2013 年至 2017 年，PEMEX 的总债务（不包括养老金债务）增加了 60% 以上，达到 1020 亿美元，同时生产和储备量继续大幅下降。随着利率上升，偿还债务和养老金债务的现金流越来越多。PEMEX 债务占公共债务总额的百分比增加到 36%，进一步影响了该国的财务状况，而面临类似财务挑战的私营公司将被宣告破产。从某种意义上说，能源改革是激进的，因为它向外国投资开放了墨西哥的碳氢化合物行业的全产业链，但在墨西哥国家石油公司看来，这是相当保守的。PEMEX 被赋予保留一系列自行选择的碳氢化合物产品的权利，这一改革被称为零轮投标（Round Zero）。国家能源部批准 PEMEX 获得的资产和项目权益占墨西哥已探明和概算储量（即 2P 储量）的 83%，以及尚未探明储量的 21%，然后将剩余区块面向私营部门和外资开放。PEMEX 仍是联邦政府下属的一个机构，其预算仍将接受国会和财政部的审查。该公司目前在零售领域面临竞争，但它没有被迫放弃其广泛的服务站网络。墨西哥国家石油公司可以邀请外国公司参与其生产活动，但只有在对其有利且只有得到政府批准的情况下才可以。改革并没有触及 PEMEX 特殊地位的核心，相反，改革回避了这个问题，保留了 PEMEX 足够的地位，在开放油气行业的同时，化解了民众最强烈的反对。这并不是说这些改革对 PEMEX 没有任何改变，因为考虑到 PEMEX 的目标是吸引足够的外国资本以扭转产量下降的趋势，这些改革尽可能多地保留了墨西哥国家石油公司的地位。

第二，目前石油产量并没有提升。到 2018 年年底，PEMEX 的石油产量已经不足 190 万桶/日，已经处在自 2004 年惯性下跌以来的最低水平。尽管墨西哥的石油产量的下降在预料之中，但反能源改革的支持者仍将其明显的下降作为反对的理由。尽管外资公司已于 2017 年从获得的石油区块中发现了非常重要的碳氢化合物，从已探明的储量和与这种碳氢化合物相比显著的石油增产量来看，这一发现要在 2020 年以后才能取得明显的效果。自 2004 年以来，油气产量惯性的减产、低油价环境导致 PEMEX 公司收益减少，生产性资本支出不足，而墨西哥政府未能采取适当激励措施以避免重大运营和金融风险。

第三，当改革得以达成政治共识时，出现了夸大短期利益的现象，或是对短期利益抱有过于天真的幻想。为了在 2015 年 7 月启动首次 E&P 投标以及 2016 年 3 月的第一次长期电力拍卖，确立法规、程序和一连串相关项目所花费的大量精力是一项艰巨的努力。但这些努力和其他投资带来的好处需要时间兑现，不是即时见效的。如果能够持之以恒，将会给该行业、经济和墨西哥人民带来重要且长期的利益。如果政治因素阻碍了投资周期的完全发挥，那么尚未彻底收效的改革将会妨碍制定有效的促进改革的决策。涅托政府（2012—2018）尚未汲取现代宪法秩序的一个关键教训，如果寻求改革的长期性，那就应该确保改革机构与政治周期隔离开来，不能把权力集中在民选总统上。从短期看，总统将失去对某些机构的控制，但是从长期看，这将确保改革能经受住政治过渡的考验。在奥夫拉多尔于 2018 年 7 月以压倒性优势当选总统后，墨西哥国家碳氢化合物委员会便暂停了第三轮拍卖。2018 年 12 月，CNH 宣布取消计划于 2019 年 2 月拍卖 46 个石油和天然气区块的计划，这些区块包括墨西哥首批向私营和外国石油公司提供的页岩区，而且先前拍卖授予的合同还在等待新政府的合格审查。当然，这也并不意味着现有的合同要重新谈判或取消，新总统有很多理由维持合同，并等待合同项目产生积极的经济成果。毕竟 PEMEX 的产量在过去 14 年里一直在下降，政府需要开发生产合同产生额外的收入流。

第四，将基于垄断结构的市场转变为竞争性市场需要政府和监管机构不断监管，以防止现有企业利用其市场力量增加自身利润，从而降低新系统的效率。2013—2014 年快速建立起的法律框架是以成熟而非新兴的石油市场为参照进行的。而使这一框架适应墨西哥能源产业的发展是很有必要的。首先，随着监管框架不断建立并适应不断发展中的市场，可能会出现不相协调的问题。其中许多已通过政府的应急方案得到解决，但这些解决方案始终没有充分考虑到市场的反馈或行业规范。在中下游部门，竞争环境仍然不公平，这在很大程度上取决于基础设施条件。许多州、地方和行业法律仍然阻碍竞争性能源市场的发展。这个问题在社会经营许可、通行权、进入港口和机场设施以及海上运输以及阻碍燃料市场等领域竞争方面尤其严重。联邦、州和市政当局的协调至关重要。在基础设施使用和地方当局的支持方面仍然存在严峻挑战。其次，新的监管框架正在被大量的工作、报告和政府建立的审批系统所淹没。新的能源改革以极快的速度向前推进，在2013年12月进行了宪法改革，2014年8月出台二级立法，快速的改革进程自然意味着立法远非完美，而当政治力量和经济需要一致时，就会发生这种情况。快速推进的改革使得专门负责新监管框架的监管机构没有足够的时间或资源来充分履行其职责。与此同时，监管机构还必须了解本地或国际的商业以及技术专业知识。最后，鉴于所有新投资需要的资源越来越多，还需要考虑与管理变革有关的人员更替问题，在优化常任政府工作人员方面还有许多工作要做。

第五，核电的作用仍然被遗忘，政府没有资源扩大这个行业。为了促进这种类型的能源，国家应在资源管理下允许对核电进行私人投资，共同促进清洁能源的发展，便于实现《能源转型法》的目标。

第六，可再生能源发电成本高。来自化石燃料发电（尤其是天然气发电）成本更低的竞争，对墨西哥可再生能源的部署构成了另一个挑战。从美国进口天然气大大降低了墨西哥的电力成本。由于页岩气热潮带来的产量飙升，美国天然气基准亨利中心（Henry Hub）①已从2008年每百万英热单位（Btu）8.85美元的峰值，跌至2017年每百万英热单位略低于3.00美元。从2014年到2015年，墨西哥电价下降了约25%，从2014年的0.14美元千瓦时下降到2015年的0.10美元千瓦时。墨西哥的天然气消费翻了一番，从2000年的40亿立方英尺／日（Bcf/d）增长到2017年的80亿立方英尺／日，新的天然气发电占增长的一半。随着CFE继续将燃油发电厂转化为更清洁、更便宜的天然气发电，未来几年发电用天然气的需求预计还会增加。而且天然气的二氧化碳排放量比石油少近30%。此外，能源改革鼓励在墨西哥境内和越过边界到美国的新的天然气管道基础设施方面投资。2018年，由墨西哥联邦电力委员

————————————

① 亨利中心设定的现货和未来天然气价格以美元/百万英热单位计价，通常被认为是北美天然气市场的主要价格。

会牵头的一项计划将建设 22 条新管道，覆盖 1 万公里，预计将使墨西哥的管网容量增加两倍。截至 2017 年 10 月，美国天然气日均进口量为 46 亿立方英尺，高于 2010 年的 9 亿立方英尺，其中 91% 是通过管道进口的。尽管低廉的天然气价格有助于降低工业用户的电价（与住宅用户不同，工业用户不享受高额补贴），但这些低廉的价格也可能抑制可再生能源的生产。与传统发电技术相比，许多可再生能源项目并不具有成本竞争力。根据目前的规定，CENACEA 必须提供最具成本效益的能源，这一指标倾向于支持天然气和煤炭等传统能源技术，而不是可再生能源。高成本和当地缺乏可再生能源设备和服务也可能使这些能源在墨西哥缺乏竞争力。到目前为止，由于市场规模较小，开发商在获取可再生能源技术和组件方面遇到较大困难，这些技术和组件大多是进口的。如果该行业迅速发展，供应链就可能出现瓶颈。墨西哥需要大量投资，为大型可再生能源发电厂建设自己的成套设备供应工业，以利于降低成本。

第七，能源改革未能足够快地提供结果以满足公众舆论的需求，并且在实现向稳定和高效的能源市场过渡方面仍然存在重大障碍。不管实施改革承担多少责任，公司本身或政治意愿有多大，PEMEX 的运营和财务退化都无助于平息公众舆论。除了直接的能源政策环境之外，还必须解决与安全、法治、社会经营许可和社区关系相关的严重问题。

尽管存在这些挑战和问题，墨西哥新的能源模式仍然是一个令人信服的例子，它说明如果能够妥善运用提供的政治意愿和资源，过时和低效的能源部门也可以进行转变。最重要的是，如果允许其继续进行，并进行必要的调整，改革将为墨西哥油气行业的经济竞争力以及墨西哥人民带来巨大利益。

5.5 墨西哥能源改革趋势分析

2013 年，墨西哥政府启动了能源改革，其主要目标是建立一个新的能源治理体系，政策改革从一个基本封闭的垄断驱动的能源市场开始起步，改善能源安全，提高行业透明度，利用市场力量吸引投资，并加强环境的可持续性发展。2018年7月，墨西哥人选出新总统奥夫拉多尔并产生新的立法机构。奥夫拉多尔在竞选期间公开承诺审查所有新的能源合同，只接受他认为合法且符合墨西哥国家利益的合同。新一届政府的上任在能源投资转向更高的能源生产和更好的服务之际，使其可能会引发政治变革，从而严重阻碍或扭转能源改革的各个方面。

5.5.1 墨西哥新政府给能源改革带来不确定性

（1）能源改革方向面临被扭转的风险。奥夫拉多尔总统于2018年7月1日，在三方竞选中赢得了53%的选票，成为自2000年墨西哥从一党专制国家转变为完全民主国家以来的第一位左翼总统。而且他所领导的政党在国会两院获得多数席位，并获得了众多州立法机构的控制权。他曾在竞选活动中承诺审查所有石油合同，以防止腐败和发生违法行为，这种情况是投资者不确定性的主要来源，而当选总统模糊的言论加剧了这种不确定性。在2018年12月1日的就职典礼上，奥夫拉多尔总统誓言要废除自由市场政策，并指责前任恩里克·培尼亚·涅托政府将拉丁美洲第二大经济体的能源产业开放给私人投资，导致石油产量大幅下降。一方面，奥夫拉多尔表示他不会取消能源改革，但另一方面，他宣称打算将恢复石油部门以国家石油公司为中心的模式，该模式在2013年改革开放前占据了75年的垄断地位。为了让私营企业进入奥夫拉多尔政府治下的墨西哥上游市场，他们可能要通过与PEMEX和PEMEX的合资企业来实现这一目标。同时，新总统及其联盟共同追求另一个目标，即促进墨西哥的能源自给自足，新建炼油厂。而将勘探与生产（E&P）资源转向炼油可能会对PEMEX造成毁灭性影响，在过去15年中，PEMEX的石油和天然气产量稳步下降，已经成为全球负债最重的石油公司。

但是，对墨西哥的能源改革做出重大改变是困难的。第一，墨西哥关于能源改革的新宪法不会轻易动摇，改革被纳入国家宪法，所以解除它需要墨西哥国会两院2/3的票数。墨西哥能源改革是必要的，在不到三年的时间，已成功吸引了来自 20 个国家的 73 家企业参与 107 个勘探和生产项目。墨西哥与国际能源公司签署的合同具有法律效力，能源改革已写入墨西哥宪法，很难被扭转。奥夫拉多尔围绕能源和贸易政策的言论是一项竞选策略，他可能会遏制能源部门自由化的步伐，而不是扭转已经采取的行动。第二，国家碳氢化合物委员会的框架旨在超越政治和选举，CNH 职位跨越多个总统任期。虽然新一届政府仍有可能改变优先秩序，改变进出口政策。第三，提高墨西哥油气产量的务实政策是保持 2013 年能源改革政策的连续性，外国石油公司对墨西哥油气的投资对扭转油气产量下降至关重要。墨西哥国家石油公司必须与国外石油公司合作，特别是油气蕴藏丰富的深水勘探项目，这些项目需要国外石油公司的最新技术和一定程度的风险分担。尽管自改革以后截至 2017 年年底墨西哥石油产量持续在下降，但是近年来在墨西哥湾发现了重大的石油储量，预计石油产量将在 2019 年开始上升。奥夫拉多尔总统希望降低汽油进口量，但这种汽油燃料的进口量减少将对国内炼油能力提升提出挑战，这种提升需要能源市场自由化的持续推进，只有通过更加开放的投资才能缓解这一挑战。第四，由于能源政策的讨论集中在石油领域，尽管可再生能源在选举中没有成为辩论的焦点，但是它将继续成为墨西哥经济增长和气候环境目标实现的重要问题。在目前变革的背景下，新总统应该会继续保持改革的积极势头，在可再生能源行业成功的基础上继续努力，并改进仍有待完善的政策和法规。目前，墨西哥在电力行业拥有一个更稳定、更具竞争力的框架，这使得对可再生能源发电投资大幅增加。除了水力发电以外，其他可再生能源发电在短短几年以内迅速增长，但目前该行业仍然处于起步阶段。能源改革为墨西哥向清洁能源转型提供了重要的经济信号，但是要判断可再生能源（尤其是非水力能源）是否最终将成为墨西哥能源矩阵的主要组成部分，还为时尚早。为了使这一潜力成为现实，墨西哥新政府应该会维持改革的关键要素，继续推进清洁能源拍卖，并减轻或消除投资障碍。第五，目前，没有任何经济论据可以证明 2013 年改革可能出现逆转，特别是如果奥夫拉多尔政府要执行社会和基础设施支出计划的话。目前墨西哥的外国直接投资

（FDI）的很大一部分来自能源部门。如果能源改革出现逆转，将严重打击外国投资，不仅对能源部门而且对整个经济都是如此。考虑到新政府雄心勃勃的社会支出议程，将纳税人资金注入 PEMEX，而不是使用通过与私营公司建立伙伴关系所产生的资金，将在政治上付出代价。有充分的理由相信，任何一位新上任的总统都愿意维持这一现状，等待这些项目产生积极的经济成果。毕竟，PEMEX 的产量在过去 14 年里一直在下降，而政府需要 E&P 合同带来的额外收入。在合同条款和法律没有任何理由的情况下，取消它们将意味着国家必须赔偿投资者的损失，而这将无法从上游部门急需的投资中获益。

墨西哥《经济学家报》2018 年 9 月 28 日报道，9 月 27 日，墨西哥当选总统洛佩斯在与 44 位"墨西哥石油企业协会"代表会晤后表示，新政府将尊重现政府在实施能源改革后所签署的石油协议内容。"我们不会指责任何人，也不认为墨现政府推进的石油改革是失败的，我们需要着眼未来，拯救墨石油业发展。"显然，到目前为止，奥夫拉多尔总统已经发出了相互矛盾的信号，能源改革的方向还存在很多不确定性。

（2）北美能源贸易生态平衡面临失衡风险。美国和墨西哥是世界上联系最紧密、互补和互利的能源关系之一。跨境资源和能源投资的流动对于建立充满活力和全球竞争力的北美经济至关重要。目前，墨西哥受益于北美能源贸易体系。虽然墨西哥是一个原油出口国，但同时也是石油精炼产品的净进口国。2015 年墨西哥从美国进口石油精炼产品 74 万桶/天，其中 58% 是汽油，占美国 2015 年汽油出口的 50%，其余大部分是柴油和液化石油气。墨西哥也是天然气的净进口国，目前墨西哥 60% 的国内天然气需求依赖进口，而大部分天然气是通过管道从美国进口。2015 年，墨西哥平均每天从美国进口天然气 29 亿立方英尺，比 2010 年增加 200% 以上；2015 年，美国对墨西哥的天然气出口占美国天然气出口总额的 59%，约占墨西哥 2015 年天然气进口量的 81%。从短期来看，墨西哥的能源安全依赖于从美国进口石油产品、天然气。进口墨西哥原油的美国炼油厂向美国市场供应精炼产品，也向墨西哥出口产品。这种贸易生态系统对整个区域的能源安全具有战略意义。美国从墨西哥和加拿大进口原油，降低了美国对波斯湾石油供应的依赖，减少了供应中断的威胁，并以更低的运输成本和时间保证了石油的安全供应。墨西哥从美国进口成品油和天然气，提高了效率，降低了墨西哥终端用户的价格。北美能源贸易生态系统加强了三个国家的能源安全，同时也对全球能源安全产生了积极影响。而奥夫拉多尔的执政可能会破坏北美的能源贸易生态系统。尽管奥夫拉多尔并不反对外国投资，但他寻求减少美国的汽油进口，扩大国内炼油产能。奥夫拉多尔上任后将开始建立新炼油厂的意愿更多的是出于其自身的经济民族主义思想而非健全清晰的能源政策。奥夫拉多尔表现出的冲动性可能为总统自己的民粹主义意识形态驱动的能源政策铺平道路，而不是一种务实的策略。

5.5.2　墨西哥能源改革带来社会效益

（1）燃料市场开放惠及民众。能源改革对墨西哥民众日常生活最直接和最具体的影响是燃料市场开放私人汽油零售。墨西哥是世界第四大汽油消费国，在能源改革之前，PEMEX 是墨西哥唯一的汽油和燃料供应商，改革后，PEMEX 已被剥夺其垄断地位，包括英国石油公司、海湾公司和壳牌公司在内的竞争加油站已在全国各地涌现，墨西哥人已经看到了充满竞争的加油站陆续开业经营。截至 2017 年年底，在墨西哥新开加油站 2178 家，30 个不同的国际品牌在运营，新的竞争者占据了墨西哥全部加油站 19% 的份额。墨西哥消费者受益于成品油市场的开放，尤其是汽油市场，他们获得的服务质量更好，产品质量也比以前更高。除了创造一个公平竞争的市场之外，开放燃料市场给墨西哥带来了另外一个战略利益，一个开放的燃料市场可能最终会鼓励跨国公司投资中游，以改善燃料运输基础设施，建立新的燃料储存设施，以支持其在墨西哥长期的燃料零售供应。总之，燃料市场的开放在短期内创造了市场竞争，并给消费者提供了广泛的新选择。从中长期来看，这将有助于改善基础设施、提高国家的燃料储存能力、减少运输成本，最终降低燃油的价格，从而产生良好的经济和社会效益。

（2）带动就业。如前所述，新的模式已成功吸引了来自 20 个不同国家的 73 家企业参与 107 个勘探和生产项目。墨西哥政府称，估计在勘探和生产、运输和下游项目的投资量可能达到 2000 亿美元。即使这些数字没有完全实现，迄今为止的活动量和参与量也令人印象深刻。2018 年 3 月，时任墨西哥能源部长 Pedro Joaquin Coldwell 在休斯敦举行的 IHS Markit 会议演讲中指出，预计能源部门最终将给墨西哥带来 800000 个工作岗位。从中期和长期来看，许多已签订的项目和独立项目将有助于提供更高的油气产量、更强大的基础设施和冗余、更高效和无补贴的市场、经济增长和新的就业机会。

5.5.3 美国—墨西哥—加拿大协定给能源行业带来的影响

经过一年多的谈判，美国、墨西哥和加拿大在 2018 年 9 月 30 日达成协定，在三个国家的立法机构批准后，USMCA 将会生效。重新修订的"北美自由贸易协定"，被重新命名为"美国—墨西哥—加拿大协定"，为三个国家跨国贸易提供争议解决条款。NAFTA 于 1994 年生效，其第 604 条规定墨西哥、美国和加拿大的石油和天然气出口税为零。然而，墨西哥宪法规定，保留墨西哥政府勘探、提炼、运输和销售在其境内发现的所有石油和天然气的唯一权利，墨西哥可以限制进口或出口许可证。直到 2013 年，墨西哥修改宪法开放能源行业对外开放，墨西哥和北美其他地区之间的贸易限制取消，北美能源贸易蓬勃发展。2017 年，加拿大是美国最大的原油进口国，墨西哥是美国石油产品的最大进口国，墨西哥和加拿大共同购买了美国天然气出口总额的 60% 以上。

新的协定有利有弊，从中期来看，墨西哥将在宏观经济和经济稳定方面获益。它为投资者提供了确定性，维持了关税优惠，这将带来更大的投资流量。新协定的一个章节规定："美国天然气和石油产品的持续市场准入以及对加拿大和墨西哥的投资；继续对天然气和石油产品征收零关税，所有国家都承诺投资保护，以及投资墨西哥的美国天然气和石油公司的投资者——国家争端解决（ISDS①）资格；要求墨西哥至少保持对美国能源投资的当前开放水平。"这些规定允许能源行业继续扩大美国天然气出口到墨西哥，而不必担心关税。ISDS 这种投资者保护措施对近期美国和加拿大公司投资墨西哥碳氢化合物上游部门至关重要，美国和加拿大能源投资者对墨西哥的能源投资将会持续增加，墨西哥能源行业也将受益于投资的增加。协定同时指出，一旦某个行业或部门消除了贸易壁垒，就不能重新引入。而奥夫拉多尔总统宣称的墨西哥对其碳氢化合物具有"直接、不可剥夺和不受限制的所有权"列入协定中，即"墨西哥国对国家领土底土，包括位于领海和毗邻的大陆架和专属经济区的所有碳氢化合物，不论在地层或沉积物中，都具有直接、不可剥夺和不受限制的所有权"。此协定条款使得墨西哥在能源问题上的独立性和主权得到保障。墨西哥与服务提供商、出口商、进口商和投资者一起参与该行业。但 USMCA 也承认美国和加拿大投资者的权利，这将使跨国能源公司在墨西哥的发展变得更加复杂。来自这三个国家的消费者将受益于更集成的北美能源市场的供应和效率。总而言之，北美的石油和天然气国际贸易仍然相对自由，对主要石油和天然气商品征收零关税，并对私人跨境投资提供合理保护。

USMCA 中关于能源贸易的最大障碍来自墨西哥潜在的水力压裂禁令或铺设美国原油管道的不确定性。奥夫拉多尔总统尚未对 USMCA 中与能源相关的条款发表评论，但他重申他将在执政期间实施禁止水力压裂的禁令，而此禁令源于墨西哥内部政治，而不是贸易政策，与每个国家如何对待自己的石油运输基础设施相一致。

5.5.4　墨西哥能源投资面临全球激烈竞争

在 2018 年世界能源投资报告中，国际能源署（IEA）发布了 2017 年全球

---

　　①　ISDS 是北美自由贸易协定中用于解决国际仲裁下的外国投资冲突的仲裁程序，而不是通过外国国内法院解决。该程序为外国投资者提供了一些保护措施，以防止投资其他条约未涵盖的资本密集型长期能源项目的风险。

石油和天然气投资总额为 7160 亿美元。墨西哥未来石油和天然气生产的关键问题是墨西哥吸引的这一全球总量的份额，需要吸引多少才能将产量恢复到 2004 年的 340 万桶/日的水平。国际能源署 2016 年关于墨西哥能源改革的产量与投资问题中提出：如果到 2040 年要提升到 340 万桶/日，墨西哥将需要投资 6400 亿美元用于上游能源生产。在现实世界中，这些投资流量可能不是线性的，受商业机会、成本和国际价格的推动。相比之下，从 2005 年至 2010 年，墨西哥每年平均投资 115 亿美元用于上游生产。墨西哥将需要投资伙伴的资金和技术来稳定或实现产量的增长，在没有外资和技术的投入前提下，恢复之前的高峰产量将十分困难。如果它想要最大化其生产潜力，墨西哥将需要更大份额的全球投资。

2004 年墨西哥不仅没有跟上全球投资的趋势，投资竞争也越来越激烈。沙特阿拉伯、阿拉伯联合酋长国、科威特、伊拉克、伊朗、卡塔尔和俄罗斯等石油生产国在未来对石油需求高峰期进行套期保值，正在以多种不同的方式寻求私人合作伙伴，同时努力推出首次公开募股提供产品并实现经济多元化。墨西哥的能源投资面临全球竞争。

能源对社会产生积极和消极影响。获得丰富、经济、安全和清洁的能源对人类社会有益。但能源开采、运输和使用会对社会环境产生负面影响。从经济、社会和环境等方面评估当前正在进行的能源改革往往需要数年时间。公众对改革期望的即时性与投资效果的长期性之间的两难选择使得能源部门的改革尤为复杂。因投资周期长，几乎所有在能源领域的大型投资都需要长时间才能见到效果，而当投资者不确定改革政策是否会贯彻落实时，投资周期将会更长。在大多数情况下，海上油田从勘探到开发一般需要 3—5 年时间才能转化为生产。乐观地说，大多数国家至少需要 2 年时间来制定吸引投资者和执行投标所需的法律法规。因此，当墨西哥在 2013 年修改宪法向外部投资者开放油气行业时，2015 年发布第一轮对油气田的投标，可能预计至少需要 3 年的时间才能增加油气产量。按照这一标准，墨西哥的能源改革正好按计划在石油、天然气等领域进行。

第6章 墨西哥能源消费、碳排放与经济增长关系的实证分析

分析墨西哥能源消费、碳排放与经济增长之间的因果关系对于其转变经济增长方式和推动低碳发展具有重要意义，该问题与第5章墨西哥新的能源政策高度相关。预测能源消费、碳排放与经济增长之间的关系，制定的政策会对经济的发展更为有效。

本章采用时间序列数据 Granger 因果关系检验的方法，对墨西哥能源消费、CO_2 排放与 GDP 之间进行计量分析，并确定它们之间的关系，为墨西哥能源改革的政策建议提供依据。

6.1 墨西哥能源消费与经济增长之间的关系

6.1.1 数据准备

能源消费与经济增长之间的关系较为复杂，不同的研究结论之间差异较大。本书利用最新的年度数据，采用协整关系分析和 Granger 因果关系检验，系统分析墨西哥能源消费总量与 GDP 之间的关系，以利于探讨墨西哥能源消费与经济增长协调发展的新政策措施和趋势。为了从较长的时间序

列分析墨西哥能源消费与经济增长之间的关系，本书选取英国石油公司
2018 年发布的墨西哥 1965—2017 年 52 年间墨西哥能源消费总量数据，单
位为百万吨油当量（Million tonnes oil equivalent）和世界银行 2018 年发布的
墨西哥 1965—2017 年 GDP 数据，单位为亿美元（one hundred million
dollars）。为了消除两组数据的异方差性及经济意义的计量分析，对两组数
据取自然对数处理。

6.1.2 实证结果与分析

（1）墨西哥能源消费与 GDP 的协整关系分析。

变量 GDP、EC 分别代表国内生产总值、能源消费总量。由于 GDP 和能
源消费量两个数量单位相差很大，而相差很大的两个数的对数值却相差很小，
自变量取对数使其数据平稳，可以消除可能存在的异方差现象，因此，取其
自然对数表示为 lnGDP、lnEC，自然对数的一阶差分表示为 d_ lnGDP、d_
lnEC。图 6.1 表示 1965—2017 年墨西哥 GDP 和能源消费二者的对数序列均呈
线性增长的趋势。

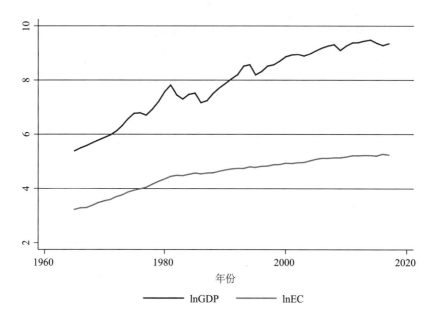

图 6.1 GDP 和 EC 对数序列时序图

虽然从图 6.1 可以得出 lnGDP 序列和 lnEC 序列具有时间趋势和非零的截距，表现出了非平稳的特征，但从两者的一阶差分图 6.2 可以初步认为其为平稳的序列。

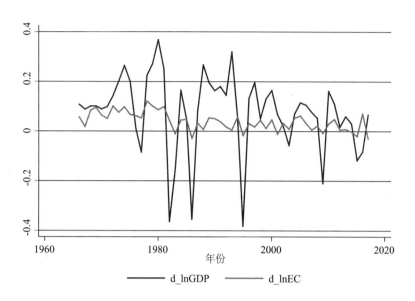

图 6.2　GDP 和 EC 的对数一阶差分时序图

（2）各时间序列的平稳性检验。

经济学意义上，能源时间序列数据多存在非平稳性，最重要的原因是不断的政策或技术变革所带来的经济关系结构突变，经济增长本身的非规律性也是一个原因。因此，在进行协整分析之前，需要对数据的平稳性进行检验，本书采用目前使用最为广泛的 ADF 检验。其检验过程采用最小二乘法（OLS）估计：

$$\Delta Y = \alpha_0 + \beta_0 t + \beta Y_{t-1} + \sum_{i=1}^{p} \lambda_i \Delta Y_{t-i} + \varepsilon_t \tag{1}$$

其中 ε_i 为白噪声过程，Δ 表示变量的一阶差分，即 Y_t 有一个单位根；t 是时间趋势变量。检验的假设是：针对 H_1：$\rho < 0$，检验 H_0：$\rho = 0$，如果接受零假设，说明序列存在单位根，是不稳定的；如果检验拒绝零假设，即原序列不存在单位根，为平稳序列。在时间序列模型里，进行 ADF 检验时，如何确定滞后阶数 p 是个实际问题，且 ADF 检验的结果常常对滞后阶数 p

比较敏感。如果 p 太小，则扰动项 $\{\varepsilon_t\}$ 可能存在自相关，使得检验出现偏差。另一方面，如果 p 太大，则会降低检验的功效。因此，根据 Schert (1989) 建议的最大滞后阶数 $P_{max}=[12\cdot(T/100)]^{1/4}$，在本研究中样本容量 T 为 52，根据计算得到最大滞后阶数为 10 阶，使用由大到小的序贯 t 规则，看 ADF 检验中最后一阶回归系数是否显著，或根据 AIC、SBIC 和 HQIC 等常用信息准则来确定滞后阶数。各单位根的临界值均由 Stata12.0 软件运行给出，各时间序列的平稳性检验数据如表 6.1 所示。由检验结果可知，经过一次差分就得到平稳的 ARMR $(p，q)$，因此，lnGDP、lnEC 等均为一阶单整 (Integrated of order one) 序列，记为 I (1)，所以它们之间有可能存在协整关系，有必要对其进行协整检验，以确定它们之间是否存在长期平稳关系。

表 6.1   变量 ADF 单位根检验结果

变量	ADF 检测值	检验形式 (c, t, p)	5%显著水平	结论
lnGDP	-1.916	(c, t, 3)	-2.928	不平稳
lnEC	-5.243	(c, t, 1)	-2.928	平稳
d_ lnGDP	-5.630	(c, t, 2)	-2.929	平稳
d_ lnEC	-4.567	(c, t, 1)	-2.929	平稳

注：样本数 51，c 表示常数项，t 表示时间趋势项，p 表示滞后阶数，临界值由 Stata 12.0 给出。

（3）各时间序列间的协整性检验。

协整检验前，首先要确定滞后阶数。可以由 lnGDP、lnEC 构成的 VAR 模型滞后阶数检验得出。其结果见表 6.2。

表 6.2　　　　　　　　　　　　**协整检验中滞后阶数检验**

Selection – order criteria

Sample：1970—2017 Number of obs = 48

lag	LL	LR	df	p	FPE	AIC	HQIC	SBIC
0	117. 576				. 000028	− 4. 81567	− 4. 78621	− 4. 73771
1	122. 06	8. 9685	4	0. 062	. 000027	− 4. 83585	− 4. 74746	− 4. 60195
2	135. 749	27. 377	4	0. 000	. 000018 ∗	− 5. 23954 ∗	− 5. 09222 ∗	− 4. 84971 ∗
3	136. 557	1. 617	4	0. 806	. 000021	− 5. 10656	− 4. 90031	− 4. 56079
4	141. 872	10. 629 ∗	4	0. 031	. 00002	− 5. 16133	− 4. 89616	− 4. 45963

Endogenous：d_ lnEC d_ lnGDP

Exogenous：_ cons

从表 6.2 可知，根据 p 值和 AIC、BIC 等信息准则确定滞后阶数为 2 阶（打星号者），所以，选择 2 阶滞后进行协整检验。

关于协整关系检验与估计的方法有很多种，其中主要有 Engle – Granger 两步法和 Johansen – Juselius 极大似然法。对于 3 个及以上变量的协整检测，可能存在多个 cointegrating vectors，对于这种情况，协整检测使用 Johansen tests。而对于单方程系统，E—G 两步法一般用于两个变量的协整检测。按照 Engle 和 Granger（1987）的定义，如果 OLS 方程的残差项 ε_t 含有单位根，则变量序列之间存在协整关系，建立如下模型：

$$\Delta GDP_t = \alpha_1 + \varphi_1 + \beta_1 + \Delta EC_1 + \varepsilon_1 \tag{2}$$

$$\Delta EC_t = \alpha_2 + \varphi_2 + \beta_2 \Delta GDP_t + \varepsilon_2 \tag{3}$$

其中，Δ 是一阶差分变量，φ 代表趋势项，α 和 β 代表常数项，ε 代表误差项，t 是时间趋势变量。

表 6.3   协整检验结果

Johansen tests for cointegration

Trend：constant					Number of obs = 50
Sample：1968－2017					**Lags = 2**
					5%
maximum				trace	critical
rank	parms	LL	eigenvalue	statistic	value
0	6	117. 41799	.	44. 4091	15. 41
1	9	136. 84722	0. 54029	5. 5506	3. 76
2	10	139. 62252	0. 10507		

注：样本区间：1968—2017 年，滞后阶数：2。

表 6.3 显示，d_ lnGDP 与 d_ lnEC 之间存在协整关系。这一研究结果与墨西哥能源消费的现实情况是吻合的，即墨西哥经济增长与能源消费之间存在协整关系。

（4）时间序列的因果关系检验。

只有所有时间序列在一阶差分水平上都具有平稳性，才可以进行双向格兰杰因果关系检验。若两变量之间具有协整关系，则至少存在单向的因果关系。因此，根据表 6.3 的协整检验结论可知，能源消费与经济增长之间存在协整关系。但是，这种长期的均衡关系究竟是能源消费引起经济增长的结果，还是经济增长引起能源消费的结果，在波动中孰为因孰为果还是互为因果，这需要对能源消费和经济增长进行 Granger 因果关系检验。由于 Granger 因果关系检验对滞后阶数比较敏感，本书采用 VAR 表示法（VAR representation），取滞后期为2，对 d_ lnGDP 与 d_ lnEC 进行 Granger 因果关系检验，结果如表 6.4 所示。

表 6.4　　　　　　经济增长与能源消费的 Granger 因果关系检验结果

原假设	样本数	F 统计量	显著性水平	结论
d_ lnEC 不是 d_ lnGDP 的原因	50	5.05	0.0105	拒绝原假设
d_ lnGDP 不是 d_ lnEC 的原因		11.22	0.0037	拒绝原假设

注：样本区间：1968—2017 年，滞后阶数：2。

从表 6.4 Granger 因果关系检验结果可以看出，在 5% 显著水平下"d_ lnEC 不是 d_ lnGDP 的原因"和"d_ lnGDP 不是 d_ lnEC 的原因"的原假设都被拒绝，接受"d_ lnEC 是 d_ lnGDP 的原因"和"d_ lnGDP 是 d_ lnEC 的原因"，因此，可以认为 1968—2017 年间墨西哥能源消费量与经济增长之间存在双向因果关系，经济增长是能源消费的必要条件，能源消费则是经济增长的充分条件。

（5）实证检验结果与分析。

表 6.5　　　　　　　　经济增长与能源消费的回归分析结果

Source	SS	df	MS		
				Number of obs	= 53
				F(1, 51)	= 436.39
Model	836400168	1	836400168	Prob > F	= 0.0000
Residual	97748483.8	51	1916636.94	R - squared	= 0.8954
				Adj R - squared	= 0.8933
Total	934148652	52	17964397.1	Root MSE	= 1384.4
GDP	Coef.	Std. Err.	t	P > |t|	[95% Conf. Interval]
EC	76.3469	3.654721	20.89	0.000	69.00974　　83.68406
_cons	− 3605.045	442.5502	− 8.15	0.000	− 4493.502　　− 2716.589

估计模型是 GDP = − 3605.045 + 76.34ENERGY

（442.37）（3.65）

n = 53　R^2 = 0.8954（R^2 是可解释波动与总波动之比，能源的波动比例解释了该样本中波动的 85% 以上，这是相当大的一个部分，说明 GDP 与 EN-ERGY 高度相关）。ENERGY 的 t 值为 20.90，在自由度为 53 时，估计结果是显著的，ENERGY 的变化对 GDP 总量的变化有影响，从上面的估计模型我们可以看出，ENERGY 变化一个单位（百万吨油当量），GDP 增加 76.34（亿美元），即能源消费 1 百万吨油当量，GDP 增长 76.34 亿美元。

6.1.3　结论

本书研究了墨西哥经济增长与能源消费之间的关系，经过格兰杰因果关系检验，发现墨西哥的经济增长和能源消费之间存在双向因果关系。结果表明，能源消费对经济增长有积极的影响。这说明，作为生产要素，能源投入的增加会带来经济产出的增加，同样，当经济总量增长时，对能源要素的需求也会增加。保持经济持续稳定增长必须以不断扩大的能源供应作为保障；能源要素投入不断下降也必然会对经济造成一定的影响。因此，进一步说明，如果 2013 年墨西哥能源改革措施得到充分实施，促进石油、天然气等能源要素产量提升，将促进墨西哥经济的持续增长，此项改革是必要和及时的。

6.2　墨西哥碳排放与经济增长之间的关系

6.2.1　数据准备

能源生产与消费活动会对环境产生影响，其结果会引起环境质量发生变化，这种变化称为环境效益。从墨西哥所实施的能源环境政策来看，主要是通过以发展可再生能源为主的清洁能源和实施节能增效措施这两种方法来减少温室气体（主要是 CO_2）排放。事实上，在宏观和微观层面，众多已知和未知的经济和能源指标是碳排放的来源。尽管如此，在单一模型中几乎不可能考虑所有经济和能源指标。因此，在经验模型中以对重要经济或能源指标的监督来量化经济增长和化石燃料消耗对碳排放的影响。本书采用英国石油公司 2018 年发布的墨西哥 1965—2017 年 52 年的 CO_2 排放数据和世界银行 2018 年发布的墨西哥的 GDP 数据对其进行研究分析，分析墨西哥碳排放与经济增长之间的关系。

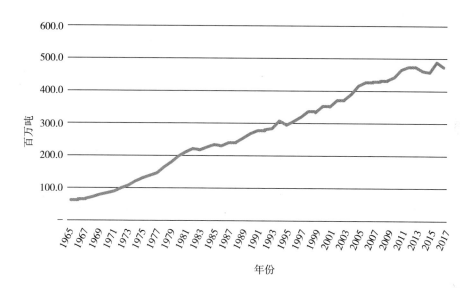

图 6.3 墨西哥 CO_2 排放量（1965—2017 年）

资料来源：根据 BP 石油公司能源统计年鉴 2018 年数据汇总整理，https：// www. bp. com/content/dam/bp/en/corporate/excel/energy – economics/statistical – review/bp – stats – review – 2018 – all – data. xlsx。

6.2.2 实证结果与分析

本书利用 Stata12.0 软件对数据依次进行平稳性检验、协整分析、格兰杰因果关系检验，结果如表 6.6 所示。

该数值是 p 值，也就是接受原假设的概率，在 p 值中，如果 p≤0.05（这个 0.05 就是 5% 的显著水平下）的项对 y 影响显著，p 值 ≤0.01 的项对 y 影响极其显著，p 值 >0.05 的项对 y 影响不显著，一般将该项剔除，重新计算。该 p 值小于 0.05，说明检验结果是显著的，拒绝原假设 H0，因此 d_ CO_2 是

d_ lnGDP 的原因，存在双向因果关系。从表 6.6 可知，p 值为 0.0074 < 0.05 的显著性水平，拒绝原假设，两者存在因果关系。即 1965—2017 年间墨西哥 CO_2 排放与经济增长之间存在双向因果关系。

表 6.6 经济增长与 CO_2 的 Granger 因果关系检验结果

原假设	样本数	F 统计量	显著性水平	结论
d_ $lnCO_2$ 不是 d_ lnGDP 的原因	50	4.42	0.0177	拒绝原假设
d_ lnGDP 不是 d_ $lnCO_2$ 的原因	9.82	0.0074	拒绝原假设	

注：样本区间：1968—2017 年，滞后阶数：2。

研究结果突出表明，碳氢化合物的开采和使用促进了墨西哥的经济增长，正在以二氧化碳和其他温室气体的形式产生废物。通过对 CO_2 和 GDP 的回归，得到如下结果。

表 6.7 经济增长与 CO_2 的回归结果

Source	SS	df	MS		
				Number of obs	= 53
				F(1, 51)	= 488.46
Model	845834440	1	845834440	Prob > F	= 0.0000
Residual	88314212.1	51	1731651.22	R – squared	= 0.9055
				Adj R – squared	= 0.9036
Total	934148652	52	17964397.1	Root MSE	= 1315.9

GDP	Coef.	Std. Err.	t	P > |t|	[95% Conf. Interval]	
CO_2	30.05873	1.36006	22.10	0.000	27.32829	32.78916
_cons	– 3538.783	416.0323	– 8.51	0.000	– 4374.003	– 2703.564

$$GDP = -3538.783 + 30.058CO_2$$

$$(416.03) \quad (1.36)$$

通过表 6.7 可知，n = 53 R^2 = 0.9055（R^2 是可解释波动与总波动之比，CO_2 的波动比例解释了该样本中波动的 90% 以上，这是相当大的一个部分，说明 GDP 与 CO_2 高度相关）。CO_2 的 t 值为 22.10，在自由度为 53 时，估计结果是显著的，CO_2 的变化对 GDP 总量的变化有影响，从上面的估计模型我们可以看出，CO_2 变化一个单位，GDP 增加 30.058（亿美元），即能源消费产生 1 百万吨 CO_2，GDP 增长 30.058 亿美元。

6.2.3 结论

墨西哥 CO_2 排放与经济增长之间存在双向因果关系。不断增加的 CO_2 排放与经济增长息息相关，墨西哥经济发展依赖于 CO_2 的排放。因此，实施减少 CO_2 排放的政策会对其经济增长产生不利影响。为了减少 CO_2 排放，必须高效利用能源并使用更多的清洁能源。

为实现低碳经济发展，墨西哥应注重提高能源效率和实施节能政策。由于人口增长强劲，商品和资源消费需求随之增长，因为经济增长已经成为提高个人生活水平的必要条件。但是，使用大量化石燃料来促进墨西哥的经济增长将继续产生大量温室气体。墨西哥在技术和资源可用性方面可以实现满足 CO_2 排放限制，但成本高。在当前的墨西哥能源环境中，增加可再生能源或清洁技术的成本可能会给发电成本带来额外负担。政府可以通过支持可再生和清洁技术的推广和创新来减轻这种负担。能源效率政策将有助于墨西哥未来实现其可持续发展目标，墨西哥政府于 2014 年开始征收对化石燃料的碳排放税，同时，在 2017 年之前，取消化石燃料补贴，汽油和柴油的零售价格被提高，从 2018 年开始汽油价格放开由市场来决定。墨西哥的这些举措和目标，目的是鼓励更多地使用可再生能源，减少温室气体的排放，墨西哥发展可再生能源被认为是实现国家能源安全和气候变化目标的关键。发展清洁能源、建立合理的价格、取消补贴、提高能源使用效率是墨西哥实现经济社会可持续发展的重要措施。墨西哥还应继续加强节能政策和措施的落实，降低因减少 CO_2 排放而导致的经济副作用恶化程度。

第 7 章　中墨能源政策比较分析

　　"中墨比较热"发轫于 20 世纪 90 年代,这是由于中墨两国的地理位置、经济发展水平和社会历史文化等方面具有诸多相似性和可比性。中国已成为世界最大的能源生产与消费国,墨西哥也是世界主要能源生产与消费国,中墨两国能源生产与消费深刻地影响国际能源格局。当前,全球能源市场正处于转型期,需求模式和供应结构正在改变,中墨两国正在进行的能源改革使两国的能源治理问题成为关注的焦点。

　　本章根据系统理论模型中的社会经济状况、政治体系和公共政策三个方面,全面分析中国和墨西哥两国能源政策的异同,为第 8 章中对中国能源政策的启示提供参考依据。

7.1　能源政策国际比较分析框架

　　公共政策就是政府选择做与不做的事情。政策分析的目的是研究政府在做什么、为什么这样做、这样做的结果是什么。通过政策分析,我们能够探究公共政策形成的原因和决定性因素,追寻公共政策的结果或产生的影响。能源政策是国家政策体系的重要组成部分,关系到国计民生、经济发展、资源供给和生态环境。自 1973 年第一次世界石油危机爆发以来,能源供给、价格、产能、能源安全和环境问题成为世界各国关注的热点，促使各国开始重视并制定能源政策。20 世纪 80 年代以来，国际社会持续关注气候变化，越来越多的国家开始注重提高能源效率、发展新能源，促进生态环境和经济社会的协调与可持续发展。

理解政策是提出政策建议的前提条件。能源政策国际比较分析运用系统研究的工具来探讨重要的能源政策问题，能源政策分析中隐含着一个判断，即形成关于影响能源政策的各种力量以及能源政策实施结果的科学知识，这个过程本身就是一种与社会相关的活动，而能源政策分析也是进行政策倡议和政策实践的先决条件。

分析一国的能源政策，系统理论模型（见图 7.1）中的社会经济状况、政治体系和公共政策三个方面不可或缺。从社会经济状况方面而言，一国经济发展水平、产业结构、资源禀赋、能源生产与消费结构、环境保护等是影响一国能源政策的基础性因素；政治体系主要包括一国的政治制度、权力机构、利益集团、负责政策规划的组织等，这些是影响一国能源政策目标、政策制定与实施的主要因素；就公共政策而言，公共权力、国家安全、环境政策、税收政策等，这些是影响一国能源政策的重要因素。基于系统理论模型，本书将从以上三个方面分析中墨两国能源战略的不同侧重，探讨两国能源政策和管理体制的异同。

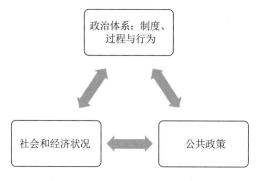

图 7.1　系统理论模型

资料来源：Dye，Thomas R. *Understanding public policy*（Twelfth Edition）［M］．中国人民大学出版社 2009 年版。

7.2 能源供给侧结构性改革在中墨能源战略中的差异

能源行业作为国民经济体系中的重要组成部分，面临着社会经济活动中的普遍问题。推进能源供给侧结构性改革，加快能源行业的转型升级是中墨两国能源战略面临的新课题。中墨两国能源资源禀赋和消费结构差异大，两国能源供给结构、消费结构、经济发展模式和水平、产业结构不尽相同，但节能环保已成为影响中墨两国政府能源政策的重要因素。

7.2.1 中墨能源资源禀赋与能源供给比较

2016 年，全世界一次能源消费构成中，油气、煤炭和其他能源的占比为 6∶3∶1，而中国和墨西哥的相应比例为 3∶6∶1 和 8∶1∶1，墨西哥能源消费结构油气比重超过 80%，煤炭和其他能源比重较低，而中国能源消费结构煤炭比重约 62%（见图 7.2），墨西哥具有丰富的石油和天然气资源，而中国具有更为丰富的煤炭资源。2016 年，中墨石油已探明的储量分别是 257亿桶和 80 亿桶，分别占世界的 1.5% 和 0.5%，而天然气已探明的储量分别是 5.4 万亿立方米和 0.2 万亿立方米，分别占世界的 2.8% 和 0.1%，中墨两国煤炭储量分别为 2440.1 亿吨和 12.11 亿吨，分别占世界的 21.4% 和0.1%。不过，由于中国能源消费总量近年来不断增大，能源需求不断增加，中国仍然是油气和煤炭的净进口国。墨西哥则因为国内电力需求的增长，也已成为天然气和煤炭的净进口国。而且，中墨两国的能源资源分布不均，富集区与需求区基本呈现出逆向分布，因此，能源运输成为制约两国能源供给的瓶颈。

近年来，作为全球第二大经济体，中国对能源的需求日益扩大。2016 年中国原油对外依存度升至 65.4%，天然气对外依存度超过 30%，石油进口和海外油气开发长期高度依赖和集中在中东和非洲等不稳定地区。2016 年中国

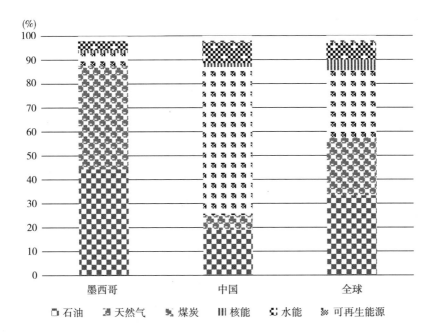

图 7.2 2016 年墨西哥、中国与全球一次能源消费结构比例

资料来源：根据 BP 石油公司能源统计年鉴 2017 年数据汇总整理。

消费的石油有 46.58% 都需要通过马六甲海峡。近年来中国油气资源进口依赖上升迅速，能源进口安全问题也日益凸显。墨西哥虽然拥有丰富的天然气资源，但由于投资不足，其产量相对于同处北美洲的美国和加拿大而言不大。其页岩气资源的开发也较为缓慢，国内消费需求计划从 2015 年到 2029 年增加了 31%。随着需求的增加，尤其是来自电力部门的消费需求增长，墨西哥天然气呈现出产能不足，其天然气进口需求正在快速上升，墨西哥依靠管道从美国和其他国家进口天然气和液化天然气（LNG）。2015 年，墨西哥天然气消费占其能源消费总量的 40%，美国出口到墨西哥的天然气占到美国天然气出口总量的 59%，是墨西哥天然气进口量的 81%，为了解决国内不断增长的天然气使用需求，墨西哥还从中东和非洲进口液化天然气。从两国能源进口来源来看，中国油气和墨西哥天然气进口受地缘政治影响较大。

7.2.2 中墨两国经济发展模式与节能政策比较

在全球经济中，中国和墨西哥都奉行出口导向的经济发展战略。自 20 世纪三四十年代起大多数拉美国家实施进口替代战略，虽然有其局限性，但这一发展模式使得这一地区经济在 20 世纪 80 年代以前都保持了高速增长，创下了拉美经济的奇迹。墨西哥在 20 世纪 50 年代和 70 年代经历了稳步的增长，平均年增长率大约是 6%，同时把通货膨胀率维持在低水平上。然而，到 20 世纪 80 年代初，这种内向型的发展模式导致经济结构失衡而引发的经济危机使进口替代型工业化在拉美地区陷入了困境，拉美各国开始进行战略转型。从 80 年代早期开始，新自由主义政策被用于减少国家对生产性活动私有化的经济干预。而且，政策的实施为国家经济开放国际市场创造了条件，墨西哥先后加入了关贸总协定（GATT）和北美自由贸易协定。80 年代末期和 90 年代早期，总统卡洛斯·萨利纳斯执政期间，经济开始复苏，直至 1994 年 12 月比索大幅贬值结束。1994 年金融危机以后，墨西哥投资和增长在缓慢恢复，2002 年和 2008—2009 年分别受全球经济危机的影响，经济增长减速。2013 年，石油行业创造了整个国家出口收入的 13% 和政府收入的 33%。1978 年，中国开始实行改革开放政策，对外经济、技术交流逐步扩大，市场开放，重视引进国际先进技术和设备，同时也注意国内开发。经济制度和分配制度都发生了渐变，从改革开放前的计划经济逐步过渡到社会主义市场经济。但是，自 20 世纪 90 年代以来，中墨两国间的贸易和投资随着中国经济的快速增长而存在严重的不平衡性，形成了两国间政治与经济关系不均衡的双边关系。由于中国相对廉价的劳动力、全面而独特的供应链、吸引外资的竞争力，尤其是来自美国的投资等因素，墨西哥的经济越来越受到来自中国经济增长的威胁，中国创造了"中国式的发展速度"，综合国力更强。

当然，对墨西哥和中国的经济发展模式进行比较性的评价要以两国国情、政治经济制度和特定的历史背景为依据。两国发展虽然依赖于本国丰富的劳动力资源，但两国的产业结构与政策重点有明显差异。2016 年，中墨两国三大产业的比例分别为 9∶40∶51 和 3∶33∶63。因此中国需要更多的能耗，带来的污染也更多。2016 年中国和墨西哥的 GDP 总额分别为 11.19 万亿美元和 1.05 万亿美元，中国是墨西哥的 11 倍。而同年，中国和墨西哥的一次性能源消耗总量分别为 3052.9 百万吨油当量和 186.5 百万吨油当量，中国是墨西哥的 16 倍，中国的单位 GDP 能耗高出墨西哥 144.4%。中国的高能耗使节能减排成为影响中国能源政策日益重要的因素。1998 年，中国政府颁布实施《中华人民共和国节约能源法》（2018 年修订），第一次把节约资源作为一项基本国策，确立中国的能源发展战略是节约与开发并举、把节约放在首位。2016 年 3 月，《国民经济和社会发展第十三个五年规划纲要（2016—2020 年)》指出未来五年中国单位 GDP 能源消耗累计降低 15%。因此可知，节能已成为中国能源政策最为核心的指标。墨西哥于 1989 年和 1990 年分别成立国家节能委员会、电力节能信托基金会（FIDE），国家开始实施能源效率计划，通过技术或资金支持，提高能源使用效率，减少化石燃料发电和温室气体的排放。墨西哥《国家发展计划（2007—2012)》也将自然资源可持续利用和大幅降低温室气体排放作为国家能源政策的优先目标。2008 年国家颁布了《能源可持续利用法》并成立了新的政府机构国家能源效率委员会（前身为 CONAE），作为国家能源部一个独立的技术机构以促进墨西哥能源效率的提高和可持续利用。2013 年墨西哥《国家能源战略（2013—2027)》也提出"效率、安全、可持续"的战略方针。由此可见，节能增效已成为中国和墨西哥能源政策的优先选择。

7.2.3　中墨两国环境保护政策比较

除供应安全、产业结构调整外，环境保护也已成为影响两国能源政策日益重要的因素。以前，人们普遍关注的是能源与经济增长的关系，近年来，人们越来越关注能源对环境的影响，在初级能源中，化石燃料对环境的影响最为严重。化石燃料占墨西哥和中国能源消费的 90% 左右（见图 7.2），两国不"清洁"的能源结构和日益增大的能源消费给生态环境带来巨大压力，中国能源供给结构不合理，高比例煤炭消费也造成了严重的环境污染。比较两国环境保护和节能减排战略，最基本的是了解两国能源消费与排放的数量和结构的不同。图 7.3 显示的是中墨两国在过去 50 多年中，三种不同形态的化石燃料物质（固体、液体和气体）排放的 CO_2 总量。图 7.4 反映的是两国 CO_2 人均排放量与排放强度的比较。图 7.5 反映两国化石能源中的 CO_2 排放对比。

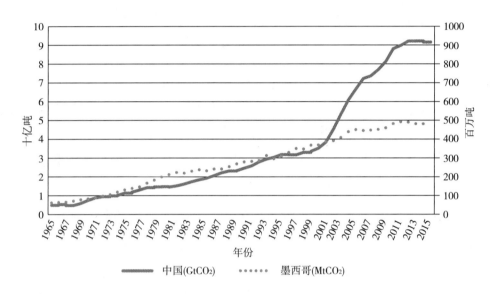

图 7.3　墨西哥、中国两国 CO_2 总排放量对比

资料来源：根据 BP 石油公司能源统计年鉴 2017 年数据汇总整理。

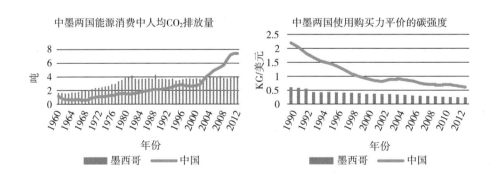

图 7.4　墨西哥、中国两国 CO_2 人均排放和碳强度对比

资料来源：根据世界银行数据绘制，美元以 2011 年计。

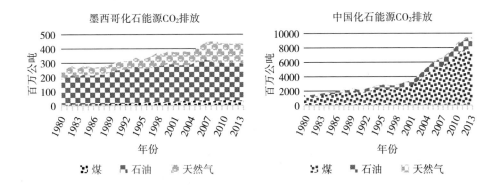

图 7.5 墨西哥、中国两国化石能源 CO_2 排放对比

资料来源：根据美国能源信息署（EIA）国际能源统计（2017）数据绘制。

根据 BP 石油公司能源统计数据显示，2016 年中国的 CO_2 排放量达到 9123.0Mt CO_2，中国当前已超过美国成为世界最大的 CO_2 排放国，排放量约占全球总量的27.3%，约为中国 1979 年改革开放之初的 6.3 倍，尤其自 2002 年起，CO_2 排放总量和人均 CO_2 排放量显著上升。然而，中国的碳排放强度在 1990—2013 年基本呈现逐年下降的趋势（见图7.4）。随着中国经济高速增长，2002—2007 年 CO_2 排放量快速增加与其工业排放、能源消费和能源生产有紧密的联系。对比其他国家，更值得指出的是，中国的碳排放显著上升与其依赖煤炭的能源消费结构直接相关（见图7.5）。

2016 年，墨西哥二氧化碳排放量为 470.3Mt CO_2，占全球排放总量的 1.4%，是全球第 12 大温室气体排放国。2012 年墨西哥 CO_2 排放量达到 491.8 Mt CO_2，为该国目前年度排放量的最高值（见图 7.3），1960—2013 年，其 CO_2 人均排放量的最高值出现在 1989 年，为 4.3 吨/人，2012 年和 2013 年的人均排放值均为 3.9 吨/人（见图 7.4），这可能意味着墨西哥已经接近 CO_2 排放量的峰值。墨西哥有相对清洁的能源结构，2016 年墨西哥发电量的 20.31% 由可再生能源和核能产生，煤炭发电只占总发电量的 7%。

近年来，全球变暖、酸雨污染恶化等全球环境问题和气候变化问题不断涌现。从历史比较的角度，中国的碳排放效率已有了很大的提高，碳排放强度也有了明显的下降。中国的碳排放解决了中国的发展问题，同时也带来了较为严重的环境污染问题。造成中国当前雾霾的重要原因与其能源结构有直接的关系，2016 年中国的煤炭约占一次能源消费比重达 61.8%，天然气比重仅为 6.2%，而全球天然气占一次能源消费比重为 24.1%（见图 7.1）。中国的二氧化碳排放量约为墨西哥的 20 倍（见图 7.3）。中国在气候议题上面临的国际压力远远高于墨西哥。

在一定的经济状态和经济增长速度下，构成相应的能源—经济关系，通过能源投入与污染排放物的物质守恒，计量污染物排放。然而化石燃料是不可回收的可耗竭资源，能够从环境中开采的化石燃料是有限的，它的特点决定了其耗竭速度必然快于其他资源。而阻止能源资源耗竭的发生主要有两种方法：一是实行可能的资源替代，二是技术进步。在有限的能源资源不能满足需求时，使用替代能源资源可以在不依靠单一能源资源的情况下，维持经济活动。2012 年墨西哥《气候变化法》规定，对比 2000 年，到 2020 年温室气体要减排 30%，到 2050 年要减排 50%，到 2024 年清洁能源发电在总发电量中要占到 35% 的比例。2015 年 12 月，墨西哥颁布《能源转型法》，该法制定了清洁能源占发电量的比例目标，到 2018 年占 25%，2021 年占 30%，2024 年占 35%。进一步以法律手段明确了资源替代的阶段性目标。中国已分别在 2009 年哥本哈根气候大会和 2011 年德班气候大会上做出承诺，到 2020 年全国单位国内生产总值二氧化碳排放比 2005 年下降 40%—45%。为实现这一目标，中国的"十二五"规划（2011—2015）提出"逐步建立碳排放交易市场"，以进一步采取措施减排。2014 年 11 月，中美两国发布《中美气候变化联合声明》，中国提出在 2030 年前后 CO_2 排放达到峰值，2030 年非化石能源占一次能源消费达到 20% 左右的目标，并在 2015 年巴黎气候大会上再次重申了中国的决心。同时，中国政府发布《能源发展战略行动计划（2014—2020 年）》，确定中国未来能源产业发展的大方向。中墨两国近年来纷纷采取政策法律等措施减少温室气体排放以保护环境，实现可持续发展，但是墨西哥更加注重通过法律的形式予以明确规定，而中国习惯于在政策方针中给予规定。

7.3　中墨两国能源治理体系比较

能源治理体系是各国能源安全与经济发展的"生命线"。日益严峻的能源问题促使世界各国都非常重视建立完善的能源治理体制。中墨两国能源治理体系的比较主要涉及两个层次：一是政治体制，二是能源监管体制。就政治体制而言，中国和墨西哥两国存在很大的差异，墨西哥是联邦制政体，而中国是单一制政体。就能源政策的立法、行政和实施而言，墨西哥决策过程较为漫长、行政效率相对较低，而中国由国家统一制定法律，行政上实行统一领导和管理，其政府的工作效率要高于墨西哥，尤其是在能源基础设施的建设水平、规模和速度上。就能源治理体制而言，中国经历了一个从集中走向分散、从分散走向集中的过程。不论是中央与地方的放权与集权、采取分散治理方式还是集中治理方式，能源治理职能时常调整，其间伴随着利益博弈。

2012 年，《中国的能源政策》白皮书发布，指出中国将坚定地推进能源领域改革，加强顶层设计和总体规划，加快构建有利于能源科学发展的体制机制。2013 年，中国国务院实施政府机构改革，将电监会和国家能源局合并组建新的国家能源局，完善能源监督管理体制。国家能源局的重组，开启了中国能源行业"政监合一"的治理新模式（见图 7.6）。目前，中国国家能源委员会是国家最高能源领导与协调机构，国家能源局及派出机构着力构建能源监督管理的新格局，这种体制将能源治理与经济社会发展规划和宏观调控有机结合。

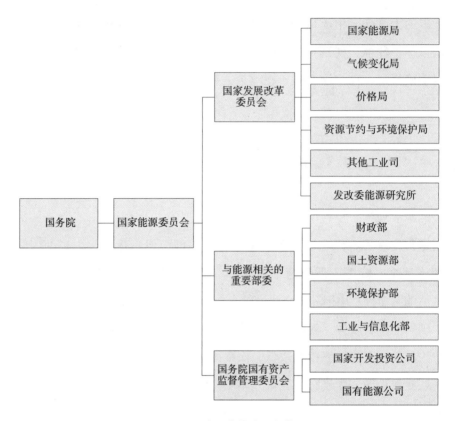

图 7.6　中国能源治理机构

资料来源：根据中国国家发改委、国资委、能源局官方网站信息绘制。

　　1938 年，当时的墨西哥总统拉萨罗·卡德纳斯颁布宪法第 27 条，将石油工业收归国有，并在宪法中明令禁止私人和国外资本进入本国能源领域。墨西哥历届政府都在能源领域进行了不同程度的探索与改革，但并没有取得预期效果，甚至能源行业还陷入了长年不景气的怪圈，直到 2013 年 12 月，墨西哥国会通过能源改革法案，修改宪法第 25、27、28 条，全面开放能源行业，这是自 20 世纪50 年代该国通过利润和产量分成合同开发生产碳氢化合物和电力以来的首次开放市场。作为 2013 年启动的雄心勃勃的结构性改革计划的一部分，墨西哥政府推出了该国能源部门的重大转型。改革重组了石油和天然气工业，不仅为所有墨西哥人的利益增加投资和政府收入，而且通过在立法中纳入清洁能源目标以解决环境问题。它向国内、国外，公共和私人实体开放国家碳氢化合物资源，结束国家石油公司的垄断地位。墨西哥能源管理体制改革主要是把国家碳氢化合物委员会和能源监管委员会从政府实体过渡到独立监管机构。CNH 负责监管油气上游行业的所有活动，以及进行公开拍卖和招标。CRE 负责监管电力行业和电力部门，并监督油气中下游的运营。这些改革为 CNH 和 CRE 提供了自主权和独立性。同样重要的是，国家电力行业完全开放给私人参与，以降低电力成本，促进向可再生能源转型，并扩大电力覆盖面。对部门监管的体制框架作了相应的重大修改，包括修改宪法。这一新的体制框架加强了现有的监管机构并创造了新的监管机构，对不同联邦实体的职能和权力结构进行了划分与改变。墨西哥充分借鉴北美成熟的自由市场经验，构建政府与社会行业组织合作的监管治理新模式，国家公司不再承担政府职能的能源新政策（见图 7.7）。

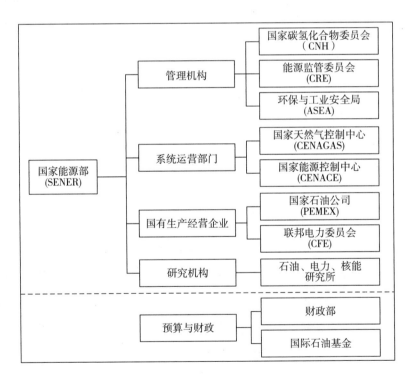

图 7.7　墨西哥能源部门新机构框架

资料来源：Seelke，C. R.，Villarreal，M. A.，Ratner，M.，et al. MEXICO'S OIL AND GAS SECTOR：BACKGROUND，REFORM EFFORTS，AND IMPLICATIONS FOR THE UNITED STATES＊．*Current Politics and Economics of the United States*，*Canada and Mexico*，2015，17（1）：199.

7.4　中墨两国能源市场化改革比较

市场化是还原能源商品属性、建立有效竞争机制、形成能源产业竞争的关键所在，也是能源体制革命的重要方向。中墨两国经济体制中均存在诸多不合理的行政管制，如何推进能源管理体制改革、开放国内外市场、形成由市场决定能源价格的机制是中墨两国能源政策面临的共同挑战。中墨两国虽然都在深入推进能源市场化改革，但改革的各项要求和具体措施仍然有明显的差异。

（1）能源市场准入方面比较，中墨两国能源行业均存在国有企业垄断结构。自 1938 年以来，油气行业一直被国有企业墨西哥国家石油公司所垄断，电力行业一直被联邦电力委员会控制。为了彻底改革能源行业，保障经济持续稳定增长，2013 年 12 月，墨西哥国内最重要的能源改革法案被国会批准，修改宪法第 25、27、28 条，允许私人资本全面进入该国的能源行业。2014 年 8 月，随着能源改革二级法案的通过，一系列法律法规的建立，整个国家能源行业正进行着结构性的变革。墨西哥国家石油公司和联邦电力委员会由原来的政企合一的机构转型为国有生产经营企业，与其他私人资本（含外国资本）共同进入墨西哥油气和电力行业上中下游市场，公平自由竞争，开展能源开发生产经营活动。墨西哥能源市场准入开放度比中国高。目前，中国能源企业大多为大型国有企业，其中又以中央企业为主，民营资本进入较少，市场主体不健全，竞争不充分，行业分割和垄断现象依然存在。2015 年中石油一家公司的石油和天然气产出分别占全国总产量的 54% 和 77%。不仅如此，中国国有石油企业还可利用其行政性垄断地位以低于市场价格的方式获得融资、用地、资源使用。而油气体制改革是能源改革的重中之重，中国油气行业目前仅仅放开上游页岩油、页岩气或新增常规油气区块，采取招标方式，允许私人资本进入，而"三桶油"因国家行政授予的占全国已探明储量 80% 的传统油气区块仍然未能开放。中国的电网组织高度集中，国家以垂直一体化的模式对电力行业严格管控，输配售一体化经营，电力体制缺乏创新与活力。虽然中国政府正在加快推进统一开放、竞争有序的能源市场体系建设，构建主要由市场决定的能源价格形成机制，但对于中国而言，墨西哥能源市场则更为开放。

（2）从能源市场经营而言，能源价格管制对于实现市场配置资源发挥着决定性作用，能源价格的开放和补贴的取消是市场经营的关键。2013 年墨西哥能源改革后，国有能源公司将与其他外国公司和私人企业共同在能源市场上展开竞争。2014 年国家开始征收化石燃料的碳税，2017 年之前汽油和柴油的零售价格将被提高，同时，将取消对化石能源的补贴，2018 年开始，汽油价格已经放开由市场来决定。近年来，中国已经开始推进能源价格体制改革。2013 年 11 月，中共十八届三中全会《决定》指出，要完善主要由市场决定价格的机制。凡是能由市场形成价格的都交给市场，政府不进行不当干预。推进石油、天然气、电力等领域价格改革，放开竞争性环节价格。这是中共中央对建立和完善现代能源市场体系、推进能源价格改革做出的明确而清晰的表述。2015 年 10 月，《中共中央国务院关于推进价格机制改革的若干意见》下发，意见明确指出，到 2017 年，竞争性领域和环节价格基本放开，政府定价范围主要限定在重要公用事业、公益性服务、网络型自然垄断环节。到 2020 年，市场决定价格机制基本完善，科学、规范、透明的价格监管制度和反垄断执法体系基本建立，价格调控机制基本健全。与中国以往改革最大的不同是本次能源价格改革设定了时间表，但其效果如何尚待检验。

（3）能源市场监管方式比较。2014 年 8 月，墨西哥能源改革二次法案通过，对能源相关机构的监督管理职能进行了明确划分。国家碳氢化合物委员会和能源监管委员会从政府实体过渡到独立监管机构。CNH 负责监管油气上游行业的所有活动，以及进行公开拍卖和招标。CRE 负责监管电力行业和电力部门，并监督油气中下游的运营。这些改革为 CNH 和 CRE 提供了自主权和独立性。而中国能源系统首个独立监察机构——国家电监会于 2003 年成立，但因其没有获得完整的电力监管职能，尤其是电价监管职能仍然被中国国家发展改革委员会掌握，电监会角色有些尴尬。而中国的能源管理、监管体制存在的主要问题包括：政府与市场的分工与边界没有真正厘清。相对于电力系统政府监管细节的过多过滥，另一个重要的能源——石油天然气还没有专门的监管部门。中国政府部门较重视经济性监管，即所谓的项目审批等，而对涉及安全、环保等的社会性监管还相对欠缺。为了应对能源需求的快速增长，推进能源改革，治理能源管理政出多门的弊端，2013 年，中国撤销电监会，将其职能并入新组建的国家能源局。对国家能源局而言，也面临和电监会一样的尴尬，在能源价格管理上，只有建议权。国家能源局仍然缺乏对能源行业的综合管理，但目前"政监合一"的管理模式为将能源监管逐步扩大到多个领域奠定了基础。

7.5　结论

第一，中墨两国的能源资源禀赋和消费结构差异大。从两国能源进口来源来看，中国油气和墨西哥的天然气进口受地缘政治影响较大。节能增效都已成为中国和墨西哥能源政策的优先选择，中墨两国近年来纷纷采取政策法律等措施减少温室气体排放以保护环境，积极发展替代能源以实现可持续发展。

第二，中墨两国的能源资源分布与能源主要消费地存在一定距离，富集区与需求区逆向分布，能源运输是制约两国能源供给的瓶颈。两国正处于经济增长方式和增长结构的深层次调整阶段，必然会带来能源供给与消耗领域的重大转变。两国能源供给结构不合理，应针对能源需求形成有效供给，做好能源供给侧和需求侧改革。应重视电力在能源结构调整中的基础性作用，实施电力价格市场化改革，通过电力调节可再生能源、页岩油气等非常规能源，加快优化能源结构。

第三，墨西哥能源市场准入开放度比中国高。虽然中国和墨西哥对能源监管都实行"政监合一"的治理模式，但是中国国家能源局目前只能监管电力行业，对油气资源行业还未能真正实施监管，而墨西哥能源部和能源监管委员会已对能源行业实行全面监管。相比较而言，中国在改革过程中更多地依赖一种市场与管制手段并用的混合体制，中国能源政策更多地具有"自上而下"的特征，而墨西哥能源政策已经开始依赖于市场自发调节。两国虽然都坚定不移地推进能源市场化改革，但是在改革的具体措施上仍然有明显的差别。

第 8 章　中墨能源合作展望及对中国的启示

本章从中墨能源合作的现状、优势、机遇和挑战四个方面分析中墨两国能源合作，提出深化中拉能源合作的政策建议，并在第 7 章两国能源政策对比分析的基础上提出墨西哥能源改革政策对中国的启示。

8.1　中墨能源合作进程与展望

近 20 年来，中国与拉美地区的经济关系日益紧密，尤其是中国加入 WTO 之后。时至今日，这种紧密的经济关系体现在双边贸易的增长上，中国已成为拉美地区的重要贸易伙伴。当前中拉经贸合作正处于前所未有的战略机遇期，一方面，拉美国家在世界格局中的地位不断上升；另一方面，在经济全球化历史发展大趋势中，中拉整体合作也迈入了新阶段。中国和拉美具有天然产业互补性和经济利益的一致性，拉美的发展需要中国，中国的发展同样离不开拉美，中拉经贸合作是中国"走出去"战略和中拉共建"一带一路"倡议的重要组成部分。

党的十八届三中全会《中共中央关于全面深化改革若干重大问题的决定》中明确提出"扩大企业及个人对外投资，确立企业及个人对外投资主体地位，允许发挥自身优势到境外开展投资合作"。中国与拉美的贸易投资关系是中国全球战略和未来经济发展的利益着力点，也是中国经济发展的重要增长点。墨西哥和中国是加强全球国际经济合作的两个重要推动者，双边投资合作的积极态势造福两国企业和社会。国际能源合作是"一带一路"建设的重要内容和先行产业，既是中墨全面战略伙伴关系的重要组成部分，也是中国能源战略的重要组成部分。中国作为世界最大的能源消费国，需要来自墨西哥的石油和天然气资源，并实施"走出去"的国家战略，墨西哥也需要推进能源改革，继续开辟美国以外的能源市场，发挥能源地缘政治价值，使其政治关系和对外经济关系多样化。

8.1.1　中墨能源合作进展情况

从 1993 年起，中国成为石油净进口国，开始实施"走出去"战略，同年，中国石油企业首次进入拉美市场拓展业务。2003 年 4 月，中石油集团东方地球物理勘探有限责任公司中标墨西哥国家石油公司三维地震采集项目，合同额 9360 万美元。2007 年，中石化旗下胜利钻井工程定向井公司就与 PEMEX 开展合作，为阿尔塔米拉（Altamiar）区域内的埃巴诺—帕努科区—卡卡利劳油田提供钻井技术服务。2007 年 8 月至 2011 年 7 月墨西哥第一轮项目结束，合同井口数由 95 口追加到 131 口，创出了国内单部钻机完成 100 口短半径水平井、同时为 2 口井提供服务的先例，在墨西哥美洲高端市场树立了信誉，为赢得更大的市场空间打下了基础。2013 年 4 月，中石化地球物理公司中原分公司中标墨西哥 DS 公司二维地震采集项目，这是中国石化物探队伍首次进入墨西哥市场。中海油服墨西哥公司于 2006 年成立，位于墨西哥坎佩切州（Campeche）卡门市，是墨西哥拥有海上钻机数量最多的公司之一。经过几年的发展，中海油服墨西哥公司已成为当地知名的一体化油田服务供应商，先后为当地所在油公司客户提供过模块钻机、钻井平台、船舶及油田服务捆绑服务。2015 年，中海油服墨西哥公司安全顺利地完成了客户 PEMEX 要求的各项高难度作业，并以行业优异的99.67% 作业时效完成了作业者交与的作业任务，实现了安全生产经营，以实际行动证明中海油服是客户值得信任的合作伙伴。中海油田服务股份有限公司（"COSL"或"集团"）宣布公司的全资子公司墨西哥公司被墨西哥国家石油公司评为"PEMEX2016 年度优秀承包商"。中海油服墨西哥公司连续两年获得此项殊荣。

中墨领导人在两国能源领域上的合作意愿强烈，中墨在油气、电力和可再生资源三大领域有很大的合作空间。墨西哥总统恩里克·培尼亚·涅托在博鳌亚洲论坛 2013 年年会期间访华，墨西哥国家石油公司与中石化（Sinopec）签署了为期两年的供油协议，墨西哥对华原油出口由此前每月 5 万桶猛增到每天 3 万桶。这一协议在墨西哥国家石油公司的历史上有着里程碑式的意义，这是 PEMEX 与中国公司签署的第一份长期原油供应协议，协议使得墨西哥国家石油公司开拓了新的市场，增加了收入，这也是墨西哥总统恩里克·培尼亚·涅托访华的重要成果之一。墨西哥国家石油公司与中石油等中国企业还签署了一系列的合作《谅解备忘录》，内容涉及开采、技术和对墨西哥国家石油公司技术人员进行能力培训等方面的合作。此外，2013 年 6 月 4 日，新兴际华集团、中国石油天然气集团公司等中国企业与墨西哥国家石油公司合作意向就列入了中墨联合声明中。

2013 年 9 月和 10 月中国国家主席习近平提出建设"一带一路"的合作倡议。在"一带一路"倡议提出之前，中国积极实施"走出去"战略，中国主要能源公司与墨西哥已经开展了相关合作，但仅限于提供技术和劳动服务相关。2013 年 12 月 20 日，墨西哥总统恩里克·培尼亚·涅托签署能源改革法令，结束了国家对能源行业的垄断，就在同一天，新兴铸管与墨西哥相关公司正式签署《设立中墨能源投资基金之框架协议》，基金总规模高达 50 亿美元，成为墨西哥能源改革后首个进入该国能源行业的外资公司。"一带一路"倡议为中国能源企业"走出去"创造了东风。中国海洋石油公司将墨西哥视为全球布局中一个重要组成部分，2016 年 12 月 5 日，墨西哥对外开放石油开采权以来的第四次石油区块拍卖中，中国海洋石油公司中标这一区域10 个深水区块中的 2 个，这也是中国能源企业首次中标墨西哥深水石油区块。

在电力投资方面，中国企业硕果累累。2015年1月9日，墨西哥联邦电力委员会将墨西哥南部位于格里哈尔（Grijalva）河上的奇科森（Chicoasen，或译为切柯辛）二期，价值3.846亿美元的水力发电站建设项目合同授予中国水电集团。该水电站将向恰帕斯州（Chiapas）的53.7万户家庭供电。2017年中国水电七局与山东电建一公司组成的紧密联营体以"电建国际墨西哥子公司"名义，与墨西哥联邦电力委员会正式签约"墨西哥2002北部—西部交流输变电（一期）工程"，该工程项目位于墨西哥奇瓦瓦州（Chihuahua）及瓜纳华托州（Guanajuato）。此次中标，是水电七局继墨西哥奇科森二期水电站项目之后，在墨西哥中标的第二个项目，也是与CFE第二次合作，进一步拓展了墨西哥水电投资市场。2016年4月，中国光伏企业晶科能源参加墨西哥首个长期电力招标，成功中标3个光伏太阳能项目，共计188兆瓦。晶科能源开发并建造中标的电站项目，其中2个项目位于尤卡坦州（Yucatan），1个项目位于哈里斯科州（Jalisco），所有电力将向墨联邦电力委员会出售。预计3个项目年发电量将超过5亿度，可减少约20万吨二氧化碳排放。同时，中国东方日升公司已获得墨西哥杜兰戈州（Durango）建设光伏电站的许可证，该项目总装机容量达300兆瓦，为墨西哥乃至拉丁美洲装机容量最大的光伏单体电站项目。在2016年墨西哥第二轮长期电力拍卖中，中国常州天合光能有限公司中标位于墨西哥阿瓜斯卡连特斯州（Aguascalientes）的133兆瓦单体电站项目。2017年，在墨西哥举行的第三轮长期电力拍卖可再生能源竞标中，天合光能有限公司与三井物产株式会社合作并成功中标位于墨西哥萨卡特卡斯州（Zacatecas）的104兆瓦单体光伏电站项目。中国企业对墨西哥能源领域的投资是中墨两国有益的互补合作，通过投资墨西哥水电项目、光伏项目和深水石油开发项目，证明中国企业有机会也有能力参与到墨西哥能源改革的进程中来。

目前，中国是增长最快的能源消费市场，外争资源、内守市场的态势，让中国能源企业内外受压，暂且看不到减压的有效战略和改革行动。随着中国对能源需求的不断增加和对外投资实力的不断增强，加强对资源国在资源和市场两个层面的协同合作，已然成为新的发展方向。

8.1.2 中墨能源合作的优势

（1）两国有着良好的政治关系。墨西哥是重要的拉美国家，墨中交往渊源久远。1972年2月14日，墨西哥与中国建交，是继古巴、智利、秘鲁之后，第四个与中国建交的拉美国家。自两国建交以来，两国间的交流合作波澜曲折，近些年来呈现出积极发展的势头。2003年12月，温家宝总理访墨，两国建立战略伙伴关系。2004年8月，中墨成立政府间两国常设委员会。2008年7月，中墨建立战略对话机制。2012年，对华友好的墨西哥革命制度党重新执政后，两国关系进一步快速发展。墨西哥总统恩里克·培尼亚·涅托于2013年4月对中国进行国事访问并出席博鳌亚洲论坛。在访华期间，墨西哥国家石油公司同意通过中国联合石化向中方出口石油，此外墨西哥国家石油公司还与新兴际华集团、中国石油天然气集团公司等中国企业签署协议，其后两国能源领域的经验交流与合作日益密切。2013年6月4日，习近平主席访问墨西哥，两国领导人签署联合声明，确定将中墨两国关系提升为全面战略伙伴关系，开启了两国关系的新时代，两国的能源合作也是联合声明的重要内容。2013年9月4日，在G20圣彼得堡峰会前夕，中墨两国领导人举行会晤，并签署备忘录，宣布由中国国家发展改革委员会和墨西哥财政与公共信贷部共同组建中国—墨西哥政府间高级投资工作组，以促进和扩大中墨两国投资领域合作。2014年8月5日，中国国家发展改革委员会主任徐绍史出访墨西哥，同墨西哥财政与公共信贷部长路易斯·路比德·加赖·路卡索（Louis Lubide Gara Lucaso）共同主持首轮中国—墨西哥政府间高级投资工作组会议，墨西哥出席会议的高级官员还包括外交部长、经济部长、能源部长和PEMEX总裁，明确在基础设施建设、能源以及制造业等领域的投资机会。恩里克·培尼亚·涅托总统2014年11月来华出席亚太经合组织第22次领导人非正式会议并对中国进行国事访问。访华期间与中国建立了中墨基金，该基金的投资方为中国国开金融、中投公司以及墨西哥国有开发银行及基金。基金首期规模 12 亿美元，主要用于基础设施、工业、旅游和能源等领域的投资，同时助力中方企业和墨西哥公司在能源项目上的投融资合作。2016 年 9 月 4 日，习近平主席在杭州会见来华出席 G20 杭州峰会的墨西哥总统培尼亚，双方一致表示将持续推进中墨全面战略伙伴关系深入发展。2017 年 9 月 4 日，习近平主席在厦门会见来华出席新兴市场国家与发展中国家对话会的墨西哥总统恩里克·培尼亚·涅托，习近平在会见时提出，墨西哥是"'一带一路'建设向拉美自然延伸的重要节点"，"一带一路"也是墨西哥总统此次访问的一个重要亮点。恩里克·培尼亚·涅托表示，墨西哥愿积极参加"一带一路"建设，加强同中国经贸、投资、能源等方面的合作。自 2013 年两国建立全面战略伙伴关系以来，中墨关系进入全面、快速发展的新时期，中墨双边互动的亲密程度达到了历史新高。两国元首多次互访、会晤，双方政治互信不断加深，各领域交流合作蓬勃发展，为两国关系的高水平运行提供了坚实的政治保障。中墨两国之间良好的政治关系为在能源领域的合作奠定了坚实的基础，中墨合作潜力巨大，意义重大。中国是世界经济增长的重要引擎，两国在许多重大问题上有共识，其中能源合作也已成为中墨全面战略伙伴关系的重要组成部分。

（2）两国经贸关系发展迅速。2017 年，墨西哥是中国在拉美第二大贸易伙伴、第一大出口市场和第三大进口来源国。自 2000 年以来，双方贸易额显著增长，尤其是中国加入 WTO 以后，2002 年双方贸易总量年增长率达到最高点的 55.93%，美国次贷危机发生后，中墨两国贸易额在短期内下滑，但是在 2010 年强烈反弹，直到 2015 年仍保持正向增速，2016 年才略有下降。2017 年，中墨贸易额为 476.7 亿美元，同比增长 11.7%，其中中方出口 359 亿美元，同比增长 10.9%，进口 117.7 亿美元，同比增长 14%。从 2000 年到 2017 年，中墨双方贸易额年均增长超过 25%（见图 8.1）。

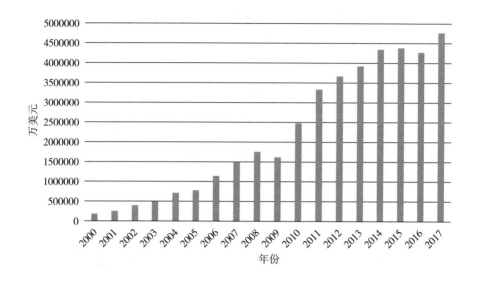

图 8.1　中国同墨西哥进出口总额（2000—2017 年）

资料来源：根据中国国家统计局相关数据整理绘制（http：//data. stats. gov. cn/
search. htm？ s = % E5% A2% A8% E8% A5% BF% E5% 93% A5）。

自 2013 年 6 月墨西哥与中国建立全面战略伙伴关系以来，中墨关系进入
全面、快速发展的新时期。中墨经贸关系取得了实质性进展，中国已经成为
墨西哥全球第二大贸易伙伴，也是墨西哥产品出口第三大目的地国，如今在
中国市场上来自墨西哥的产品越来越多、越来越丰富，八种新的墨西哥产品
进入中国食品市场，包括白玉米、牛肉和猪肉、乳制品、鳄梨、黑莓、啤酒
和龙舌兰酒。2014 年 11 月，恩里克·培尼亚·涅托总统访问中国，墨方希望
扩大双边贸易投资合作，推动互联互通，共同打造中墨两国"一二三"合作
新格局，即以金融合作为引擎，以贸易和投资合作为主线，以基础设施、能
源、高技术合作为重点。两国元首见证了包括《中墨基金合作框架协议》在
内的多项协议签署。2015 年 10 月，第九届中拉企业家高峰会在墨西哥瓜达拉
哈拉市（Guadalajara）成功举行，为中拉、中墨开展产能合作和加强企业对
接提供了重要平台。实际上，中水电中标奇科森二期水电站、海信收购夏普
在墨资产已经为双方产能合作开了好头。中国试图将自己作为美国的替代国

出现在墨西哥，利用墨西哥能源改革为外国投资行业打开了大门这个契机。2016 年 12 月，中国海洋石油公司（CNOOC）成功中标墨西哥两个区块的深水油气田开发，计划在未来 35 年内在墨西哥投资 80 亿美元，表明两国都希望将经济关系继续向前推进。2017 年 9 月，墨西哥政府同中国电商巨头阿里巴巴签订了一份战略合作协议，让更多的墨西哥产品进入阿里巴巴的电商平台，此举旨在帮助墨西哥中小企业在国际和中国市场上拓展业务，利用阿里巴巴帮助墨西哥加强与中国的贸易关系，墨西哥经济与中国的融合可能最终找到平衡点。墨西哥正在努力使其在北美以外的经济多样化，并在亚洲的价值链中建立自己的地位，未来墨西哥与中国的联系势必逐渐加强，墨西哥的市场和资源对中国企业充满了吸引力，而中国政府也希望两国关系发展在打造中拉命运共同体和共建"一带一路"进程中发挥好示范带头作用。

8.1.3　中墨能源合作面临的机遇

（1）"一带一路"倡议与墨西哥综合改革方向契合。"一带一路"倡议正式延伸至拉美，中墨两国在深化改革中寻找合作发展新动力。习近平在 2013 年 9 月和 10 月出访中亚和东南亚时提出了共建丝绸之路经济带与 21 世纪海上丝绸之路的构想，这也被称为"一带一路"倡议，它是中国对外经济政策的支柱与核心。2018 年是"一带一路"倡议提出 5 周年。5 年来，"一带一路"建设取得丰硕成果，越来越多的国家和地区从中受益。据中国国家发展改革委员会信息显示，截至 2018 年年底，中国已与 122 个国家和 29 个国际组织签署了 170 份"一带一路"合作文件，涵盖亚洲、非洲、欧洲、拉丁美洲、南太平洋地区国家。倡导"一带一路"建设，标志着中国扩大开放，国际合作步入一个新时期。2018 年 1 月，在智利首都圣地亚哥召开的中拉论坛第二届部长级会议上通过了《圣地亚哥宣言》《中国与拉美和加勒比国家合作（优先领域）共同行动计划（2019—2021）》，并专门通过和发表了《"一带一路"特别声明》，标志着"一带一路"倡议正式延伸至拉美。目前，中墨都处于深化改革的关键阶段。中国正在全面深化改革，推动新一轮对外开放。

目前，墨西哥国家发展计划2019—2024正在国内进行公众咨询工作，按墨西哥财政和公共信贷部的时间安排，该发展计划草案将于2019年4月底送交国会众议院审批。此发展计划草案主要包含三个主题：正义与法治、福利、经济发展。其中经济发展的重点包括基础设施、运输、能源、电信、金融和旅游业等。由此可以看出，能源、电信、金融、基础设施建设等既是墨西哥经济发展的重点，也可以成为中墨两国合作的聚焦点。下一阶段，双方将不断寻找在中高端制造业等部门推进产能合作的机会，积极打造中墨务实合作升级版。只有双方围绕改革做文章，加强发展战略对接，才能够不断扩大利益汇合点，开辟合作新局面。

（2）墨西哥和美国关系出现裂痕。2019年年初委内瑞拉国内爆发政治危机，2019年1月4日，由14个美洲地区国家组成的"利马集团"在秘鲁首都利马举行外长会议并发表声明，拒绝承认马杜罗（Nicolás Maduro）新任期的合法性，并敦促马杜罗将权力移交给反对派控制的国会，直到举行新的选举。该项声明唯独墨西哥选择了拒绝签署。1月23日，墨西哥官方宣布不会支持瓜伊多（Juan Guaidó）的主张，并将继续承认马杜罗的总统任期。墨西哥政府不会参与其他国家的内部和主权事务，支持和平解决危机的办法。墨西哥政府的不干涉主义立场根源于自己曾经是美国干涉的受害者，1846年爆发的墨美战争使墨西哥被迫向美国割让了一半的领土，它自身就是世界上第一个遭受美帝国主义军事干涉的国家。激进左翼出身的奥夫拉多尔总统的立场是反对对委内瑞拉强制政权更迭或军事干预，而这一立场有可能导致墨美关系恶化，从另一方面看，这将为继续促进和发展中墨关系带来利好。

（3）中墨两国有着互利共赢的能源合作关系。中国已成为世界第二大经济体，经济增长速度较快，对能源的需求急剧上升。中国作为世界最大的能源消费国，面对急剧增长的能源消耗，只能依赖海外市场。而在国际能源合作领域，中国虽然取得了长足进步，但依然存在较大劣势。如今，中国能源需求越来越依赖国际市场，2018年石油对外依存度首次超过70%，天然气对外依存度攀升至45.3%，且都将继续增长。石油严重依赖中东和非洲，天然气依赖俄罗斯、中亚、东南亚和澳大利亚等。当前中国尚未与这些地区形成有效的多边合作机制，且游离于多边国际能源组织之外，这种局面不符合中国国家利益。2014 年 6 月，习近平在中央财经领导小组会议上指出："全方位加强国际合作，有效利用国际资源。"能源合作是中拉政策倡议的关键因素，2016 年 11 月，中国政府发布第二份对拉政策文件，中方愿本着合作共赢、可持续发展的原则，扩大和深化中拉能源资源领域合作。墨西哥是拉丁美洲第 2 大自由市场经济体，它与 46 个国家具有广泛的自由贸易协定（FTA），与美国和加拿大共同组建了北美自由贸易区（2018 年 9 月升级为 USMCA），将其连接到超过 10 亿消费者、占全球 60% GDP 的一个全球性的市场网络，投资消费前景广阔。同时，墨西哥是世界重要的油气资源大国，目前也正在寻求长期而稳定的石油出口市场。墨西哥在 2013 年修改了宪法，能源部门改革保持政府对其资产的控制，同时向私营部门开放勘探与开发石油和天然气等资源，这些改革为增加与中国的贸易和吸引中国投资提供了良好的机会。除了石油和天然气勘探和生产，墨西哥还提供了发电和输电等投资机会。墨西哥正在经历能源领域的结构性变化，墨西哥国家石油公司债务沉重，已建成油田的产量水平正在下降。由于该部门以前一直缺乏资金和相关工程技术经验，无论是设备维护还是新的勘探和开发都会遇到阻碍。而拥有雄厚财力资源和技术优势的中国公司将对墨西哥石油公司的未来产生重大影响，中墨能源合作互补性强。

（4）墨西哥能源改革自身对外开放的需求。雄心勃勃的结构性改革需要外资，墨西哥是一个工业化经济体，国家主要目标是促进国家经济发展。墨西哥领土拥有丰富的自然资源，包括石油和天然气，墨西哥在可再生能源方面也具有相当大的潜力。强而有竞争力的能源市场以及对可再生能源的开发利用可能是任何国家成为发达经济体的关键因素。而在未来几十年的情景中，世界将需要更多的能源，到 2040 年至少增加 30%。随着能源部门的开放，墨西哥面临着利用这一新兴产业带来的机遇与挑战。改革正在改变能源行业，并提高创建新业务和培训能源专业人员的需求，使该国在这一问题上的愿景与全球能源与环境发展的趋势保持一致。墨西哥政府认识到这一挑战带来的投资规模——未来15年约1500亿美元。这就是为什么它试图使改革更有利于私人资本并创造吸引投资者所需的条件：一个基于市场原则的精心设计、稳定和可预测的监管框架。改革已经深刻地改变了墨西哥能源部门的结构，但有必要通过制定明确的能源目标和促进生产者和供应商的程序来巩固市场自由化，保持监管稳定性，使投资在中长期具有可见性。

（5）中国投资墨西哥将获得市场竞争优势。首先，墨西哥的生产成本比中国低。根据波士顿咨询集团的报告，墨西哥电子产品出口从2006年到2013年增长了3倍，达到780亿美元。夏普、索尼和三星等亚洲公司对墨西哥电子制造业的投资约占三分之一，而十年前这一比例仅为8%左右。主要原因是与中国相比，墨西哥的生产率更高，而中国的劳动力成本飙升，劳动力成本接近。其次，在拉丁美洲国家本地化生产意味着他们可以更直接地获得这些商品的市场准入，拉丁美洲国家的本地化生产允许中国绕过在中国生产这些商品并将其运往海外所产生的许多贸易壁垒。中国对墨西哥的近期和中期投资最有可能增加的另一个原因是中美贸易关系不稳定。墨西哥的本地化生产将使中国公司能够绕过许多贸易和非贸易壁垒。USMCA的条款旨在增加该地区各行业的商品供应，减少从中国进口的商品。而中国投资墨西哥可以在墨西哥与美国的边境地区以及该国的内陆地区进行生产。对于在墨西哥投资安装生产产品出口到美国和加拿大的中国公司来说，墨西哥为中国提供了良好的机会。中国通常为三个主要领域的项目提供资金：交通基础设施、能源和高科技合作项目。这些投资领域与墨西哥政府的发展计划高度契合。

8.1.4　中墨能源合作面临的挑战

（1）来自墨西哥方面的挑战。

第一，政治互信不足，两国经济发展具有竞争性。中国和墨西哥两国政治制度和经济制度差异大，双方价值观有差异，尤其是近些年来中国经济快速发展，给墨西哥带来了竞争压力，墨西哥部分民众和政客认为："中国以

'一带一路'建设为工具，以亚洲基础设施投资银行、丝路基金为手段，制造债务陷阱以掠夺资源，推行新殖民主义。"少数居心叵测的政客更是不遗余力地宣扬"中国威胁论"。如2014年11月，墨西哥政府突然取消中国铁路建设总公司（CRCC）对墨西哥高速铁路项目的招标，该项目被视为推进两国经济关系的"象征"，究其主要原因是墨西哥在体制层面尚未做好与中国发展中长期关系的准备。中墨两国之间缺乏深入的对话与有效的交流，在美国市场中的竞争关系加剧了这一态势。墨西哥认为中国是它在北美市场的直接竞争对手，它是最后一个在2001年撤回对中国加入世界贸易组织的反对意见的国家。2002年中国加入世界贸易组织近一年后，墨西哥有200家加工厂关闭。同一时期，墨西哥在全球竞争力报告中下降了12位，而中国则上升了。与主要出口原材料的巴西、智利和委内瑞拉不同，墨西哥和中国同为新兴经济体，对美出口的都是具有附加值的加工产品，因此成了竞争对手。这导致墨西哥与中国的关系变得更加复杂。

第二，国内民主政治制度影响改革进程。2000年，比森特·福克斯（Vicente Fox）当选总统是墨西哥转向民主政治的重要标志，增加了政治多元化和对总统权力的更多制衡。革命制度党对墨西哥71年的统治导致精英驱动的政治决策过程相对简单直接。由于多党制的兴起和总统制的衰落，再加上各州政府对经济和社会发展重要性认识的日益提升，如今的政治决策过程更加复杂。墨西哥国会和立法体系起源于拿破仑式的专制行政管理实践，它不会向没有经验和效率的政治联盟屈服。总统恩里克·培尼亚·涅托为推动国内系列改革成立了跨党派联盟，以推动各党派、各政治势力在改革方面取得一致意见，但从实际情况看，在改革的部分内容上、方法上，各党派仍争执不断。2013年12月，墨西哥参议院讨论由执政党革命制度党和保守派反对党国家行动党共同宣布能源改革法案（草案），但是该法案遭到反对党民主革命党及其左翼联盟的极力反对。值得注意的是，墨政治形势的改变令投资面临不确定性。在新的能源法律颁布后，国家再生运动（MORENA）和民主革命党等政党成员抗议该项法律，因为此法涉及土地使用和道路权利。在2018年12

月 1 日的就职典礼上，奥夫拉多尔总统誓言要废除自由市场政策，并指责前任恩里克·培尼亚·涅托政府将拉丁美洲第二大经济体的能源产业开放给私人投资，导致石油产量大幅下降。总统的言论引发了投资者和商界的担忧，墨西哥未来的能源发展也是奥夫拉多尔总统任期内面临的关键问题之一。

第三，部分地区社团反对建设能源开发设施。与拉丁美洲其他国家和地区一样，墨西哥的项目开发商在获得土地权利和获得当地社区同意建设发电厂和输电线路方面面临重大挑战。新的《电力产业法》要求，在启动一个项目之前，能源部必须与包括土著在内的居民进行正式磋商。根据国际劳工组织（International Labour Organization）2011 年制定的《宪章》第 169 条，墨西哥还要求在项目开发之前和居民进行自由和知情磋商，但具体程序尚不完善，实施也参差不齐。墨西哥法律要求能源公司支付当地社区的土地使用费，并规定这些费用的数额应由公司和居民直接协商确定。法律要求将社会影响评估作为批准任何新能源项目的先决条件。墨西哥复杂的土地所有权结构进一步使可再生能源项目的协商和土地权利获取过程复杂化。在墨西哥，约有一半的土地为私人所有，剩下的一半是在国家社会财产模式下的集体所有，包括农村合作农场制度（EJIDOS）和其他社区土地所有制结构。要在集体所有的土地上建设一个可再生能源项目，开发商必须与几十个甚至上百个拥有土地的人进行协商，而不是与个人业主进行协商。这样的矛盾源于 1922 年墨西哥改革建立的 EJIDOS，该制度保护墨西哥土著社区和他们的财产。但是这项制度缺乏明确的框架，以至于合作农场的土地所有权和使用权至今仍然不够明晰。由于风力条件非常好，目前，墨西哥 80% 的风力发电项目位于瓦哈卡州（Oaxaca），自 1994 年以来，已有不同的能源开发项目在瓦哈卡州实施。在国际资本投资的支持下，包括中美洲发展银行投资和基于《京都议定书》的清洁发展机制（CMD）基金，墨西哥政府已经批准在瓦哈卡州的特旺特佩克地峡（Tewangtepec Isthmus）地区建设至少 14 个风电项目。而瓦哈卡州75% 的土地为集体产权。许多土著社区居民与他们的土地和周围环境有着特别强的文化联系，比起其他团体和个人，更不愿意在他们的领土上建造大型基础设施项目。目前，瓦哈卡州当地土著居民反对开发商践踏他们的土地权。水电项目也存在建设新水坝的环境成本，包括砍伐森林和需要重新安置整个社区，引发了一些地方和地区的反对，类似情况在墨西哥其他地区也时有发生。而新的能源法律明确规定：能源项目享有优先权，土地使用权必须在180天内获得，否则政府将出面干预，在面临反对的情况下授予使用。而这有可能引起与农民、牧场主和其他土地使用者的冲突，包括引发土著居民流离失所而导致社会暴力动乱。因此，在墨西哥开发能源不能只考虑政府和企业的利益，开发之前应该深入考虑土地与当地居民生活之间的关系问题，这将有助于能源的持续开发，否则将是一条并不平坦的道路。

第四，墨西哥国内有组织犯罪、腐败和社会治安形势不容乐观，投资环境有待提高。自20世纪80年代开始，墨西哥经历了经济和民主化进程双重转型时期。经济上从进口替代工业化转向新自由主义发展模式。国有经济解体，私有化加剧，打破了半国有经济和社会就业之间最牢固的联系，同时也导致革命制度党分崩离析。墨西哥的民主化进程改变了革命制度党的权力结构。20世纪90年代，国家行动党和民主党赢得了议会选举，随后而来的是政治的不和谐。2000年墨西哥总统选举中，国家行动党结束了统治墨西哥长达71年的革命制度党执政地位。国内派系化斗争导致国家经济规模大幅缩减，而经济收缩为广泛的腐败提供了更多的机会。市长、州长和官僚对一个缺乏领导力的中央政府没有一丝忠诚。过去一直受到控制的社会群体为了追求自己的利益行动起来，造成了更大的社会不稳定。一旦政治控制崩溃，犯罪就会迅速增加，随着革命制度党的控制机构解体，在经济自由化和政治多元化的双重作用下，有组织犯罪无限制地增长，腐败日益严重，社会动荡进一步加剧。几十年来，有组织犯罪活动在墨西哥一直很猖獗，这些犯罪组织大多致力于种植非法毒品，并将其走私到美国。随着墨西哥政治变得越来越民主，其政治权力也越来越分散，墨西哥政府控制犯罪的能力减弱。2000年年初，比森特·福克斯（2000—2006）裁撤了墨西哥政府的大部分安全和警察机构，进一步削弱了墨西哥政府打击犯罪组织的能力。面对政治分裂和墨西哥中央政府权力的收缩，犯罪组织将活动范围扩大到偷窃燃料、非法采伐、绑架勒索赎金、贩卖人口等。犯罪组织活动多样化，同时扩大活动领域，使其成为名副其实的犯罪集团。2006年年底，墨西哥中央政府意识到有组织犯罪已经对墨西哥政府自身生存产生了威胁，时任总统费利佩·卡尔德隆（2006—2012）实施了打击有组织犯罪的国家安全战略，不仅动用了联邦警察，还动用了墨西哥陆军和海军。而有组织犯罪集团对政府的行动做出了暴力反抗，汽车炸弹、大规模绑架、手榴弹攻击、对政府官员的处决等暴力事件频频发生。

长期以来，猖獗的大规模有组织犯罪活动一直是墨西哥难以去除的毒瘤。主要由贩毒集团组成的黑帮组织，拥有堪与墨西哥正规军相媲美的庞大武装力量和先进军事装备。虽然墨西哥政府屡屡承诺打击黑帮，但每年仍有多达数万人遇害，打击有组织犯罪活动导致十多万居民死亡，2.5万人失踪，众多居民流离失所，沦为乱民或被迫移居国外。更糟糕的是，犯罪组织将业务继续多样化，继而转向利润丰厚的新业务，除了绑架、勒索、贩卖人口和走私外，还增加了武器走私、贩卖国家石油公司偷来的原油、汽油和天然气（见图4.5）。除此之外，犯罪组织专门从事的是领地控制，通过领地控制，他们试图控制某一地区内所有合法和非法的经济活动。在这种模式下，他们有理由争取对利润丰厚的自然资源地区的控制权。受到犯罪和极端暴力袭击的地区，通常是碳氢化合物和矿产资源最丰富的地区，如华雷斯山谷（Juarez Valley）或塔毛利帕斯（Tamaulipas）边境州。犯罪分子之间建立了新的腐败网络组织，地方警察和执法机构、政治家和联邦当局，甚至包括跨国公司在内的正规企业也与有组织的犯罪分子有业务往来。这对墨西哥能源投资者意味着，一旦他们的投资变成了地面实体项目，他们将不得不在主要由犯罪集团控制的地区部署设备和人员，而有组织犯罪以不同的方式浸入能源行业，这会对能源部门的未来和潜在投资产生影响。近年来，社会治安问题一直是困扰墨西哥社会生活和经济发展的重大阻碍。2014年9月，在墨西哥格雷罗州发生的43名学生失踪遇害事件震惊世界，国内爆发民众示威游行。此次事件是总统涅托于 2012 年 12 月上台以来墨西哥最严重的暴力屠杀事件。墨西哥国内社会治安形势对能源行业投资产生不利影响。

（2）来自中国方面的挑战。

第一，中国国际能源话语权还有待提升。目前，中国已成为世界第一大原油进口国，同时也是世界第二大原油消费国。据中国海关总署发布的数据显示，2018 年，中国进口原油约 4.64 亿吨，原油对外依存度首次突破 70%，而同年原油表观消费量（当年产量加上净进口量）约为 6.25 亿吨。2017 年 BP 世界能源展望指出，中国经济增长放缓及其经济转型和燃料结构将在未来 20 年对全球能源市场产生重大影响。到 2035 年，中国仍将消耗世界能源的四分之一以上。此外，根据美国能源情报署（EIA）的数据，预计中国将取代欧洲成为全球最大的天然气进口地区，未来二十年成为天然气新增需求的绝对最大来源，将占到 2015—2040 年全球天然气消费增幅的四分之一以上。作为一个强劲的天然气进口国，中国已经有一定的能力影响天然气市场价格。同时，中国在 2017 年继续成为全球清洁能源技术建设和融资的主导力量，可再生能源将成为未来几十年的主导能源技术，中国将接受能源市场的发展方向，并将自己打造成全球技术领导者，中国大力推动的清洁能源战略将会对全球产生重大影响。当前，中国经济从高速阶段向中高速阶段过渡，经济总量将持续扩大。中国已经是世界最大的能源生产与消费国，也是世界主要的能源进口国。但是，不足之处在于中国虽然在能源发展方向和能源对外合作上占据了一定的主动性，但在国际能源市场和低碳经济规则制定、能源议价能力和话语权方面还未取得实质进展，未能充分将市场优势转化为话语权优势。

第二，中国企业内部面临的技术风险。墨西哥开放的油气资源主要是深水和页岩气项目，中国能源公司在深水勘探和开发技术方面没有丰富的经验。2006 年前，中国还没有一座自己设计的深水钻井平台，当时中国深水油气勘探开发领域完全是零基础、零经验、零装备，技术与装备掌握在少数几个发达国家手中。尤其是深海油气勘探开发技术难度和投入伴随着深度增加呈几何倍数增长。经过这些年的发展，中国在技术创新方面也有很大进步，但是在适应市场的需要方面仍有差距。目前，中国浅海石油开采技术已经达到世界先进水平，但在深海油气勘探开发方面仍与世界先进水平有一定差距。中国深海技术装备企业通过不懈努力在国际市场已占有一席之地，但在主要核心设备上与欧美企业仍有距离。2016年12月，中海油中标获得墨西哥两个深水石油区块勘探权，时隔两年多，中海油仍未开展勘探开发活动，而是希望通过出售部分勘探权，与其他公司结成联合体，共同完成钻井和生产任务。自身深海油田勘探技术不足或许是中海油在墨西哥湾中标项目而暂未开发的原因之一。

第三，中国企业面临的管理和运营风险。从近些年，中国公司在拉美投资所遇到的风险来看，主要有三点挑战。其一，在中拉能源投资合作过程中，中国企业业务涉及的能源开采、发电等行业社会关注度和敏感度高，中国公司与西方公司相比欠缺经验，缺乏适应当地规范的相关知识，只有部分大型企业表现出较强的适应性。大型公司一般更善于雇用当地人员作为其劳动力的一部分，包括当地管理人员，以帮助他们更有效地与所在地的供应商、承包商和监管机构沟通。大型国有企业遇到问题会聘请当地顾问，并采取行动来适应拉美的经营环境。中国产品在拉美市场的扩张，有时会威胁到在当地和政治上关系密切的利益集团，包括生产商和劳工组织，从而在当地引发反对，而由于经济问题引发的两国之间的文化差异使得当地人将中国视为外人而不予以信任，将中国的产品和服务视为一种威胁而进行抵制。其二，中国投资能源行业的许多项目是基础设施项目，水电设施和道路建设很多需要政府授权，将当地居民迁移异地安置，其间更容易因文化差异而让矛盾加剧。中国企业高层管理人员往往认为地方政府有能力迫使当地居民搬迁，同样，中国的管理人员可能采用在中国国内被普遍接受的工作方式，包括加班、对待下属粗鲁等，这种行为因为语言障碍增加了应对困难，给企业运行造成危机。其三，除了当地社区抵制和劳工问题外，中国企业员工的人身安全还会受到威胁，潜在的问题包括公司设备被盗、抗议者封锁、犯罪分子绑架或杀害中国员工等，随着中国企业不断扩大在投资当地的实际存在，这些安全挑战尤为严峻，尤其是在相对偏远的地区的基础设施建设、发电项目等。

（3）来自美国方面的挑战。

第一，墨西哥深受美国地缘经济、地缘政治和地缘文化等多方面影响。墨西哥和美国有着高度一体化的经济关系，在广泛的贸易和投资关系下北美自由贸易协定（现为 USMCA）以及强大的文化和经济联系连接这两个国家。此外，美国拥有一个繁荣民主的墨西哥作为邻国也符合国家利益。墨西哥是美国的第三大贸易伙伴，而美国是墨西哥最大的贸易伙伴，也是墨西哥最大的外国直接投资（FDI）来源国。在过去十多年中，页岩油气革命改变了美国的能源前景。来自美国页岩矿床的大量石油和天然气在美国迅速增加了产量和可用储量，墨西哥边境地区也存在类似的地质情况。特朗普政府一直试图利用这些优势，以"美国能源优先"的名义促进能源行业的扩张。对中墨关系的任何分析都不能忽视墨西哥与美国的关系及其参与的北美自由贸易协定，协定已将美国、加拿大和墨西哥的能源业务整合为单一的能源经济。地理位置接近使美国墨西哥能源市场具有重要的地缘政治优势，美国和墨西哥的能源市场与政治都高度相关。美国一直在构建北美能源安全体系，甚至在能源改革之前，墨西哥炼油业和能源贸易严重依赖美国。尽管美国能源公司此前无法直接参与墨西哥油田的勘探和开发，但最近几年政策发生了变化，2015年美国取消原油出口禁令和 2013 年墨西哥能源部门的自由化，使得北美能源经济得以进一步整合。随着墨西哥能源改革持续推进，中国和其他国家可以在墨西哥石油部门寻求自己适合的位置。同美国等欧美国家相比较，中国投资墨西哥石油属于后来者，既要应对由于"水土不服"产生的各种难题，还要面对来自美国方面的挑战。

第二，美国—墨西哥—加拿大协定对两国间能源合作造成障碍。2018 年9 月 30 日，美国、墨西哥和加拿大三国签署新的贸易协定 USMCA，取代已经执行 24 年的北美自由贸易协定。新协定第 32 章第 10 条规定，协定成员国不得与"非市场经济国家"签订双边自由贸易协定。如果三国之一与非市场经济国家签订双边自由贸易协定，成员国中的另外两国将提前六个月进行终止三国协定通知，后终止该协定。中国也可能受到影响，根据加入世界贸易组织的条款，中国和越南目前都属于"非市场经济地位"，在此条协定中，美国掌握着主动权，如果墨西哥或者加拿大与"非市场经济"国家达成协定，美国可以选择终止与两者的协定。该协定旨在推动制造业向北美尤其是美国回归，这对中国制造出口北美有重要影响。从价值链角度分析，中国从价值链低端向高端攀升（中国制造 2025 计划），美国从价值链高度向低端延伸（制造业回流），中美贸易战不可避免。而中墨两国都在争取与美国建立更多业务，这让两国之间的贸易纽带变得更加复杂。另外，中墨两国在地理位置上相距太远也是一个问题，而中国并不缺少距离自己更近的贸易伙伴。

（4）国际能源市场的不确定性。

目前，石油输出国组织和非石油输出国组织国家决定集中精力减少全球石油供应过剩、价格上涨和库存量大幅上升等问题，但鉴于美国对伊朗实施更严厉的制裁、中东的不稳定以及委内瑞拉经济崩溃、欧佩克产量飙升抵消了美国石油行业的增长，全球能源市场不确定性比 2014 年以来的更大。因此，投资者仍面临更多的风险。如果石油和天然气价格大幅下跌的原因是全球供需不匹配，那么墨西哥可能需要一段时间才能从这些资源中获益。许多学者认为，国际能源市场供需不匹配的背后是石油价格的暴跌。从供给角度看，非常规化石能源的发展在很大程度上推动了原油产量的增长，并帮助美国发展了刚刚起步的页岩油产业。2014 年，原油价格大幅下跌，而美国石油产量创历史新高，这不仅改变了美国对石油进口依赖的动态，也导致了原有能源市场结构的瓦解。就需求而言，以中国为代表的新兴经济体，正在经历经济增长放缓的阶段，而发达国家的经济仍然受到次贷危机的影响，导致对石油需求的相应下滑。因此，对于供需不匹配，整个国际能源市场经历了供给增加、需求大幅减少，导致总体原油价格下跌。这也影响了中国对墨西哥能源投资的热情。

石油和天然气及其产业链在拥有该资源的国家被当作重要的战略部门，一个国家能源行业的市场化可能会涉及更广泛的经济调整，其中一些可能带来地缘政治战略变化。2013 年墨西哥能源部门改革的影响不只是有关的市场，如果墨西哥的能源改革最终被证明成功，在新规则下开始能源生产可能会助推一个更加繁荣的墨西哥在未来领导拉丁美洲，也有可能会进一步调整当前的地缘政治关系。

8.1.5　深化中墨能源合作建议

（1）要增强政治互信，深化中墨能源战略合作。中墨能源合作不仅仅是经贸合作，更是保障两国能源安全、应对外部压力的战略合作。中墨两国是主要发展中国家和新兴市场的代表，共同倡导自由贸易，两国应继续通过高层交往引领两国关系发展，推动"一带一路"联合建设。墨西哥是中国"一带一路"倡议在拉美自然延伸的主要支点，对此，中墨应加强互信互利建设，以共同的利益诉求为准则，加强中墨全面战略伙伴关系，加强多边框架内的沟通与协调，深化中墨能源战略合作。中国应加强对墨西哥基本国情、结构性改革、能源发展战略与能源政策、经济政策与环保政策、民族文化等方面的研究，同时主动加强沟通，加大宣传当代中国价值观念和宣介中国发展变化，讲好中国故事，不断拓展交往方式，大力开展两国间的人文交流活动，让墨西哥全面客观地认识当代中国，增信释疑，消除墨西哥对中国既有的偏见和顾虑。

（2）制定中墨能源战略合作长期规划，探索新型合作体系。中国和拉丁美洲之间的合作模式在能源领域主要包括原油贸易、技术服务、技术设备出口、炼油和石油项目的支持贷款等。中墨两国加强能源合作应用好并继续完善两国政府间高级别投资工作组、高级别企业工作组、中国商务部和墨西哥经济部双边高层工作组、中国国家发展改革委员会和墨西哥财政与公共信贷部高级投资工作组等经贸合作机制。由政府构建完善的支持体系，创造良好的环境，搭建广阔的平台，通过协调机制建设，推动"走出去"企业产业链各个环节之间的联系，加强中墨之间的能源合作。能源合作是资源、技术、人员和贸易四个方面的合作，只有这四个方面共同发展才能形成可持续的能源合作，中墨两国之间应通过以上四个方面的合作，探索新型合作体系。其一，在能源资源合作方面，应以中海油中标墨西哥两个深水石油区块为契机，扩大能源资源合作领域，包括可再生能源和电力行业，建立能源资源产品境外生产基地，提高资源就地加工转化能力。其二，加强两国能源技术合作，探索深海石油勘探技术，同时，在清洁能源方面，可建立中国—墨西哥清洁能源中心，开展旨在提高能效、节能环保等方面的合作，如太阳能利用、促进双方在碳捕集和封存技术、建筑能效和清洁能源汽车等方面的技术合作。其三，加强人文交流，促进人员合作。推动建立两国大学、智库和研究机构的合作和信息交换机制，共同寻求经济与人文发展合作之间的平衡，让命运共同体的意识在中墨能源合作中落地生根。其四，加强贸易合作，搭建能源贸易体系框架。中国应加快产业资本与金融资本的结合，探索公私合作模式（PPP），企业可以考虑融资和设备的贸易以及以能源基础设施的参与作为合作重点，借助中墨基金与墨西哥建立能源战略联盟。通过以上四个方面的合作，积极探索中墨能源合作新体系，推动中拉能源互联建设。

（3）为提高中墨能源合作水平，中国需要采取正确的能源外交战略与策略。

第一，认真研究墨西哥国情，充分认识全面改革转型时期拉美大国的复杂性。中国企业"走出去"面临着地缘政治复杂性和风险。作为中国在拉丁美洲的第二大贸易伙伴的地位并没有给墨西哥带去任何从中国吸引直接投资（FDI）的优势。根据经济学人智库发布的数据，2003—2016年，中国对墨西哥的外国直接投资总额约为60亿美元，仅占墨西哥同期获得的FDI总额的0.2%，远低于同期中国对巴西投资的610亿美元和对秘鲁投资的180亿美元。由于国内存在反对声音，墨西哥吸引中国投资变得复杂化，在最近几年的投资项目中，如中国铁建高铁投标、坎昆龙城等几次失败，反映了中国对墨西哥的外国直接投资增长的困难，也导致两国间的投资陷入全面僵局。中国企业缺乏对墨西哥的社会经济、政治和法律框架的了解，无论从资金、技术、环境，特别是基础设施建设等投资活动，需要的不仅仅是与政府谈判，还应包括与当地的利益相关者沟通协商。中国企业应该充分认识正处于全面改革转型时期墨西哥的国情，包括地方和国家利益相关者利益所在，以及更好地了解法律框架、政治和社会条件，有效地实施项目。承认不信任和竞争是建立信任与合作的必要前提。当前，中国和墨西哥之间肯定存在一些不信任，而且中墨双方在美洲地区存在着一定的竞争关系。中国对外直接投资的缺乏归结为中国与墨西哥在发展和扩大两国经贸关系方面的有限努力。缺乏努力的主要原因是墨西哥面临来自美国的压力，中国和美国越来越多地将中墨之间的贸易视为零和游戏，即中国要通过在墨西哥开展业务来"赢"，美国必须"失败"。另外，一个新的潜在破坏者是特朗普的保护主义和反墨西哥言论，如果它导致具体的政策变化，将会降低墨西哥作为通往美国市场门户的吸引力。尽管存在这些挑战和竞争问题，中国和墨西哥仍将热衷于通过自由贸易协定扩大关系，中墨两国目前并没有根本性的国家利益冲突，两国仍然有着许多共同利益和需求，墨西哥希望减轻对美国的依赖，中国也寻求在拉丁美洲建立更广泛的立足点，双方应该坦诚地走到一起寻求更多合作。

第二，注意处理好与美国的关系。中国与墨西哥的交往合作，少不了美国的关注和参与。美国和墨西哥两国之间有着紧密的文化和经济联系，两国共享超过3000公里的边界并通过墨西哥湾有着广泛的互连，美国是墨西哥的传统能源盟友，美墨双边经贸关系是美国的关键利益所在。自2004年中国国家主席胡锦涛历史性地出访拉美以来，美国国会多次召集来自政府、学术界和智库的专家举行听证会，评估中国参与全球能源对美国的影响，讨论中国是否对美国在拉丁美洲的利益和安全构成威胁。美国对中拉交往的态度是，拉美国家有权利与包括中国在内的任何国家交往，但美国希望在当前的世界秩序中，中国不会因为自身国家发展需要，而在拉美地区与美国构成地缘政治冲突。墨西哥与美国在历史上有密切的联系，中国作为后来者如何处理好原有利益格局和传统秩序十分关键。中国应清晰地了解美方的态度，不利用政治和经济关系损害美国的本土安全或商业利益，注意处理好与美国的关系显得尤为必要。

第三，严格遵守国际通行规则和法律，规范中墨能源合作行为。国家间的能源合作本身是一个充满矛盾和冲突的动态变化过程，为了与墨西哥进一步深入开展双边合作，能源合作要严格遵守国际通行规则和相应的法律制度，如联合国的《货物、工程和服务采购示范法》，世界银行的《采购指南》《关于解决国家与其他国家国民之间投资争端公约》和墨西哥宪法，以及墨西哥《联邦行政程序法》《外商投资法》等，聘请专业律师和高水平的会计师，详细了解并认真遵守与投融资业务相关的法规，特别是涉及公司注册、税务、招投标、劳工、环保、土地使用、出口许可、矿权、水权等，切实维护能源合作开发活动、资产和其他权益的安全。中国应以透明的方式开展贸易、投资等各种商业活动，其竞标和市场开发操作要符合公平的市场导向，规范中墨能源合作行为。

8.2　墨西哥能源新政策对中国的启示

8.2.1　中国应加快能源法立法进程，建立单一能源监管机构

能源的发展离不开与时俱进的法律制度保障，随着中国的能源结构调整步伐越来越快，中国应加快能源立法进程。能源立法是保障能源政策顺利推行实施并取得预期效果的依据和保障。墨西哥作为成熟的市场化国家，其能源体系的运行建立在完备的法律体系基础之上。2014 年 8 月墨西哥能源改革二级法案通过，2013 年 12 月墨西哥国会通过能源改革法案修改宪法，在不到一年的时间内，新增和修订包括能源管理机构、油气、电力、环保和预算等 9 个方面 21 项法律。在监管制度方面，墨西哥把国家碳氢化合物委员会和能源监管委员会从政府实体过渡到独立监管机构。CNH 负责监管油气上游行业的所有活动，并负责公开拍卖和招标。CRE 负责监管电力行业，并监督油气中下游的运营。从范围、实施的深度和速度来看，墨西哥的能源改革是长期以

来全球最雄心勃勃的能源治理结构的转变，这一转变为墨西哥的能源领域带来了令世人瞩目的进步。

而中国能源法律体系还不完善，法制建设相对滞后，能源领导机构多用文件代替法律，很多规划和实施意见最后不了了之，与能源相关的法律结构不完整，内容不健全。《能源法》是能源领域的龙头法，而法治是治国理政的基本方略，是建立市场经济的基本保障，《能源法》的缺位与否甚至决定了中国能源改革是否有法可依，它的出台对中国能源领域来讲意义深远。目前，中国能源单行法有《煤炭法》《电力法》《可再生能源法》《节约能源法》，而石油法、天然气法、原子能法、应对气候变化法尚未立法，其他能源安全、能源监管等领域的立法还基本处于空白。中国应加强能源法律法规的"立改废"工作，做到改革发展有法可依，也要避免朝令夕改，损害法律尊严。

与此同时，中国应抓紧推进能源管理体制改革，建立单一能源监管机构。中墨两国经济体制中均存在诸多不合理的行政管制，如何推进能源管理体制改革，开放国内外市场，建立有序、高效竞争的能源市场，是中墨两国能源政策面临的共同挑战。成立专业化的能源监管机构是国际能源监管模式的主流，中国也应尽快成立能源监管委员会，统一监管电力和油气等能源行业。"政监合一"和"政监分离"的问题应该视中国法律环境和进程而定，目前中国能源市场化改革还处于起步阶段，短期内可采用"政监合一"、内部独立的机构设置模式，当条件成熟时，应随着能源革命的推进，设立全国性的、独立的能源监管机构，将能源政策制定与能源监管职能分开，实现"政监分离"的能源治理模式。

8.2.2　中国应以电力革命为突破口，加快推进能源体制革命

2014 年 8 月，随着墨西哥能源改革二级法案顺利通过，新《电力产业法》正式开始生效。新的法律允许私人公司（含外资）开展发电、输电和配电以及售电活动。联邦电力委员会转型为一家国有生产经营单位，负责提供公共用电的传输和配送服务，法律规定由 CFE 与私营企业签订合同，由私营企业提供技

术和经验，以拓展和改进墨西哥的电力传输和配送网络。从这一层面上来看，公平自由进入准则下的电力生产和私人参与输电、配电和电力基础设施发展建设，将大幅度节约电力生产成本，降低电价，增加高效清洁能源在电力产业中的应用。改革从垂直整合的公用事业转向以竞争为框架的市场，在 CFE 之外创建不同的竞争性发电公司来打破政府对电力行业的垄断。此外，作为改革的重要组成部分，墨西哥于 2015 年 12 月颁布《能源转型法》，确定了清洁能源发电的目标：到 2018 年达到 25%，到 2021 年达到 30%，到 2024 年实现 35%。此举进一步明确了电力在国家能源消费结构中的重要地位。

2014 年，习近平在中央财经领导小组第六次会议上提出推动能源革命，全方位加强国际合作，实现开放条件下能源安全。推动能源革命是中国的重大战略决策。能源革命包含能源供给革命、能源消费革命、能源技术革命和能源体制革命。能源供给革命是从供给侧角度出发，核心是"多元供给"和"清洁供给"，旨在保障能源安全的"量"和"质"的问题；能源消费革命是从需求侧角度出发，旨在通过需求侧的观念和消费模式转型倒逼供给侧的竞争和技术创新；能源技术革命是能源革命的引擎和基础，旨在通过从能源供给到消费各个环节的技术升级来推动能源革命落地生根；能源体制革命是能源革命的制度保障，能源供给、消费和技术革命最终落脚到或依赖于能源体制革命。然而，中国能源领域长期以来都是计划经济的重灾区，政府主导的垄断型管理体制长期是能源产业的生存和发展之道，这与能源革命的主旨相悖。因此，以能源产业市场化为核心的能源体制革命成为能源革命的目标和突破口。

本书认为，电力是现代能源载体，是煤炭、石油、天然气、风能、太阳能、水能等一次能源能量的一种主要表现形式，几乎所有能源需求都将通过单一、环保且易于使用的能量载体即电能来满足。这就使电力成为能源世界中的"一般等价物"，对电力的规制势必引发能源供给和需求侧产业链条的连锁反应，电力系统更加需要以灵活性作为未来电力市场的基石。随着各国太阳能光伏和风能份额不断增加，电力系统的灵活性问题日益迫切，电力市场也将经历一场独特的转型，电力经济将激活电力储存、电网投资、需求响应技术、智能电表、蓄电池、超级电容器和超导体等产业市场，电动汽车和其他技术变革也会带来更高的市场需求。根据《能源发展"十三五"规划》，中国的能源革命正在推动"两个替代"，即"清洁替代"与"电能替代"。电能将成为主导性的能源形态。因此，电力革命就成为能源革命的重要组成和核心任务。2014 年，国家发布《能源发展战略行动计划（2014—2020 年）》指出，完善现代能源市场体系。建立统一开放、竞争有序的现代能源市场体系。深入推进政企分开，分离自然垄断业务和竞争性业务，放开竞争性领域和环节。通过考察墨西哥电力体制改革的理论和实践可知，电力实际上是一个自然垄断与竞争交织存在的产业，真正具有自然垄断属性的是输送公共产品的"管网产业"，而管网两端的生产和销售环节实际上属于自由竞争的非自然垄断业务。因此，拆分电力产业的自然垄断与非自然垄断业务，是中国电力革命的有效策略和基本方向。改为厂网分开，发电、售电价格由市场竞争形成；输电、配电价格由政府制定，打破电网垄断，打通买卖双方市场，使买卖对接起来。此外，从墨西哥油气政策改革实践来看，石油和天然气上游勘探也并不具有自然垄断特性，原则上也应和下游市场一样都可以放开，实现多种所有制结合的能源生产体制。中国油气改革也应积极推进"管住中间，放开两头"的发展模式，引入社会资本，推进油气管网运营机制改革，保障公平接入，还原能源的商品属性。当然，任何能源政策的改革都必须将能源行业安全和高效运行、可靠供应作为前提，这也是政府能源职能的关键所在。在中国市场体系仍需完善、政府改革任重道远的现实背景下，"政府主导型治理"的现代能源治理体系的构建可能是当下中国的正确选择。

8.2.3 发挥节能增效对绿色发展的支撑作用，推进生态文明建设

墨西哥通过立法发展清洁能源，进一步以法律手段明确了资源替代的阶段性目标。《能源转型法》旨在彻底改革能源部门，以采用新的清洁能源技术与创新。墨西哥也是第一个在 2015 年 12 月向巴黎气候大会提交气候承诺的

发展中国家。尽管墨西哥联邦政府和政治周期发生了变化，但对实现能源效率政策的宏伟目标有积极的中长期规划。墨西哥中期和长期能效战略分别设计为15年和30年。能源效率目标确定年平均增长率为2016—2030年最终能源消耗强度减少1.9%，2031—2050年减少3.7%。中期和长期以气候变化为导向的路线图正在推动将可再生能源用作低碳或零碳能源。这些战略计划的目标是脱碳能源系统，以避免临界CO_2浓度和增加2℃全球温度温室效应。该战略是墨西哥中长期能源政策在清洁能源、能源可持续利用和节能增效方面的指导工具。一项成功的能源效率战略将通过降低家庭和整个经济层面的成本、减少燃料进口来加强能源安全并减少温室气体和污染物排放，增强国家的可持续发展，从而产生良好的经济和社会效益。

党的十九大报告提出，构建清洁低碳、安全高效的能源体系，持续实施大气污染防治行动，打赢蓝天保卫战。坚持节约资源和保护环境的基本国策，关乎人民美好生活愿望，关乎民族未来可持续发展。这些阐述充分表明推进生态文明建设在国家战略下的极端重要性。现阶段，应采取更有效的措施，并予以推进。

（1）提质增效、转变发展方式是根本。从第7章对中墨两国节能政策的比较分析可以发现，中国第二产业的比重和能源强度远远高于墨西哥。中国在致力于降低第二产业能源强度的同时，应尽力实现产业结构优化升级，转变发展方式。优化结构是保障中国能源安全和促进生态文明建设的重要前提，是顺应国际能源形势和应对气候变化的必然选择。当前，中国经济发展已进入新时代，能源从以"保障供应"为主向以"提质增效"为主的新阶段发展，应继续降低单位GDP能耗，加快推广能源高效清洁利用技术。

（2）创新驱动是重要支撑。持续的技术创新能使能源效率成为一种动态资源，当新的先进技术进入市场时，它有可能降低当前的能源使用水平或减缓能源消费增长。中国是全球能源消费量最多的国家，改善环境质量、加强生态文明建设必须依靠科技创新，大幅提高能源利用效率。中国是制造业大国，《中国制造2025》更是中国迈向制造强国的指南针，提高制造业的能源效率对于中国在全球日益激烈的竞争中保持其竞争力至关重要。除了传统产业的节能降耗，中国还应加大对新能源、新材料、新能源汽车和物联网等新产业的投资，加快核能、太阳能、风能、生物质能等清洁能源和新能源技术开发。当然，创新需要大量的政府和私人投资，政府的资助为许多重要的能效技术的开发和商业化做出了贡献。虽然技术进步始终是此类拨款的核心目标，但将来还应更多地关注商业化和市场发展。

（3）倡导节能消费生活方式是基础。随着经济社会的迅猛发展，人类在满足自身物质需要的同时，对环境与生态问题的忧患意识整体薄弱，忽视了节能和保护环境，随之带来资源浪费和环境污染等社会问题。要想促进日常生活节能化，转变消费方式意义重大。没有消费方式的根本转变，中国节能战略的成果将大打折扣。因此，必须转变消费观念，优化消费结构，反对奢侈消费、劣质消费和浪费型消费，鼓励消费低碳商品，最终形成节能型消费方式。同时，还要充分发挥各种舆论媒体的宣传导向作用，加快信息传播，通过教育和培训等方式提高大众节能环保意识。

8.2.4　充分发挥能源合作的积极辐射作用，加快"走出去"步伐

墨西哥是拉丁美洲第二大经济体，也是最主要的投资目的地之一，有很大的市场吸引力。而且，墨西哥具有优越的地理位置，是一个可再生能源资源丰富的国家。2014 年，墨西哥新《电力产业法》允许私人公司（含外资）开展发电、输电和配电以及电力的营销活动，允许政府与私人签订合同，以确立私人部门参与对电力及其基础设施的建设、运营和维护，以使私人进入电力生产领域。墨西哥发展可再生能源新政策对中国重大装备和优势产能实施"走出去"战略具有重要启示。

（1）深化中墨能源合作，积极开展对墨可再生能源投资。墨西哥能源改革开放电力市场，新政策优先考虑可再生能源发电为私人资本和外资投资提供了机遇。电力是基础性行业，涉及电力规划设计、装备制造、机械制造、材料加工、建筑施工等多个产业。中国不仅在基础能源领域实力强，

在电力行业的高端服务领域也占据制高点，如特高压输电、智能电网建设等方面以及系统电力装备领域的新技术、新产品。同时，中国光伏发电、风电设备产能充沛，加快企业"走出去"已成为中国企业提升竞争力、转变运营模式的重要手段之一。中墨两国双边关系从2013年开始进入了发展的新阶段，2014年11月，中国和墨西哥两国共同设立投资基金，以推动中墨两国能源合作。中国应积极参与墨西哥能源开发和基础设施建设等领域的合作，实现产业优势互补，将国内可再生能源开发利用的优势富余产能转移到拉美，开展对墨西哥可再生能源投资与开发，并不断推进中墨能源合作的制度化和机制化。

（2）积极参与墨西哥市场竞争，提升装备制造业水平。墨西哥能源改革带来的巨大商机，可以促进中国石油天然气勘探生产设备和技术服务对墨出口，增加中国对墨西哥的石油进口，逐步缓解墨西哥对华贸易逆差，改善两国经贸关系，对两国都大有裨益。以高铁、核电为代表的中国装备制造业相继走出国门，成为中国制造的新名片，中国正在从"世界工厂"向投资输出国转变。墨西哥能源领域向私人资本和外资开放，吸引众多国际能源企业巨头参与投资。装备制造业对于可再生能源开发起着至关重要的作用，在对墨能源市场竞争与合作中占据举足轻重的地位。充分发挥出装备制造业的作用，关键是要提高装备制造行业的技术水平，推动中国装备"走出去"，而实现这一目标的重要途径就是开展国际科技合作。中国应该积极参与墨西哥的市场竞争，加强与跨国公司的合作，学习其先进技术和管理服务经验，掌握国际规则，进入高端领域，提高运营水平。积极参与墨西哥可再生能源投资合作和市场竞争，对于中国装备制造业而言更是有机会分享墨西哥发电和配电装备产业的丰富经验，提升制造水平，推动中国装备走向国际市场，对于中国优化产业和外贸结构意义重大。

（3）发挥能源合作的积极辐射作用，将中墨能源合作关系建成中拉经贸关系新的典范。墨西哥既是北美国家也属于拉丁美洲国家，近年来，墨西哥也是新的拉美区域一体化计划最重要的国家之一，是太平洋联盟（the Pacific

Alliance）和拉美和加勒比国家共同体（CELAC）成员。拉丁美洲的油气资源和可再生能源资源在世界能源格局中的地位举足轻重，拉美地区经济水平有待进一步提升，有引进外资和技术的强烈需求。中国应该借助中拉论坛、中拉合作基金等多边机制创造的制度环境和中拉共建"一带一路"机遇，形成利益共同体或战略合作伙伴关系。

中国能源产业"走出去"应以能源合作为主线，带动工程建设、技术装备和相关服务业发展。拉美国家能源资源丰富，积极探索能源合作经验，将中墨能源合作关系建成中拉经济关系新的楷模，并以墨西哥、巴西和秘鲁等国家为重点，做好风险防控，增加对拉美其他地区的能源投资，进一步化解中国能源进口来源过于集中的风险，确立拉美成为中国能源进口的战略来源地，以确保国家能源安全。同时，能源产业"走出去"也将有利于深化中国与拉美国家的战略合作关系，提升能源安全系数，扩大中国在世界经济格局调整过程中的战略影响，提升国家软实力。

（4）开展国际能源合作要加强与当地社团的积极沟通，服务社会。墨西哥能源开发很多在较为偏远的土著居民居住的地方。能源的开发或多或少会触及当地居民的利益，尤其是对土地的所有权和使用权的侵犯以及对当地环境和景观的影响等方面，此类情况在拉美其他国家也时有发生。在无法改变当前现状的情况下，中国的海外投资企业：首先，应该加强和当地社团的沟通和协商，尝试"社区驱动的能源项目"，让社区拥有项目的部分所有权、参与权，形成共同利益，降低地方反对的风险。其次，从服务和发展当地社会着手，投资企业在使用中国工程技术人员的同时，应有针对性地培训和使用当地工人，聘用当地居民作为基层管理人员到企业就业，与当地居民建立长期牢固的互利合作关系。最后，企业应关注当地民生，重视保护生态环境，帮助当地发展教育、医疗、通信、基础设施、人才培训等民生工程，履行企业社会责任，塑造企业良好的社会形象，维持长久的投资开发活动，为当地的经济发展和社会公益做出贡献。

参考文献

蔡丹琳、张梅漾、郭向宇、贺斌、张珂：《墨西哥能源改革及中墨企业合作研究》，《华北金融》2016 年第 6 期。

《财经大辞典》第 2 版编委会编：《财经大辞典》，中国财政经济出版社 2013 年版。

曹廷：《墨西哥能源改革及其影响》，《国际研究参考》2017 年第 2 期。

陈峰：《墨西哥能源改革给中国企业带来的机遇》，《国际工程与劳务》2014 年第 6 期。

陈强：《高级计量经济学及 Stata 应用》（第 2 版），高等教育出版社 2014 年版。

陈涛涛、陈忱、顾凌骏：《墨西哥投资环境与中国企业投资机会》，《国际经济合作》2014 年第 9 期。

程荃：《欧盟新能源法律与政策研究》，武汉大学出版社 2012 年版。

董秀成、高建、张海霞：《能源战略与政策》，科学出版社 2017 年版。

段忠贤、刘强强：《从管理到治理：十八大以来我国政府治理的理论与实践》，《秘书》2018 年第 1 期。

冯保华、张志超：《墨西哥能源政策改革为中国企业带来的机遇与挑战》，《当代石油石化》2016 年第 12 期。

菲利普·赛比耶 - 洛佩兹：《石油地缘政治》，潘革平译，社会科学文献出版社 2008 年版。

弗拉维奥·佩雷斯·加斯加:《墨西哥的能源政策》,刘国恩译,《国际石油经济》1984 年第 3 期。

《哥伦比亚石油逆势增产》,《中国能源报》2013 年 12 月 16 日第 7 版。

黄锡生、何江:《中国能源革命的法律表达:以〈电力法〉修改为视角》,《中国人口·资源与环境》2019 年第 29 期。

《习近平首提打造能源合作共同体》,国际在线 2016 年 1 月 23 日。http://news. cri. cn/2016123/d6b613b4 – ea6a – baf7 – 209f – b1c27655476d. html。

景春梅:《新常态下的中国能源体制革命》,《中国经济分析与展望(2014—2015)》2015 年第 16 期。

加里·杰里菲:《中国与墨西哥发展模式比较》,吕增奎译,《国外理论动态》2006 年第 6 期。

简·霍斯特·开普勒、里吉斯·波旁奈依、雅克·吉罗德等:《能源计量经济学》,孙睿译,中国经济出版社 2014 年版。

雷闪、殷进垠:《墨西哥能源改革对中国石油公司的启示与建议》,《中国矿业》2014 年第 23 期。

李严波:《欧盟可再生能源战略与政策研究》,中国税务出版社 2013 年版。

刘满平:《石油巨头合并背离我国能源体制改革方向》,《上海证券报》2015 年 3 月 11 日 A02 版。

刘朝全、姜学峰:《2017 年国内外油气行业发展报告》,石油工业出版社 2018 年版。

罗西瑙:《没有政府的治理》,江西人民出版社 2001 年版。

吕东悦:《国际油价走出寒冬——2016 谷底起伏回升》,《中国石油石化》2017 年第 2 期。

《美国去年原油产量约占全球 10%》,《人民日报》2014 年 3 月 28 日第 22 版。

黄晓芳:《深耕海洋筑梦蔚蓝》,《经济日报》2017 年 9 月 20 日第 08 版。

孙洪波：《墨西哥能源改革：动因、前景及挑战》，《国际石油经济》2014 年第 22 期第 03 版。

田野：《深化价格改革面临"四重"挑战》，《中国石油企业》2015 年第 11 期。

王朗：《墨西哥与中国在能源领域的经济合作》，硕士学位论文，吉林大学，2010 年。

王群伟、杨知：《我国能源消费与经济增长的协整关系研究》，《能源技术与管理》2007 年第 5 期。

王骁波：《中企开拓墨西哥能源市场》，《人民日报》2016 年 4 月 21 日第 22 版。

汪莹：《中国能源国际合作任重道远》，《人民日报海外版》2016 年 8 月 1 日第 09 版。

魏一鸣、焦建玲：《高级能源经济学》，清华大学出版社 2013 年版。

吴家鸣：《船舶与海洋工程导论》，华南理工大学出版社 2013 年版。

《习近平会见墨西哥总统培尼亚》，《人民日报海外版》2017 年 9 月 5 日第 02 版。

习近平：《积极推动我国能源生产和消费革命 》，《人民日报》2014 年 6 月 14 日第 01 版。

《中国对拉美和加勒比政策文件(全文)》，新华网 2016 年 11 月 24 日。http：//www. xinhuanet. com/world/2016 － 11/24/c_ 1119980472. htm。

《中华人民共和国和墨西哥合众国联合声明》，《人民日报》2013 年 6 月 6 日第 01 版。

徐世澄：《墨西哥涅托政府执政以来的重大改革初析》，《拉丁美洲研究》2014 年第 36 期。

叶玉、刘宗义：《中印能源政策比较研究》，《南亚研究》2010 年第 3 期。

张生玲、林永生：《中国能源安全：理论与政策》，经济科学出版社 2015 年版。

张伟：《简析墨西哥总统制的演变》，《拉丁美洲研究》2006 年第 28 期。

赵爱文：《中国碳排放、能源消费与经济增长关系研究》，博士学位论文，南京航空航天大学，2012 年。

赵明昊：《习近平同墨西哥总统培尼亚举行会谈》，《人民日报》2014 年 11 月 14 日第 01 版。

赵曈、王天娇、潘海滨、张健一：《墨西哥能源改革与投资建议》，《国际石油经济》2014 年第 22 期。

赵勇强：《能源外部性评价指标体系研究》，《中国能源》2010 年第 32 期。

朱达：《能源－环境的经济分析与政策研究》，中国环境科学出版社 2000 年版。

彭元正、董秀成：《2017 中国油气产业发展分析与展望报告蓝皮书》，中国石化出版社 2017 年版。

中华人民共和国国务院新闻办公室：《中国的能源政策》，人民出版社 2012 年版。

《中共中央关于全面深化改革若干重大问题的决定》，人民出版社 2013 年版。

邹占、史玉民：《墨西哥油气资源政策改革及其启示》，《西南科技大学学报》（哲学社会科学版）2014 年第 31 期第 06 版。

邹占、史玉民：《墨西哥发展可再生能源新政策探析》，《科技管理研究》2016 年第 36 期。

邹占、史玉民：《中墨能源政策比较研究》，《科技与法律》2017 年第 4 期。

邹占：《墨西哥油价上涨挑战能源改革进程》，财经网 2017 年 1 月 11 日。http：//yuanchuang. caijing. com. cn/2017/0111/4223310. shtml.

埃利斯：《美国如何看待中国与拉美的关系》，财经网 2014 年 7 月 18 日。http：//comments. caijing. com. cn/20140718/3624905. shtml.

Margaret Myers, Ricardo Barrios, 王钰鑫:《迎接中墨"蜜月期"》, 澎湃新闻 2017 年 12 月 18 日。https: //www. thepaper. cn/newsDetail_ forward_ 1910939.

Agüero – Rodríguez, J. C. , Tepetla – Montes, J. , "Torres – Beristaín B. Producción de biocombustibles a partir de la caña en Veracruz", México: perspectivas y riesgos socio – ambientales [J]. *Ciencia UAT*, 2015, 9 (2): 74 – 84.

Alemán – Nava, G. S. , Casiano – Flores, V. H. , Cárdenas – Chávez, D. L. , et al. , "Renewable energy research progress in Mexico: A review " [J]. *Renewable and Sustainable Energy Reviews*, 2014, 32: 140 – 153.

Alpizar – Castro, I. , Rodríguez – Monroy, C. , Review of Mexicos energy reform in 2013: Background, analysis of the reform and reactions [J]. *Renewable and Sustainable Energy Reviews*, 2016, 58: 725 – 736.

Alvarez, J. , Valencia, F. , Made in Mexico:energy reform and manufacturing growth [M]. *International Monetary Fund*, 2015.

Amanda Maxwell. Mexico ratifies the Paris agreement[EB/OL]. (2016 – 09 – 21) [2018 – 10 – 07]. https: //www. nrdc. org/experts/amanda – maxwell/mexico – ratifies – paris – agreement.

Ang B W, Choong W L, Ng T S. "Energy security: Definitions, dimensions and indexes" [J]. Renewable and sustainable energy reviews, 2015, 42: 1077 – 1093.

Apergis, N. , Payne, J. E. "Energy consumption and growth in South America: Evidence from a panel error correction model" [J]. *Energy Economics*, 2010, 32 (6): 1421—1426.

Avendano, L. L. "Local and external forces: Understanding key factors behind Mexico's energy reform" [J]. *Journal of Global Faultlines*, 2017, 4 (1): 41 – 56.

ávila, Alberto Abad Suárez. The Implementation of the Energy Reform and Socio – environmental Conflicts Regarding Hydrocarbons in Mexico [EB/OL] .

(2017 – 03 – 07) ［2018 – 10 – 09］. http：//www. bakerinstitute. org/research/ resolving – energy – reform – conflicts/.

Bauer, M. , Quintanilla, J. "Conflicting energy, environment, economy policies in Mexico" ［J］. *Energy Policy*, 2000, 28 (5)：321 – 326.

Bazán – Perkins, S. D. , "Fernández – Zayas J L. Evaluation of Mexicos 1975 – 2000 energy plan" ［J］. *Energy economics*, 2008, 30 (5)：2569 – 2586.

Benz, A. "Governance – regieren in komplexen regelsystemen" ［M］. *Vs Verlag*, 2010.

Bergsten, C. Fred, ed. "The United States and the World Economy：foreign economic policy for the next decade" ［M］. *Peterson Institute*, 2005.

Blitzer, C. R. , Eckaus, R. S. "Energy – economy interactions in Mexico：A multiperiod general equilibrium model" ［J］. *Journal of Development Economics*, 1986, 21 (2)：259 – 281.

Bloomberg NEF. Climate scope, "Mexico—Climate scope 2017," ［EB/OL］. (2018 – 09 – 12) ［2018 – 10 – 28］. http：//global – climatescope. org/en/country/ mexico/#/enabling – framework.

BP. BP statistical review of world energy ［R］. London：BP Company, 2016.

BP. BP statistical review of world energy ［R］. London：BP Company, 2017.

BP. BP statistical review of world energy ［R］. London：BP Company, 2018.

Bröchler, S. , von Blumenthal J. "Von Government zu Governance – Analysen zu einem schwierigen Verhältnis" ［J］. *Von Government zu Governance – Analysen zum Regieren im modernen Staat*. Hamburg, 2006：9 – 21.

Cámara de diputados del h. Congreso de la union. Reglamento de la Ley de Petróleos Mexicanos ［EB/OL］. (2015 – 09 – 02) ［2018 – 08 – 21］. http：// www. diputados. gob. mx/LeyesBiblio/regley/Reg_ LPM_ 090215. pdf.

Campbell, John L. ed. "*The Rise of Neoliberalism and Institutional Analysis*" ［M］. Princeton University Press, 2001.

Carbon intensity of energy use is lowest in U. S. industrial and electric power sectors [EB/OL]. (2017 –05 –01) [2018 –10 –16]. https：//www. eia. gov/todayinenergy/detail. php? id =31012.

Castellanos, G. V. "historia del narcotráfico en México" [M]. *Aguilar*, 2013.

Celis, L. , "La Industria petrolera en México: una crónica" [M]. *Petróleos Mexicanos*, 1988.

Center on Global Energy Policy, Mexican energy reform: prospects and challenges [EB/OL]. (2014 – 05 – 01) [2018 – 10 – 06]. https：//beta. global. columbia. edu/global – news/mexican – energy – reform – prospects – and – challenges.

CEPAL. Informe nacional de monitoreo de la eficiencia energética de México, 2018 [R/OL]. (2018 –05 –01) [2018 –10 –06]. https：//www. cepal. org/es/publicaciones/43612 – informe – nacional – monitoreo – la – eficiencia – energetica – mexico – 2018.

Cherp, A. , Jewell, J. "The concept of energy security: Beyond the four As" [J]. *Energy Policy*, 2014, 75: 415 – 421.

Clarke, L. , Jiang, K. , Akimoto, K. , et al. "Assessing transformation pathways" [J]. 2014.

Commission on Global Governance. Our global neighborhood: the report of the commission on global governance [M]. *Oxford University Press*, 1995.

Corona, G. Lázaro Cárdenas y la expropiación de la industria petrolera en México [M]. *Ipr. Tipogr. de Morelia*, 1975.

Correa – Cabrera, G. Violence on the "forgotten" border: Mexico's drug war, the state, and the paramilitarization of organized crime in Tamaulipas in a "New democratic era" [J]. *Journal of Borderlands Studies*, 2014, 29（4）: 419 – 433.

Costanza, R. , Daly, H. E. "Toward an ecological economics" [J]. *Ecologi-*

cal Modelling, 1987, 38 (1 −2): 1 −7.

Cottrell, J. , Schlegelmilch, K. , Runkel, M. , et al. "Environmental tax reform in developing, emerging and transition economies" [M]. *Deutsches Institut für Entwicklungspolitik*, 2016.

de Energía P. S. "Energía 2013—2018" [J]. *Diario Oficial de la Federación*, 13.

de la Borda, J. A. "Crónica del petróleo en México: De 1863 a nuestros días" [M]. *Petróleos Mexicanos*, 2006.

de la Federación, D. O. "Constitución política de los estados unidos Mexicanos" [J]. *México, recuperado de* http://www. diputados. gob. mx/LeyesBiblio/doc/1. doc (2007, 27 de julio), 1917.

de la Federación, D. O. "Ley Reglamentaria del artículo 27 constitucional en el ramo del petróleo" [J]. 1958.

de la Federación, D. O. "Programa nacional de Infraestructura 2014—2018" [J]. *México, disponible en*, 2014.

De La Garza Toledo E. Historia de la industria eléctrica en México [M]. Universidad Autonoma Metropolitana Unidad Iztapalapa Divis O. , 1994.

Diana Villiers Negroponte, Mexico's most critical challenge: energy reform [J/OL]. (2013 −12 −23) [2018 −08 −04]. http://www. brookings. edu/research/opinions/2013/12/23 − mexican − energy − reform − opportunities − historic − change − negroponte research opinion, November 20, 2013.

Diana Villiers Negroponte, The end of nostalgia—Mexico confronts the challenges of global competition [M]. Brookings institution press, Washington, D. C. 2013.

Díaz, A. O. , Gutiérrez, E. C. "Competing actors in the climate change arena in Mexico: A network analysis" [J]. *Journal of environmental management*, 2018, 215: 239 −247.

Dodds, K. , Atkinson, D. Introduction to: Geopolitical traditions: a century of geopolitical thought ［M］//Geopolitical traditions. Routledge，2002：17 - 40.

Döhler M. Hierarchie ［M］//Handbuch governance. VS verlag für sozialwis-senschaften，2007：46 - 53.

Dye，Thomas R. Understanding public policy（Twelfth Edition）［M］. 中国人民大学出版社，2009。

EFE. Explosión por huachicoleo：cifra fatal aumenta a 125 ［EB/OL］.（2019 - 02 - 03）［2019 - 02 - 06］. https：//www. telemundo52. com/noticias/mexico/suman - 125 - muertos - por - explosion - de - toma - ilegal - de - gasolina - en - tlahuelilpan - hidalgo - 505285692. html.

EIA. Country analysis brief：Mexico 2017 ［EB/OL］.（2017 - 10 - 16）［2018 - 07 - 17］. https：//www. eia. gov/beta/international/analysis_ includes/coun-tries_ long/Mexico/mexico. pdf.

Elisabeth Eljuri and Daniel Johnston，"Mexico's energy sector reform" ［J］. *Journal of World Energy Law and Business*，2014，Vol. 7，No. 2.

Energy security：managing risk in a dynamic legal and regulatory environment ［M］. Oxford University Press on Demand，2004.

Falola，T. ，Genova，A. The politics of the global oil industry：an introduc-tion ［M］. Greenwood Publishing Group，2005.

Fatih Birol，Executive Director，IEA. World energy investment 2018 ［R/OL］.（2018 - 07 - 17）［2018 - 09 - 04］. https：//www. iea. org/wei2018/.

Federal，P. E. "Plan nacional de desarrollo 2013 - 2018" ［J］. *Ciudad de México，México*，2013.

Flores Pérez，C. A. ，"El estado en crisis：crimen organizado y política：desafíos para la consolidación democrática" ［M］. Centro de investigaciones y estu-dios superiores en antropología Social（México）. ，2009.

Foss，M. M. "The nexus between energy and democracy：The struggle to achieve energy sector reform in Mexico" [J]. *Institute for Energy*, Law & Enterprise, Houston, Texas, 2003.

Galindo, L. M. "Short – and long – run demand for energy in Mexico: a cointegration approach" [J]. *Energy Policy*, 2005, 33 (9): 1179 – 1185.

Grayson, G. "Oil and Mexican foreign policy" [M]. *University of Pittsburgh Pre*, 1988.

Gómez, M. , Ciarreta, A. , Zarraga, A. "Linear and nonlinear causality between energy consumption and economic growth: The case of Mexico 1965 – 2014" [J]. *Energies*, 2018, 11 (4): 784.

González, D. , Martínez, M. "Changes in CO_2 emission intensities in the Mexican industry" [J]. *Energy Policy*, 2012, 51: 149 – 163.

González – López, R. , Giampietro, M. "Relational analysis of the oil and gas sector of Mexico: Implications for Mexico's energy reform" [J]. *Energy*, 2018, 154: 403 – 414.

Governance, globalization and public policy [M]. *Edward Elgar Publishing*, 2008.

Gustavo Vargas Sánchez and Albino Luna, "Slow growth in the Mexican economy" [J]. *Journal of Post Keynesian Economics/Fall* 2014, Vol. 37, No. 1 115.

Hall, L. B. , Coerver, D. M. "Oil and the Mexican revolution: The southwestern connection" [J]. *The Americas*, 1984, 41 (2): 229 – 244.

Harris, J. M. , Roach, B. "Environmental and natural resource economics: A contemporary approach" [M]. *Routledge*, 2017.

Holland, A. "NAFTA: Building north american energy security" [J]. 2018.

Huckel, C. , Rieth, L. , Zimmer, M. "Die effektivität von public – private partnerships" [J]. *Macht und ohnmacht internationaler institutionen*, 2007: 115 – 44.

Huesca – Perez, M. E. , Sheinbaum – Pardo, C. , Köppel, J. "Social implications of siting wind energy in a disadvantaged region – The case of the isthmus of tehuantepec, Mexico" [J]. *Renewable and Sustainable Energy Reviews*, 2016, 58: 952 – 965.

Huesca, R. "The Mexican oil expropriation and the ensuing propaganda war" [J]. 1988.

Huxham, C. "Pursuing collaborative advantage" [J]. *Journal of the Operational Research Society*, 1993, 44 (6): 599 – 611.

Ibarra – Yunez, A. "Energy reform in Mexico: Imperfect unbundling in the electricity sector" [J]. *Utilities Policy*, 2015, 35: 19 – 27.

Ibarra – Yunez, A. "Government versus governance as a framework to analyze Mexico's energy reform initiative and key comparisons in the World" [J]. *Latin American Policy*, 2014, 5 (1): 115 – 131.

IBP, Inc. Mexico energy policy, Laws and regulations handbook: strategic information and basic laws [M]. Lulu. com, May 26, 2015 – Business & Economics.

IEA. Energy policies beyond IEA countries Mexico 2017 [R/OL]. (2017 – 02 – 28) [2018 – 05 – 02]. https: //www. iea. org/publications/freepublications/publication/EnergyPoliciesBeyondIEACountriesMexico2017. pdf.

International energy outlook 2016: with projections to 2040 [M]. *Government printing office*, 2016.

IRENA. Renewable energy prospects: Mexico [EB/OL]. (2015 – 05 – 01) [2018 – 06 – 29]. https: //www. irena. org/publications/2015/May/Renewable – energy – prospects – Mexico.

Jachtenfuchs, M., Kohler – Koch, B. "Governance and institutional development" [J]. 2003.

Jachtenfuchs, M., Kohler – Koch, B. "Regieren im dynamischen mehrebenensystem" [M] //Europäische Integration. VS Verlag für Sozialwissenschaften, Wiesbaden, 1996: 15 – 44.

Jano – Ito, M. A. , Crawford – Brown, D. "Socio – technical analysis of the e-lectricity sector of Mexico: Its historical evolution and implications for a transition towards low – carbon development" [J]. *Renewable and sustainable energy reviews*, 2016, 55: 567 –590.

Jansen, D. , Wald, A. , Franke, K. , et al. "Drittmittel als performanzindikator der wissenschaftlichen forschung" [J]. *KZfSS Kölner Zeitschrift für Soziologie und Sozialpsychologie*, 2007, 59(1): 125 –149.

Johnson, T. M. , Alatorre,C. Romo, Z. , et al. Low – carbon development for Mexico [M]. The World Bank, 2009.

John Manfreda. Support For OPEC production cut Is Increasing [EB/OL]. (2015 –09 –28)[2018 – 10 –03]. http: //oilprice. com/Energy/Crude – Oil/Support – For – OPEC – Production – Cut – Is – Increasing. html.

JOSEPH SHUPAC. The geopolitics of cheap energy [EB/OL]. (2016 – 01 – 18) [2017 –09 – 30]. https: //future – economics. com/2016/01/18/the – geopolitics – of – cheap – energy/.

Juárez – Hernández, S. , León, G. "Energía eólica en el istmo de tehuantepec: desarrollo, actores y oposición social" [J]. *Problemas del desarrollo*, 2014, 45 (178): 139 –162.

Kehoe, T. J. , Serra – Puche, J. "A general equilibrium appraisal of energy policy in Mexico" [M] //Applied general equilibrium. Physica – Verlag HD, 1991: 71 –93.

Kohl, W. L. "OPEC behavior, 1998 – 2001" [J]. *The quarterly review of economics and finance*, 2002, 42 (2): 209 –233.

Labastida H. "La politica petrolera: de Porfirio Diaz a Lazaro Cardenas" [J]. *Revista Mexicana de Ciencias Políticas y Sociales* ", 1990, 36 (141): 135 –151.

Ladislaw, S. O. , Leed, M. , Walton, M. A. "New energy, new geopolitics" [J]. *Center for strategic & International studies*, Washington DC, available at http: //www. csis. org. Accessed, 2014, 30.

Laguna, N. M. "Oil policies and privatization strategies in Mexico: implications for the petrochemical sector and its production spaces" [J]. *Energy Policy*, 2004, 32 (18): 2035—2047.

Lajous, A. "Mexican energy reform" [J]. *Columbia university*: New York, NY, USA, 2014: 29.

Lara Beautell, C. "La industria de energía eléctrica" [R]. 1953.

Le Clercq, J. A. "Regime change, transition to sustainability and Climate Change Law in México" [M] //Handbook on sustainability transition and sustainable peace. Springer, Cham, 2016: 505 – 523.

Leigh, J. , Newman, S. "Contemporary European geopolitics in Eurasia" [J]. *European Journal of Geography*, 2014, 5 (2): 43 – 60.

Márquez, D. I. "Mexico's 2013 energy reform: Towards energy transition" [J]. *Números*, 2014.

Mayntz, R. "Von der Steuerungstheorie zu global Governance" [M] //Governance in einer sich wandelnden Welt. VS Verlag für Sozialwissenschaften, 2008: 43 – 60.

Meinshausen, M. , Meinshausen, N. , Hare, W. , et al. "Greenhouse – gas emission targets for limiting global warming to 2 C" [J]. *Nature*, 2009, 458 (7242): 1158.

Mexico: A country study [M]. *Department of the Army*, 1997.

México, G. "Decreto por el que se expide la Ley de la comisión nacional de hidrocarburos (DOF 28 – 11 – 2008)" [J]. *México*, DF, 2008.

MEXICO LIFE. 15 key facts about Mexico and the Paris agreement [EB/OL]. (2016 – 11 – 05) [2018 – 10 – 09]. https: //www. mexico. mx/en/articles/against – global – warming – 15 – key – facts – about – the – paris – agreement.

"Mexico's oil industry: Unfixable pemex" [J]. *London: The Economist*, Aug 10th, 2013.

Morales, I. "Reestructuración de la petroquímica mexicana Hay lugar para las empresas medianas? " [J]. *Comercio Exterior*, 1997, 47 (1): 57 –72.

Morales, I. "The future of oil in Mexico" [J]. Energy trade and security issues at the Mexico – US border. James A. Baker Ⅲ institute for public policy. Rice University, 2011.

Moroney, J. R. , Dieck – Assad, F. "Energy and sustainable development in Mexico" [M]. *Texas A&M University Press*, 2005.

Moshiri, S. , Santillan, M. A. M. "The welfare effects of energy price changes due to energy market reform in Mexico" [J]. E*nergy Policy*, 2018, 113: 663 –672.

Mundo – Hernández, J. , de Celis Alonso, B. , Hernández – Álvarez J. , et al. "An overview of solar photovoltaic energy in Mexico and Germany" [J]. *Renewable and sustainable energy reviews*, 2014, 31: 639 –649.

Murphy, Jr E. E. "The prospect for further energy privatization in Mexico" [J]. Tex. Int'l LJ, 2001, 36: 75.

Negroponte, D. "Mexico's Most Critical Challenge: Energy reform" [J]. *the Brookings Institute*, 2013.

Negroponte, Diana Villiers. ed. "*The End of Nostalgia: Mexico Confronts the Challenges of Global Competition*" [M]. Brookings Institution Press, 2013.

Niskanen, J. "Bureaucracy and representative government" [M]. *Routledge*, 2017.

Octaviano, C, Paltsev, S. , Gurgel, A. C. "Climate change policy in Brazil and Mexico: Results from the MIT EPPA model " [J]. *Energy Economics*, 2016, 56: 600 –614.

OECD. Global and Mexico economic outlook 2018 [EB/OL] . (2018 – 01 –

13)［2018 – 12 – 12］. http：//www. oecd. org/mexico/global – and – mexico – e-conomic – outlook – 2018. htm.

OECD IEA. "Mexico energy outlook：World energy outlook special report 2016"［J］. 2016.

OECD. "OECD economic surveys：Mexico 2015"［J］. *Washington*, 2015.

Oppen, M. , Sack, D. "Governance und performanz. Motive, formen und effekte lokaler public private partnerships"［M］//Governance in einer sich wan-delnden Welt. VS verlag für sozialwissenschaften, 2008：259 – 281.

Ozturk, I. "A literature survey on energy – growth nexus"［J］. *Energy poli-cy*, 2010, 38 （1）：340 – 349.

Pasqualetti, M. J. "Social barriers to renewable energy landscapes"［J］. *Geographical review*, 2011, 101 （2）：201 – 223.

Payan, T. , Correa – Cabrera, G. "Security, the rule of law, and energy reform in Mexico"［J］. 2016.

Payne, J. E. "A survey of the electricity consumption – growth literature"［J］. *Applied energy*, 2010, 87 （3）：723 – 731.

Pérez – Denicia, E. , Fernández – Luqueño , F. , Vilariño – Ayala, D. , et al. "Renewable energy sources for electricity generation in Mexico：A review"［J］. *Renewable and sustainable energy reviews*, 2017, 78：597 – 613.

Peters, E. D. "China's evolving role in Latin America：Can it be a Win – Win?"［M］. 2015.

Philipp T. Handbuch governance：Theoretische grundlagen und empirische an-wendungsfelder［J］. *Zeitschrift für Politik*, 2007, 54 （4）：488 – 491.

PEMEX. 2013Annual report ［R/OL］. （2015 – 05 – 14）［2018 – 07 – 28］. http：//www. pemex. com/en/investors/publications/Informe% 20Anual% 20Archivos/2013＿ full. pdf.

PEMEX. Reporte de tomas clandestinas en2018 ［R/OL］. （2018 – 12 – 20）

[2019 – 1 – 26]. http：//www. pemex. com/acerca/informes_ publicaciones/Paginas/tomas – clandestinas. aspx.

PEMEX. STATISTICAL – YEARBOOK – 2017 [EB/OL]. (2018 – 03 – 01) [2018 – 08 – 02]. http：//www. pemex. com/en/investors/publications/Documents/STATISTICAL – YEARBOOK – 2017. pdf.

Pinzon et al. , Renewable energy in Mexico's northern border region [EB/OL]. (2015 –04 –28) [2018 –07 –26]. https：//www. wilsoncenter. org/publication/renewable – energy – mexicos – northern – border – region.

PRODESEN. Programa de desarrollodel sistema electrico nacional (PRODESEN) 2018—2032 (dvelopment program for the national electrical system 2018—2032) . 2018 [EB/OL]. (2018 – 06 – 01) [2018 – 07 – 29]. https：//www. gob. mx/cms/uploads/attachment/file/331770/PRODESEN – 2018—2032 – definitiva. pdf.

ProMéxico, Mexico'sstrengths [EB/OL]. (2018 –05 – 01) [2018 – 11 – 06]. http：//www. promexico. gob. mx/en/mx/fortalezas – mexico.

Ramírez – Camperos, A. M. , Rodríguez – Padilla, V. , Guido – Aldana, P. A. "The Mexican electricity sector：Policy analysis and reform (1992 – 2009)" [J]. *Energy Policy*, 2013, 62：1092—1103.

Randall, L. "Changing structure of Mexico：Political, social, and economic prospects" [M]. *ME Sharpe*, 2006.

Redclift, M. "Mexico's nuclear paradox" [J]. *Energy Policy*, 1989, 17 (1)：6 – 10.

Rennkamp, B. , Haunss, S. , Wongsa, K. , et al. "Competing coalitions：The politics of renewable energy and fossil fuels in Mexico, South Africa and Thailand" [J]. *Energy Research & Social Science*, 2017, 34：214 – 223.

Reyes – Mercado, P. "Marketing renewable energy in developing countries：A policy paradigm for Mexico" [M] //Looking Forward, Looking back：Drawing on the past to shape the future of marketing. Springer, Cham, 2016: 534 – 541.

Rhodes, R. A. W. "Understanding governance: Ten years on" [J]. *Organization studies*, 2007, 28 (8): 1243 – 1264.

Richards, D. , Smith, M. J. "Governance and Public Policy in the United Kingdom" [M]. *Oxford University Press*, 2002.

Rivera, G. L. , Reynès, F. , Cortes, I. I. , et al. "Towards a low carbon growth in Mexico: Is a double dividend possible? A dynamic general equilibrium assessment" [J]. *Energy Policy*, 2016, 96: 314 – 327.

Rodriguez – Padilla, V. , Vargas, R. "Energy reform in Mexico. A new development model or modernization of statism?" [J]. *Energy Policy*, 1996, 24 (3): 265 – 274.

Rosas – Flores, J. A. "Elements for the development of public policies in the residential sector of Mexico based in the Energy Reform and the Energy Transition law" [J]. *Energy Policy*, 2017, 104: 253 – 264.

Rosenbloom, E. "A Problem With Wind Power" [J]. *As of June*, 2006, 6: 2015.

Samples, T. R. A new era for energy in Mexico: The 2013 – 14 Energy Reform [J]. Tex. Int'l LJ, 2015, 50: 603.

Samples, T. R, Vittor, J. L. The past, present, and future of energy in Mexico: Prospects for reform under the Peña Nieto administration [J]. Hous. J. Int'l L. , 2013, 35: 697.

Santaella J A. "Economic Growth in Mexico: Searching for Clues to Its Slowdown" . Washington, DC: InterAmerican Development Bank [J]. 2007.

Secretaría de Energía. Reporte de avance de energías limpias segundo semestre 2016 [R/OL]. (2017 – 12 –06) [2018 –8 –12]. https: //www. gob. mx/cms/uploads/attachment/file/232624/Informe_ Renovables_ 2016_ 12062017. pdf.

Secretaría de Energía. Reporte de avance de energiías limpias primer semestre 2017 [R/OL]. (2017 – 11 – 01) [2018 – 8 – 12]. https：//www. gob. mx/cms/ uploads/attachment/file/354380/Reporte_ de_ Avance_ de_ Energ_ as_ Limpias_ Primer_ Semestre_ 2017. pdf.

Secretaría de Energía. Reporte de avance de energiías limpias segundo semestre 2017 [R/OL]. (2018 – 05 – 01) [2018 – 8 – 12]. https：//www. gob. mx/cms/ uploads/attachment/file/354379/Reporte_ de_ Avance_ de_ Energ_ as_ Limpias_ Cierre_ 2017. pdf.

Secretaría de Energía. Reporte de avance de energiías limpias primer semestre 2018 [R/OL]. (2018 – 11 – 23) [2018 – 8 – 12]. https：//www. gob. mx/cms/ uploads/attachment/file/418391/RAEL_ Primer_ Semestre_ 2018. pdf.

Seelke, C. R, Ratner, M. , Villarreal, M. A. , et al. Mexico's oil and gas sector： background, reform efforts, and implications for the United States [M]. Congressional Research Service, 2013.

SENER. Información estadística de flujos de IED hacia México por país de origen desde 1999 [EB/OL]. (2018 – 09 – 28) [2018 – 11 – 17]. https：// datos. gob. mx/busca/dataset/informacion – estadistica – de – la – inversion – extran- jera – directa/resource/99fed964 – 26f0 – 41b8 – bd15 – 885237407bae.

SENER. Project of public policy for mandatory minimum stocks of gasoline, diesel, and jet fuel [EB/OL]. (2016 – 12 – 28) [2018 – 10 – 17]. https：// www. gob. mx/sener/articulos/mexican – ministry – of – energy – presents – for – consideration – the – project – of – public – policy – for – mandatory – minimum – stocks – of – gasoline – diesel – and – jet – fuel.

Sheinbaum – Pardo C, Ruiz – Mendoza B J, Rodríguez – Padilla V. "Mexican energy policy and sustainability indicators" [J]. *Energy Policy*, 2012, 46：278 – 283.

Schwert G W. "Tests for unit roots：A Monte Carlo investigation". *Journal of*

Business and Economic Statistics 7（2）［J］. 1989.

Taverne, B. "An introduction to the regulation of the petroleum industry: laws, contracts and conventions" ［M］. Graham & Trotman, 1994.

The Economist Intelligence Unit, China courts Mexico ［EB/OL］. （2017 – 08 – 03） ［2018 – 09 – 27］. http: //country. eiu. com/article. aspx? articleid = 565755440&Country = China&topic = Economy

Tetreault, Darcy, Cindy McCulligh, and Carlos Lucio, eds. "Social Environmental Conflicts in Mexico: Resistance to Dispossession and Alternatives from Below" ［M］. Springer, 2018.

Uri, N. D. , Boyd, R. "An Evaluation of the Economic Effects of Higher Energy Prices in Mexico" ［J］. *Energy Policy*, 1997, 25 （2）: 205 – 215.

U. S. Customs Service. "NAFTA, *The North American Free Trade Agreement*: *A Guide to Customs Procedures*" ［M］. Dept. of the Treasury, U. S. Customs Service. 1994.

Valenzuela, J. M. , Qi, Y. "Framing energy efficiency and renewable energy policies: An international comparison between Mexico and China" ［J］. *Energy Policy*, 2012, 51: 128 – 137.

Vargas, R. "Energy security in Mexico: An evaluation in the light of St" . Petersburg, 2007［R/OL］. （2007 – 07 – 10） ［2018 – 11 – 06］. https: //library. fes. de/pdf – files/iez/global/04690. pdf.

Veysey, J. , Octaviano, C. , Calvin, K. , et al. "Pathways to Mexico's Climate Change Mitigation Targets: A Multi – model Analysis" ［J］. *Energy Economics*, 2016, 56: 587 – 599.

Vietor, R. H. K. , Sheldahl – Thomason H. "Mexico's Energy Reform" ［J］. *Harvard Business School Case*, 2017: 717 – 727.

Viscidi, L. , Fargo, J. "Local Conflicts and Natural Resources" ［J］. A Balancing act for Latin American Governments, Inter – American Dialogue, 2015.

Weintraub S. "Unequal Partners: The United States and Mexico" [M]. University of Pittsburgh Pre. , 2010.

Wionczek, M. S. "Energy Planning and Oil in Mexico: The Outstanding Issues in Historical Perspective" [M]//The Economics of Choice Between Energy Sources. Palgrave Macmillan, London, 1987: 334 – 343.

Wionczek, M. S. , Navarrete, J. E. "El nacionalismo mexicano y la inversión extranjera" [J]. *Economía y Demografía*, 1977.

World Bank Group. "World development indicators" [EB/OL]. (2018 – 10 – 18) [2018 – 11 – 02] http://datatopics. worldbank. org/world – development – indicators/.

Yergin, D. , "Energy Security in the 1990s" [J]. *Foreign Aff.* 1988, 67: 110.

Yergin, D. "Ensuring Energy Security" [J]. *Foreign Affairs*, 2006: 69 – 82.

Zürn, M. "Governance in Einer Sich Wandelnden Welt—eine Zwischenbilanz" [M]//Governance in Einer Sich Wandelnden Welt. VS Verlag für Sozialwissenschaften, 2008: 553 – 580.

附录 1　缩写与术语列表

附录 1 – 1　缩写列表

1. ASEA　　　　国家工业安全和环境保护局

2. APEC　　　　亚洲太平洋经济合作组织

3. BC　　　　　黑碳

4. BP　　　　　英国石油公司

5. CCS　　　　　碳捕获和储存

6. CCSE　　　　能源部门协调委员会

7. CCUS　　　　碳捕获、使用和储存

8. CEC　　　　　清洁能源证书

9. CELAC　　　　拉美和加勒比国家共同体

10. CENACE　　　国家能源控制中心

11. CENAGAS　　国家天然气控制中心

12. CFE　　　　　联邦电力委员会

13. CICC　　　　气候变化委员会

14. CMD　　　　清洁发展机制

15. CNH　　　　国家碳氢化合物委员会

16. CNSNS　　　国家核安全与保障委员会

17. CO_2　　　　二氧化碳

18. COFECE　　　联邦经济竞争委员会

19. CONAE	国家节能委员会
20. CONAVI	全国住房委员会
21. CONUEE	国家能源效率委员会
22. CRE	能源监管委员会
23. EIA	美国能源信息署
24. E&P	勘探与生产
25. ENCC	国家气候变化战略
26. FH	碳氢化合物基金会
27. FIPATERM	住房保温信托基金
28. FMP	墨西哥石油基金
29. FOTEASE	能源转型与可持续能源利用基金
30. GDP	国内生产总值
31. GHG	温室气体
32. GATT	关贸总协定
33. IAEA	国际原子能机构
34. IEA	国际能源署
35. IMP	墨西哥石油协会
36. INDC	国家自主贡献
37. INECC	国家生态与气候变化研究所
38. INEGI	国家统计和地理研究所
39. INERE	国家可再生能源清单
40. ININ	国家核能研究所
41. IPP	独立电力生产商
42. ISO	独立系统操作员
43. LAERFTE	可再生能源使用法（2008 年）
44. LGCC	气候变化法
45. LH	碳氢化合物法

46. LNG	液化天然气
47. LTE	能源转型法
48. NACEI	北美能源信息合作
49. NAEWG	北美能源工作组
50. NAFTA	北美自由贸易协定
51. NDP	国家发展计划
52. NIP	国家基础设施计划
53. NOM	墨西哥官方标准
54. OECD	经济合作与发展组织
55. OPEC	石油输出国组织
56. PAESE	电力部门节能计划
57. PAN	国家行动党
58. PRD	民主革命党
59. PRI	革命制度党
60. PEMEX	墨西哥国家石油公司
61. PECC	气候变化特别计划
62. PPP	购买力平价
63. PRODESEN	国家电力系统发展计划
64. PRONASE	国家能源可持续利用计划
65. PROSENER	能源部门计划
66. PV	光伏
67. SCT	交通运输部
68. SE	经济部
69. SEMARNAT	环境与自然资源部
70. SEN	国家电力系统
71. SENER	能源部
72. SHCP	财政和公共信贷部

73. SIE	能源信息系统
74. SINACC	国家气候变化系统
75. TPES	总一次能源供应
76. TSO	输电系统运营商
77. UNFCCC	联合国气候变化框架公约
78. USMCA	美国—墨西哥—加拿大协定
79. WTO	世界贸易组织

附录1-2 单位术语列表

1. Bcm	十亿立方米
2. Bcf	十亿立方英尺
3. GW	吉瓦
4. GWh	吉瓦时
5. Kb/d	千桶/日
6. M^3	立方米
7. Mboe	百万桶石油当量
8. MBtu	百万英热单位
9. Mcf/d	百万立方英尺/日
10. Mt	百万吨
11. $MtCO_2-eq$	百万吨二氧化碳当量
12. Mtoe	百万吨石油当量
13. MW	兆瓦
14. MWh	兆瓦小时
15. Tcf	万亿立方英尺
16. Tcm	万亿立方米
17. TWh	太瓦小时
18. W	瓦特

附录 2　墨西哥电力改革的主要事件和政策

年份	事件和政策	目　　的
1887—1911	外资企业进入墨西哥，并成立了 199 家光电源企业（普埃布拉，伊达尔戈，瓜纳华托，圣路易斯波托西，新莱昂，哈利斯科，墨西哥州）	为墨西哥山村地区和自治州提供电力服务，同时进入墨西哥电力市场
1914	创立墨西哥电力工人工会	照顾墨西哥电力行业工人的劳动权利
1920	创立国家动力委员会	防止电力公司的垄断行为
1926	颁布国家电气规程	规范特许权同时制定电气安装的技术要求
1928	创立美 – 外电力公司	接手已建立的公司并进一步强化这些公司
1937	创立联邦电力委员会（CFE）	在公共投入的基础上扩大电气化范围
1938—1959	电力部门的发展：联邦电力委员会和墨西哥电灯电力公司以及美 – 外电力公司	致力于国家电力系统的发展
1957	创立了国家核能委员会	规范并使其在 1972 年发展为一个独立的机构

续　表

年份	事件和政策	目　　的
1960—1973	电力行业国有化	根据墨西哥宪法第 27 条，私营时代结束同时新的挑战出现
1974	解散以下公司：卢斯德尔	授予联邦委员会获得公司财产和所有权的能力
1975	颁布电力公共服务法	联邦电力委员会提供电力公共服务
	创立电力研究所	为电力行业的发展进行科学的研究提供指导
1979	针对核领域颁布 27 条法规	确保社会的安全和安保工作
1982	能源部，矿业和准国营行业（1982—1994）	划分能源和采矿区域以及基本的行业策略
1985	为节能建立了国务委员会	促进并调整策略以节约和有效使用能源
1989	能源现代化使用计划 1989—1994	将电力行业融入国家经济现代化的项目
	修正公共电力服务法	解散多数国家参与制的公司
1990	创立电能节约扶持项目的管理机构	促使在工业、农业和服务业合理使用电能
1992	海逸豪园电站开始运行	增加电力供应量
	改革公共电力服务法（结合能源现代化计划 1989—1994）	强化宪法第 27 条和第 28 条法规
1993	创立公共电力服务法条例	建立 6 种不同的发电模式
	创立能源监管委员会	管理与电力相关的项目

续　表

年份	事件和政策	目　　的
1993	北美自由贸易协定－NAFTA（墨西哥、美国和加拿大）	开放了石化和电力行业以及政府采购
1994	创立墨西哥能源部	指导国家能源政策
	创立电灯电力公司	为墨西哥城以及墨西哥的一些州提供电力服务
1995	撤销对天然气行业的管制规定	授予私营部门建立、运转并拥有运输、储存和经销的体系从而进入天然气市场的许可
	制定天然气管理规定	为私人企业在与天然气相关的活动中控制销售和明确方针
	能源监管委员会法令生效	促进私人在能源部门（气和电）的投资，解决公共和私营部门之间的冲突
1996	创立投资促进联合会	提出初步的电力项目，天然气的运输、经销和储存，同时也提出非基础石化工业的项目
1998	颁布电力公共服务法条例	扩大私人在全国电力的参与程度以及公园、购物中心和旅游发展中心的电气安装
1999	埃内斯托·塞迪略议案改革（1994—2000）	改革宪法第27和28条法令，未证实
	启动联邦电力委员会内部重建（合作转移程序）	在实质性的企业中诞生了20个下属部门
2001	修正1993年的公共电力服务条例	取消对来自热电厂和自我供应商电力生产过剩的抵制，并允许对联邦电力委员会竞价销售电力

续　表

年份	事件和政策	目　　的
2002	比森特·福克斯议案改革（2000—2006）	改革宪法第 27 和第 28 条法令，未证实
2004	第 070 号决议	修改可再生能源之间的相互关联模式
2007	第 085 号决议	下加利福尼亚州进口商之间的相互关联合约
2007—2012	2007—2012 年国家发展规划	提高效率，更新技术
	能源部门规划	通过联合生产来促进自给自足和有效生产
2008	可再生能源使用和能源转换的相关法律	增加可再生能源种类，为相关机构建立激励机制和新角色
2008—2012	特殊气候变化规划	通过可再生资源和联合生产鼓励私营部门参与
2009	命令电灯电力公司停产	解决财政和行政问题
2011	第 207 号决议	发布对新的可再生能源发电项目的监管方式，或者联合生产可有效传输联邦电力委员会的基础设施
2013	通过新的能源法案	该项法案主要修改墨西哥宪法中的第 27 条、第 28 条。其中，对宪法第 27 条进行逐字修改，开放国家能源部门，吸引私人投资
2014	通过能源改革二级法案	该项新制定《电力工业法》，允许私人参与发电；设立全国能源控制中心；大型电力用户可在市场上与电力生产企业直接签订供电合同
2015	能源转型法	确定了清洁能源发电的目标：到 2018 年达到 25%，到 2021 年达到 30%，到 2024 年达到 35%

附录3 墨西哥能源改革进展情况（2013—2019年）

时间	改革内容
2013 年 12 月	墨西哥宪法改革
2014 年 8 月	颁布跟能源改革相关的法律（9 部新法律，12 部修订的法律）
8 月	零轮招标：PEMEX 优先选择其希望勘探和开发的区块，然后将剩余区块面向外界开放
12 月	碳氢化合物委员（CNH）会发布石油天然气招标指南
11—12 月	确定 ASEA、碳氢化合物委员会（CNH）和能源监管委员会（CRE）的内部结构和职能
2015 年 1 月	碳氢化合物委员会（CNH）发布地质信息调查指南
3 月	ASEA 开始运作
2015 年 6 月—2016 年 3 月	第 1 轮：SENER 和 CNH 发布对油气田的投标
8 月	CNH 发布有关国家储备量化和认证程序的指南
9 月	能源部门协调委员会第一次会议
	CNH 关于碳氢化合物国家数据储存库许可证信息的处置问题

续　表

时间	改革内容
9 月	CNH 发布石油和天然气生产批准指南
	CRE 颁发输电税率
11 月	CNH 发布了批准勘探和生产计划的指南
12 月	ASEA 发布了第一项有关加油站设计、建造、运营和维护的规定
	CRE 发布电力分销资费和独立 IOS 资费
	CRE 颁发零售加油站许可证
2016 年 1 月	CNH 发布石油生产中非伴生气的使用指南
3 月	CRE 发布清洁能源证书（CEC）初始市场规则
	CENACE 和 SENER 第一次长期电力市场拍卖
4 月	CRE 发布国家电力系统网格代码
	CNH 发布历史信息迁移指南
5 月	ASEA 颁布了安全和环境管理体系法规
6 月	ASEA 发布上游活动保险法规
2016 年 6 月— 2018 年 2 月	第 2 轮：SENER 和 CNH 发布对油气田的投标
9 月	CENACE 和 SENER 第二次长期电力市场拍卖
10 月	CNH 发布用于勘探和生产碳氢化合物的钻井指南
11 月	CRE 发布辅助服务和基本供应关税

续　表

时间	改革内容
12 月	ASEA 发布了关于下游和零售的安全和环境管理制度以及上游活动的全面裁定问题的规定
2017 年 1 月	CRE 监控电力批发市场
	开放汽油市场
	ASEA 发布对中游活动的全面规则
11 月	CENACE 和 SENER 第三次长期电力市场拍卖
2018 年	ASEA 旨在最终确定碳氢化合物行业的工业安全和环境保护综合二级立法
	CRE 与 SENER 一起发布首份 CEL 市场监管报告
3—10 月	第 3 轮：SENER 和 CNH 发布对油气田的投标 （3.2 轮后被 AMLO 新政府暂停）
11 月	CENACE 和 CRE 第四次长期电力市场拍卖
2019 年	预计 SENE、CRE、ASEA 三个能源监管机构将通过确定的职责和目标实现财务自主权

资料来源：根据 CNH、CRE 和 ASEA 信息汇总编辑。

致　　谢

随着这篇毕业论文的定稿，五年在中国科学技术大学公共事务学院求学的生涯即将结束，得偿夙愿，让我心中充满喜悦和欣慰。五年的艰辛与快乐，汇成了我人生道路上一段不平凡的经历。在此，我要向在我学习、工作和生活中帮助关心过我的老师、同事、朋友和亲人表达我诚挚的谢意。

我要衷心感谢我的导师史玉民教授，真正的智慧伴随着善良和慷慨。一生铭记 2014 年春天，史老师在陆续否定我四次选题之后约我一同踏春校园，给我解读选题原则并共同探讨选题范围和可能的方向。老师渊博的学识、严谨的治学态度、实事求是的科学精神和平易近人的风范值得我毕生追寻。感谢老师把自己的办公室借给我写作达半年之久，安静的书桌给了我不尽的灵感。

感谢中国科学技术大学"红专并进理实交融"的校训和光荣厚重的校史不断激励我脚踏实地、仰望星空。感谢合肥工业大学梁昌勇教授，安徽大学陈宏光教授，中国科学技术大学屠兢教授、刘桂建教授、宋伟教授、魏玖长教授和汤书昆教授对论文提出的很多有价值的意见和建议，让论文得到了进一步的完善，也让我得到了更多的收获。

赶鸡山树常青，龙须河水长流。感谢我的初中班主任李超先生一直以来对我的关心和鼓励。感谢墨西哥国立自治大学刘学东教授、上海大学拉美中心江时学教授和中国驻墨西哥前大使曾钢教授在我学习和研究过程当中给予的指导。感谢西南科技大学拉美研究中心刘婕教授，外国语学院各位领导、同事对我完成学业的大力支持。感谢学院张雪博士在学习上的引导和热心帮助，感谢同门兰梅和陈才教授在我求学过程中的陪伴。

最后，我要感谢我的亲人。感谢我的父亲母亲义无反顾地从湖北来到四川为我带女儿，父爱如山，母爱如河，父母的爱在我求学路上给了我不竭的动力。"长大了，我也要考中科大，爸爸加油！"感谢两岁半的女儿邹楚珞给自己定下的小目标，让我成为她的榜样。感谢妻子郑晓莉对女儿的悉心呵护和对我始终如一的支持！

邹 占

2019 年 2 月于安徽合肥

在读期间发表的学术论文与取得的
其他研究成果

一　发表论文情况

［1］邹占、史玉民：《中墨能源政策比较研究》，《科技与法律》2017 年
第 4 期。

［2］邹占、史玉民：《墨西哥发展可再生能源新政策探析》，《科技管理
研究》2016 年第 36 期。

［3］邹占：《墨西哥能源消费与经济增长关系研究》，《第五届中国拉美
研究青年论坛暨"拉美发展与中拉关系"国际学术研讨会会议论文
集》，2015 年 11 月。

［4］邹占、史玉民：《墨西哥油气资源政策改革及其启示》，《西南科技
大学学报》（哲学社会科学版）2014 年第 31 期。

［5］邹占、李丽：《公共体育服务非政府供给的依据与必要性研究》，
《黑龙江高教研究》2014 年第 3 期。

二　科研课题情况

［1］2018 年 4 月，主持完成省部级项目——《中国与拉美和加勒比地区
体育交流研究》，教育部国别与区域研究培育基地西南科技大学拉美
研究中心资助项目（编号：17ss0103），项目负责人。

［2］2018 年 4 月，独立完成并提交教育部研究专报《中国和拉美暨加勒比体育交流的优势、问题与建议》1 份。

［3］2015 年 9 月，主持完成地市级项目《综合院校体育英语专业创新人才培养模式研究》，四川省外国语言文学研究中心资助项目（项目编号：14sd0148），项目负责人。

［4］2016 年 6 月，参与省部级项目《中拉人文交流机制研究》，教育部国别与区域研究培育基地西南科技大学拉美研究中心资助项目（编号：16ss0101），项目主研人。

［5］2017 年 3 月，参与省部级项目《中国与巴西职业足球俱乐部企业社会责任发展对比研究》，教育部国别与区域研究培育基地西南科技大学拉美研究中心资助项目（编号：17ss0105），项目主研人。

三　出版专著情况

2018 年 12 月，副主编《中国·拉丁美洲和新丝绸之路的地缘政治》（*China, América Latina y la geopolítica de La Nueva Ruta de la Seda*），阿根廷拉努斯国立大学出版社，ISBN：978 - 987 - 4937 - 10 - 0。

四　其他情况

2017 年 1 月 11 日在财经网原创频道发表署名评论——邹占：墨西哥油价上涨挑战能源改革进程（网络（http：//yuanchuang. ca）- 2017）。